| 精品课程配套教材
| 21世纪应用型人才培养"十四五"规划教材
| "双创"型人才培养优秀教材

大学生劳动教育教程

（双色版）

主　编　李叔宁　刘君义

湖南师范大学出版社　国家一级出版社
全国百佳图书出版单位

·长沙·

图书在版编目（CIP）数据

大学生劳动教育教程／李叔宁，刘君义主编．—长沙：湖南师范大学出版社，2021.2
（2023.2重印）

　　ISBN 978-7-5648-4127-0

　　Ⅰ．①大… Ⅱ．①李… ②刘… Ⅲ．①劳动教育-高等学校-教材 Ⅳ．①G40-015

中国版本图书馆CIP数据核字（2021）第023875号

大学生劳动教育教程
DAXUESHENG LAODONG JIAOYU JIAOCHENG

李叔宁　刘君义　主编

◇全程策划：王　强
◇组稿编辑：杨海云
◇责任编辑：吴亮芳　胡晓军
◇责任校对：刘　伟
◇出版发行：湖南师范大学出版社
　　　　　　地址／长沙市岳麓山　　邮编／410081
　　　　　　电话／0731-88872751　传真／0731-88872636
　　　　　　网址／https：//press.hunnu.edu.cn
◇经　　销：全国新华书店
◇印　　刷：北京俊林印刷有限公司

◇开　　本：787mm×1092mm　1/16
◇印　　张：15
◇字　　数：398千字
◇印　　次：2023年2月第2次印刷
◇书　　号：ISBN 978-7-5648-4127-0
◇定　　价：45.00元

（教学资料包索取电话：刘老师13269653338）

《大学生劳动教育教程》微课二维码

《大学生劳动教育教程》编写委员会

主　编：李叔宁　刘君义

主　审：董　强

副主编：崔井军　齐权　黄仁欣　何　庆
　　　　马域超　陆海崇　黄昀玥　李福在
　　　　韦思颖　杨　翠　谭海红　周雪霞
　　　　徐雅曦　都　颖　刘宗正　彭　慧
　　　　叶　楠　陈　虹

前　言

　　劳动教育是各个院校开设的新课程，我们需明确知识传授和技能培训是劳动教育的主要途径，劳动价值观培育才是劳动教育的核心内容。或者说，劳动知识传授和劳动技能培训只是劳动教育的手段和形式，劳动是有形的，劳动教育就是要通过有形的教育形式培养广大学生形成无形的尊重劳动的价值观，培育学生对于劳动的内在热情与劳动创造的积极性等，进而在劳动中体知真善美，在劳动中成人、成才。当然，深入的劳动教育不能也不应仅仅通过学习一门劳动课程、学习一种劳动技能、参加几次劳动活动来实现，而是要将劳动知识、劳动科学、劳动价值观、劳动精神等贯穿到人才培养的全过程中，内化为各专业领域、各类职业的基本要求，达到培养具有较高劳动素养，具有创新精神、工匠精神的新时代建设者和接班人的目标。

　　本书以大学生的特点和认知水平为基础，以培养大学生劳动精神和劳动素养为目标，以提升大学生劳动技能、养成劳动习惯为手段，按照懂劳动、会劳动、爱劳动的基本思路进行编写。全书分为两个部分，共九章内容。

　　第一部分为劳动知识（第一章至第五章），由"劳动与劳动教育""社会分工与劳动组织"和"劳动法律法规与劳动权益""劳动精神与劳动素养""职业精神与职业素养"构成，重在提高大学生对劳动的全面认识。第二部分为劳动实践（第六章至第九章），由"生活性劳动实践""社会性劳动实践"和"职业性劳动实践""创新性劳动实践"构成，重在促进大学生劳动能力提升和劳动习惯养成。

　　本书可作为开展劳动教育等相关课程的教材，也可作为各类技能人才的培训用书。

　　本书在编写过程中，参考了其他前辈和作者的研究成果及相关资料，在此表示衷心的感谢。由于编者水平所限，书中难免存在疏漏与不足，恳请各位读者与专家指正，以便于我们不断修订完善。

编　者

CONTENTS | 目录

1 第一章 劳动与劳动教育
- 第一节　劳动的概念和价值　2
- 第二节　劳动价值观　6
- 第三节　践行劳动教育　13

21 第二章 社会分工与劳动组织
- 第一节　劳动力资源开发　22
- 第二节　社会分工和劳动组织　29
- 第三节　劳动基本制度　36

44 第三章 劳动法律法规与劳动权益
- 第一节　劳动法律法规　45
- 第二节　劳动合同及权利保障　52
- 第三节　劳动保护与职场安全　60

71 第四章 劳动精神与劳动素养
- 第一节　劳动精神和劳动纪律　72
- 第二节　工匠精神与技能成才　79
- 第三节　劳模精神和劳动素养　84

93 第五章 职业精神与职业素养
- 第一节　职业与职业人　94
- 第二节　弘扬职业精神　100
- 第三节　提升职业素养　109

目录 | CONTENTS

120 第六章 | 第一节 自我服务性劳动   121
生活性劳动实践 | 第二节 日常生活劳动   125

151 第七章 | 第一节 社会性劳动概述   152
社会性劳动实践 | 第二节 社会性劳动实践   158

173 第八章 | 第一节 大学生职业性劳动实践概述   174
职业性劳动实践 | 第二节 职业性劳动实践   183

192 第九章 | 第一节 创新性劳动概述   193
创新性劳动实践 | 第二节 大学生创新性劳动实践   196

232 参考文献

第一章

劳动与劳动教育

导读导学

劳动是人类社会生存和发展的基础，是人维持自我生存和自我发展的唯一手段。恩格斯指出："劳动是整个人类生活的第一个基本条件，而且达到这样的程度，以致我们在某种意义上不得不说：劳动创造了人本身。"

人类的劳动是体力与智力的结合。随着生产力的发展和人们认识水平的提高，体力劳动和智力劳动渐渐分离。但是，体力劳动和脑力劳动作为一个整体不可分割，二者只是分工不同，没有高低贵贱之分。新的时代，人类劳动的形态已经沧海桑田，发生了巨大的变化。随着人工智能时代的到来，虽然大部分机械性劳动都可以被自动化、智能化设备所替代，但是在新时代体力劳动仍然是不可或缺的。体力劳动仍然是人们维持日常生活所必备的一种基本能力，特别是体力劳动在培养我们的好奇心、想象力和批判性思维方面的作用是不可替代的。

新时代重提劳动教育是对劳动教育的认识回归本质，既有马克思主义"教劳结合"思想的引领，又有"耕读传家久"的传统。我们作为新时代的大学生应该把劳动能力、劳动习惯与劳动精神、工匠精神、劳模精神、职业精神相结合，社会实践与责任担当相结合，树立"大劳动观",拓展劳动的广度与深度,重构个体与他人、社会和自然的关系,立志成长为一名懂劳动、会劳动、爱劳动、会感恩、会助人的德智体美劳全面发展的社会主义建设者和接班人。

本章内容主要包括劳动与劳动价值、马克思主义劳动观、劳动教育发展等,通过学习引导大学生树立科学的劳动观,积极培养吃苦耐劳、埋头实干的劳动精神,形成在劳动实践中发现问题、展开研究、整合知识、解决问题,变单一的体力劳动为具有思维含量的创造性劳动的意识,让劳动教育落地生根、开花结果,让劳动教育凸显实效、绽放魅力,让劳动教育为学生的终身发展和人生幸福奠定基础。

第一节　劳动的概念和价值

名言名句

劳动,不仅仅意味着实际能力和技巧,而且首先意味着智力的发展,意味着思维和语言的修养。

——苏霍姆林斯基

案例引学

"铁人"王进喜与"铁人"精神

新中国成立后,广大工人成了国家的主人,劳动热情倍增。振兴中华、改变祖国一穷二白的落后面貌,成了人民群众共同的愿望和行动。被称为"铁人"的王进喜就是胸怀祖国、发愤图强的一代工人的典型。

王进喜本来是玉门石油矿普通工人,可他一心为国分忧。有一次在北京街头上,他看到汽车没油烧,在车顶上放着大大的煤气包,靠烧煤气行驶。他难过得吃不好睡不着,心想:"我是石油工人,现在国家缺油,我有责任啊!"不久,他被调到大庆,参加开发新油田的会战,他兴奋得像有使不完的劲,恨不得一拳头砸出一口井来。没有住房,他和大家住在干打垒的简易棚子里,吃冷饭,睡地铺。钻井机到了,可没有吊车下不了火车,他一声呐喊,带着工人用绳子拉,肩膀顶,终于把机器卸下来运到工地。第一座井架竖起来了,没有水灌井,他和工人们用脸盆、水桶,硬是把水一盆一桶地弄来,争分夺秒地开了钻。发生井喷事故时,没有搅拌机,他纵身跳进泥浆池,用身体搅拌。他为什么要这样做？为的是尽快打出石油，改变祖国石油工业落后的面貌。

因为长年劳累，饮食没规律，王进喜得了严重的胃病，经常疼得不能入睡。可他说："为了拿下大油田，我宁可少活20年！"正是这种铁人精神，正是这种为国忘我的劳动，使得大庆油田很快建成了，使我国摘掉了石油工业落后的帽子。

（资料来源：https：//www.51test.net/show/6879335.html）

问题："王进喜们"忘我劳动的价值和意义是什么？

一、劳动概述

劳动是人类社会存在和发展的最基本条件，劳动在人类形成过程中，起了决定性的作用。劳动是人类的本质特征，社会上一切物质财富与精神财富都来源于劳动。可以说，没有劳动，就没有人类的生存和发展。

（一）劳动的概念

劳动是人类特有的，为满足自身的物质和精神需要，有目的地调整和控制人和自然界之间的物质变换过程的一种改变自然物的社会实践活动。恩格斯在《劳动在从猿到人转变过程中的作用》一文中指出：在一定意义上说，劳动创造了人本身。所谓劳动是指人们运用一定的生产工具，作用于劳动对象，创造物质财富和精神财富的有目的的活动。因此说，劳动是人类社会存在和发展的最基本的条件。

（二）劳动的分类

按照劳动复杂程度可以把劳动分为简单劳动和复杂劳动两大类。简单劳动是在一定的社会条件下不需要经过特别的专门训练，每个普通劳动者都能从事的劳动。而复杂劳动是"简单劳动"的对称，需要经过专门学习和训练，在技术上比简单劳动复杂。

根据劳动所依靠的主要运动器官的不同，我们可以将劳动划分为体力劳动、脑力劳动和生理力劳动。体力劳动是指以人体肌肉与骨骼的劳动为主，以大脑和其他生理系统的劳动为辅的人类劳动。脑力劳动是指以大脑神经系统的劳动为主，以其他生理系统的劳动为辅的人类劳动。生理力劳动是指除了体力劳动和脑力劳动以外的其他形式的人类劳动。

一般的人类劳动由脑力劳动、体力劳动与生理力劳动按照不同的比例关系组合而成。通常意义上的脑力劳动是指那些脑力劳动占主要部分的复合劳动，体力劳动是指那些体力劳动占主要部分的复合劳动，生理力劳动是指那些生理力劳动占主要部分的复合劳动。

劳动具有两重性，即具体劳动和抽象劳动。具体劳动也称有用劳动，是人类特殊的、具体的劳动，它创造商品的使用价值，其性质和形式由生产的目的、操作方式、劳动创造商品的使用价值对象、手段和结果决定。抽象劳动是撇开劳动的具体形式的无差别的人类一般劳动，它形成商品的价值，没有质的差别，只有量的差别。简单而言，具体劳动表明怎样劳动、什么劳动的问题；抽象劳动表明劳动多少、劳动时间多长的问题。具体劳动和抽象劳动既紧密联系又有所区别：一方面，具体劳动和抽象劳动是同一劳动过程的两个方面，所以在时空上保持一致性；另一方面，具体劳动反映人与自然的关系，是劳动的自然属性，抽象劳动反映商品生产者之间的关系，是劳动的社会属性。

抽象劳动是价值的源泉，但抽象劳动不等于价值，抽象劳动只有凝结到商品中才能形成价值。

拓展知识点

劳动与社会发展的关系

马克思在《德意志意识形态》一书中指出："我们首先应当确定一切人类生存的第一个前提，也就是一切历史的第一个前提，这个前提是：人们为了能够'创造历史'，必须能够生活。但是为了生活，首先就需要吃喝住穿以及其他一些东西。因此第一个历史活动就是生产满足这些需要的资料，即生产物质生活本身，而且这是这样的历史活动，一切历史的一种基本条件，人们单是为了能够生活就必须每日每时去完成它，现在和几千年前都是这样。"在马克思看来，劳动是"一切历史的基本条件"，有了人类的劳动，有了满足人类生存必需的前提，才产生了生活和历史。

二、劳动的价值

劳动是人类社会存在与发展的基本前提，是创造物质世界和人类历史的根本动力。劳动创造了人，劳动创造了社会，劳动创造了文明。透过纷繁复杂的商品现象，只有人类劳动才是价值的唯一源泉。

（一）劳动创造人类

劳动创造了人本身。劳动是人类适应自然和改造自然的独特方式。恩格斯说："首先是劳动，其次是语言和劳动一起，成为猿人发展的主要推动力，猿的脑髓逐渐变成了人的脑髓。"手的使用和语言思维的产生都是在生产劳动过程中形成和发展的。劳动是人类赖以生存、发展的决定性力量。人类从学会直立行走、钻木取火、结绳记事，走向今天万物互联的文明时代，可以说是劳动发挥了不可替代的作用。马克思指出："任何一个民族，如果停止了劳动，不用说一年，就是几个星期也要灭亡。"今天，劳动不仅是人类生存的需要、安全的需要、爱的需要、发展的需要，也是人最后自我实现的需要。

（二）劳动改变世界

劳动是创造物质世界和人类历史的根本动力，劳动是一切社会财富的源泉。从野蛮时代到古代文明再到现代文明，人类社会的所有物质文明和精神文明，无一不是通过劳动，利用和改变自然资源、社会资源的成果。可以说，劳动改变了世界。

（三）劳动创新思维

人类的思维活动离不开实践活动，实践活动既有学习活动，又有创造活动，而劳动兼具学习与创造这两个功能。

克服劳动中的困难、解决劳动中的问题、获得劳动中的成果，也会进一步激发我们的求知欲，增进学习兴趣，促进智力发展，从而进一步创新思维，推动新的发展。

 案例

从洗马桶到世界旅馆业大王

一名年轻人在一家星级酒店得到了他的第一份工作——在卫生间清洗马桶。他因此心灰意冷，十分消沉。难道自己的人生就从马桶开始，沿着马桶一直走下去吗？

这时，一位前辈适时地出现在年轻人的面前。前辈什么多余的话都没说，亲自动手清洗马桶示范给他看。年轻人漫不经心地站在旁边瞧着。等清洗完毕，马桶内外光洁一新。这位前辈从马桶里盛出一杯水，当着年轻人的面一饮而尽。这杯不同寻常的水，给了这位年轻人极大的震撼！

从此，这名洗马桶的年轻人仿佛脱胎换骨，每天兢兢业业地踏实工作，工作质量达到了无可挑剔的程度。终于有一天，他也可以从自己洗过的马桶里盛出一杯水，眉头不皱地喝下去……

这名年轻人就是后来的世界旅馆业大王——赫赫有名的康拉德·希尔顿。

（资料来源：https://www.yicai.com/news/4673156.html 第一财经）

（四）劳动锤炼品格

劳动不仅是一种生活体验，也是锻炼我们动手能力、社会实践能力的重要途径，更是培养我们尊重劳动、勤俭节约、劳动光荣等价值观的重要方式。劳动能衡量一个人的综合素质，可以更好地锤炼大学生良好的品格。通过劳动，人的道德、知识、能力、素质可以得到全面、综合的提升和展示。通过劳动教育，有助于培养大学生独立自主的生存能力，有助于增强我们的公民意识和社会责任感，有助于锻炼百折不挠、迎难而上的劳动精神。国内外大量的调查研究证明，从小养成劳动习惯，长大后更可能具有责任心，也更容易适应家庭生活和职场工作的需要。

（五）劳动创造幸福

幸福是个人由于理想的实现或接近而引起的一种内心满足，追求幸福是人们的普遍愿望。幸福不仅包括物质生活，也包括精神生活。幸福不在于享受，而在于劳动和创造。高尔基曾说："劳动是一切欢乐和一切美好事情的源泉。"人们在劳动中发现美、创造美，体会劳动付出的艰辛与快乐、感受劳动创造的艰难与伟大。劳动是财富的源泉，也是幸福的源泉。人世间的美好梦想，只有通过辛勤劳动、诚实劳动和创造性劳动才能实现；发展中的各种难题，只有通过劳动才能破解；生命里的一切辉煌，只有通过辛勤劳动、诚实劳动和创造性劳动才能铸就。

第二节 劳动价值观

名言名句

人世间的美好梦想，只有通过诚实劳动才能实现；发展中的各种难题，只有通过诚实劳动才能破解；生命里的一切辉煌，只有通过诚实劳动才能铸就。

案例引学

大学生淘粪工上岗　经严格考核脱颖而出

淘粪工这个入不了很多人法眼的职业，却在济南市环卫局城肥二处，出现了激烈竞争的火爆场景。

2018年3月3日，5名大学生淘粪工正式签约拜师，他们分别来自济南大学、沈阳建筑科技大学、山东经济学院和山东政法大学。3男2女，4人本科、1人大专学历，其中2名还是党员，5人是从391名报考者中"脱颖而出"的。

据了解，此次被录取的王延峰、邢鸿雁就出自"淘粪世家"：王延峰的姥爷是著名的全国劳模、淘粪工人时传祥，爷爷曾是肥料厂工人，父亲则是城肥二处的淘粪工，而邢鸿雁的父亲也是淘粪工。

（资料来源：齐鲁网2010年3月3日讯：济南大学生淘粪工邢鸿雁：越到毕业越现实）

问题：有人说，大学生做淘粪工浪费了国家的教育资源，你怎样看待大学生做淘粪工？

一、劳动观的概念

人们在劳动的过程中，总会形成对劳动的看法和认识，这就是劳动观。劳动观反映着劳动者对劳动的态度，决定着劳动者在劳动过程中的行为。劳动观作为意识形态领域的内容，与人生观、世界观是一脉相承的，劳动观生动地反映着人生观、世界观。随着经济的发展和科技的进步，劳动被赋予了新的内涵。只有树立正确的劳动观，才能让自己更好地尊重劳动人民，更好地珍惜自己的劳动成果，并以热情饱满的劳动态度积极投入到社会劳动生产过程当中，为社会创造出更加丰富的物质财富，并促进个人的全面发展。

一个人只有树立了正确的劳动观，才能自觉强化劳动意识，用双手和智慧去创造人生，实现自己的理想，并对人生观、世界观的形成起到积极的促进作用。

二、马克思主义的劳动观

劳动是马克思思想体系的核心内容，是马克思主义理论研究的基础。马克思把劳动比喻成整个社会为之旋转的太阳，劳动是人类生存的本质。马克思主义劳动理论的诞生是人类劳动学说史上的重要里程碑，它首次全面系统阐述了劳动在人类发展史上的决定作用，也揭示了人类社会发展的一般规律。

马克思主义对于劳动的论述，主要体现为劳动本质论、劳动价值论以及劳动解放论。

（一）劳动本质论

马克思主义认为劳动是人的本质，人的本质是一切社会关系的总和。

第一，劳动创造了人本身。恩格斯在《劳动在从猿到人转变过程中的作用》一文中，详细描述了劳动在人类从猿进化为人的过程中的作用。劳动使人学会直立行走，并且劳动还使人创造了语言。

第二，劳动创造了人类生活。马克思、恩格斯在《德意志意识形态》中明确地指出："全部人类历史的第一个前提无疑是有生命的个人的存在。"而这"有生命的个人"之所以能够存在，最主要的是因为他们能通过自己的劳动来创造和生产物质生活资料。劳动的过程就是人通过自身的劳动作用于自然的过程，是人的本质力量与自然之间的一种物质交换过程。

第三，劳动是一切价值的创造者。马克思认为："劳动是一切价值的创造者。只有劳动才赋予已发现的自然产物以一种经济学意义上的价值。"恩格斯在《自然辩证法》中对劳动也有同样的表述："它是一切人类生活的第一个基本条件，而且达到了这样的程度，以致我们在某种意义上不得不说：劳动创造了人本身。"劳动是人类创造物质和精神财富的活动。

第四，劳动创造了社会关系。劳动不仅创造了人与自然的关系，劳动还形成了人与人之间以及人与主观意识之间的关系，而这些关系成为人类社会的基本关系。社会是人类劳动的产物，是劳动活动的展开形式，也必将随着劳动的发展而发展。

（二）劳动价值论

劳动价值论是马克思关于劳动创造商品价值及商品生产、交换遵循价值规律的理论，它详细阐述了商品经济的本质和运行规律。

生产商品的同一劳动划分为具体劳动和抽象劳动，具体劳动创造商品的使用价值，抽象劳动创造商品的价值。而具体劳动与抽象劳动是生产商品劳动的两种形态,是同一劳动的两个不同方面,不是生产商品的两次劳动。

(三) 劳动解放论

劳动解放论是从劳动本质论和劳动价值论中得出的对科学社会主义的深刻表述,认为劳动的发展过程推动了人类史在自然和社会两方面的不断解放。劳动解放首先是人类智力的提高过程,是劳动工具的改进与经济形态的创新,而不是一种简单的政治行为或者政权的归属问题;其次劳动者解放程度是衡量社会文明的尺度和标准,直接反映出社会的政治体系与制度模式的优劣。

马克思

恩格斯

拓展知识点

习近平关于劳动的论述

1. 树立什么样的劳动观念?

人类是劳动创造的,社会是劳动创造的。劳动没有高低贵贱之分,任何一份职业都很光荣。

——2016年4月26日,习近平在知识分子、劳动模范、青年代表座谈会上的讲话

我们的根扎在劳动人民之中。在我们社会主义国家,一切劳动,无论是体力劳动还是脑力劳动,都值得尊重和鼓励;一切创造,无论是个人创造还是集体创造,也都值得尊重和鼓励。全社会都要贯彻尊重劳动、尊重知识、尊重人才、尊重创造的重大方针,全社会都要以辛勤劳动为荣、以好逸恶劳为耻,任何时候任何人都不能看不起普通劳动者,都不能贪图不劳而获的生活。

——2015年4月28日,习近平在庆祝"五一"国际劳动节暨表彰全国劳动模范和先进工作者大会上的讲话

必须牢固树立劳动最光荣、劳动最崇高、劳动最伟大、劳动最美丽的观念，让全体人民进一步焕发劳动热情、释放创造潜能，通过劳动创造更加美好的生活。

——2013年4月28日，习近平来到全国总工会机关，同全国劳动模范代表座谈并发表重要讲话

2. 如何对待劳动？

素质是立身之基，技能是立业之本。广大劳动群众要勤于学习，学文化、学科学、学技能、学各方面知识，不断提高综合素质，练就过硬本领。要立足岗位学，向师傅学，向同事学，向书本学，向实践学。三百六十行，行行出状元。

梦想属于每一个人，广大劳动群众要敢想敢干、敢于追梦。说到底，实现中华民族伟大复兴的中国梦，要靠各行各业人们的辛勤劳动。现在，党和国家事业空间很大，只要有志气有闯劲，普通劳动者也可以在宽广舞台上展示自己的人生价值。

——2016年4月26日，习近平在知识分子、劳动模范、青年代表座谈会上的讲话

一切劳动者，只要肯学肯干肯钻研，练就一身真本领，掌握一手好技术，就能立足岗位成长成才，就都能在劳动中发现广阔的天地，在劳动中体现价值、展现风采、感受快乐。

——2015年4月28日，习近平在庆祝"五一"国际劳动节暨表彰全国劳动模范和先进工作者大会上的讲话

劳动模范和先进工作者、先进人物不仅自己要做好工作，而且要身体力行向全社会传播劳动精神和劳动观念，让勤奋做事、勤勉为人、勤劳致富在全社会蔚然成风。

——2014年4月30日，习近平在乌鲁木齐接见劳动模范和先进工作者、先进人物代表，向全国广大劳动者致以"五一"节问候

我国工人阶级要增强历史使命感和责任感，立足本职、胸怀全局，自觉把人生理想、家庭幸福融入国家富强、民族复兴的伟业之中，把个人梦与中国梦紧密联系在一起，始终以国家主人翁姿态为坚持和发展中国特色社会主义作出贡献。

——2013年4月28日，习近平来到全国总工会机关，同全国劳动模范代表座谈并发表重要讲话

三、如何树立正确的劳动观

鉴于劳动观是人们对劳动的根本看法和基本态度，而观念影响行为，观念又往往非一朝一夕形成，需要在潜移默化中逐步建立，因而在广大青年中树立正确的劳动观十分重要。要牢固树立劳动最光荣、劳动最崇高、劳动最伟大、劳动最美丽的观念，让全社会特别是青年学生树立正确的劳动观，尊重劳动、崇尚实干，对于实现中华民族伟大复兴的中国梦具有重要意义。

对于广大青年学生而言，学习本身就是一种劳动，对知识的求索过程就是劳动实践过

程。通过学习基础知识、专业知识，大学生可以培养正确的学习态度，养成持续学习、终身学习的习惯，学深学透专业领域劳动所需的知识、技能、方法，每一个学生积极、主动、努力的学习态度就是一种正确的劳动观。

（一）培养强烈的劳动意识

劳动意识是社会意识形态的一种特殊表现形式，是劳动主体对劳动主体与劳动客体之间相互作用过程的主观反映。劳动意识是关于劳动观点、劳动观念和劳动心理的合称，同人生观、价值观、道德观有着密切的联系。

"业精于勤荒于嬉""不劳动不得食""三更灯火五更鸡，正是男儿读书时。黑发不知勤学早，白首方悔读书迟"等经典语句影响了一代又一代人，把劳动当作生存第一要务的民族精神内涵也是我国千百年来不断发展的重要内在因素。

强烈的劳动意识有助于提高广大青年学生的社会责任感、感恩思想和奉献精神，有助于摆脱不劳而获、自私自利、为所欲为的羁绊，能够彻底解决一些大学生好高骛远、眼高手低、责任意识不足的问题。

（二）形成积极的劳动态度

劳动态度是人们对劳动的评价和行为倾向，是个人潜力、意识、想法、价值观等在劳动中的外在表现，是个人对劳动相对稳定的一种心理状态。简言之，劳动态度是劳动者对劳动的认识和以此为指导所采取的行动。劳动态度是影响劳动者积极性的首要因素，爱劳动是积极劳动态度的突出表现。

敬业奉献是中华民族的传统美德，是劳动观中最基本的劳动态度。党的十八大把"敬业"纳入社会主义核心价值观并大力倡导，充分说明热爱劳动、主动劳动已经成为新时期劳动者需要着重培养和强化的劳动意识和劳动态度。广大青年学生要树立热爱劳动、积极服务社会的奉献精神，以主人翁的责任感积极投入到各项劳动中去。

（三）练就较强的劳动能力

劳动能力是劳动者进行生产活动的能力，包括体力和脑力两个方面，是劳动者以自己的行为依法行使劳动权利和履行劳动义务的能力。劳动能力是劳动者劳动素养的外在表现，是劳动者进行劳动生产活动的具体能力体现。从某种程度上说，劳动能力决定了劳动行为和劳动贡献。

劳动能力需要在学习中不断提升。作为新时期的建设者和接班人，广大青年学生要掌握丰富的基础知识、专业知识，要在反复甚至是枯燥的实践中掌握具体的劳动技能、劳动方法，并在不断的劳动训练中积累经验、创新发展，学以致用、勤学苦练，练就过硬的本领，应对新时代新技术新形势下的新挑战。

（四）塑造崇高的劳动精神

劳动精神表现为一种对劳动坚定不移、积极接受的态度。劳动精神是中国精神的重要组成部分，是中华民族赖以生存与发展的精神纽带，也是推进党和国家事业兴旺发展的精神动力。

新时代劳动精神展现着新时代砥砺奋进的新风貌，彰显着中国理论、中国制度和中国文化的价值，是促进人的全面发展、夺取新时代中国特色社会主义伟大胜利和实现中华民族伟大复兴的中国梦的重要力量源泉。

劳动精神与岗位无关，在任何的劳动岗位上都会展示劳动精神的价值。"平凡的岗位创造不平凡的业绩""干一行，爱一行；干一行，钻一行""三百六十行，行行出状元""不想当元帅的士兵不是好士兵""争创一流"等俗语佳句都告诉我们，热爱自己的岗位，以严谨的态度，尽职尽责、兢兢业业、尽心尽力、全力以赴，才会在工作中感受到快乐，获得成就感、荣誉感和幸福感。

 **案例**

努力赢得机会　　实现儿时梦想

2019年，小王毕业于一所高职院校的护理专业，经过双向选择于2019年8月成为北京大学第三医院的一名护士，2020年还被单位评选为优秀护士。

做一名白衣天使是小王儿时的梦想，所以高考结束后她就报了护理专业。从开学第一课她知道了学校对优秀学生提供到北京的知名三甲医院见习和实习的机会。为了让自己变得优秀，在校学习期间，她除了认真学习护理专业基础课和核心课外，对于各种拓展课和实践课，她也是尽量抽出多的时间参与。对于班级组织的各种劳动实践课和公益活动她都积极参与，尽自己所能承担更多的工作，任劳任怨，获得了老师和同学们的一致好评。大一暑期，小王参加了学校组织的医院和康养机构见习，通过两周的学习，她对自己未来的工作有了更清晰的认识，对护士的辛苦工作也有了更多了解。大二学业结束后小王凭借优秀的成绩进入了北京大学第三医院成为一名实习护士。在实习期间因为工作认真细致、业务操作能力娴熟、病人满意度高从而击败很多本科生成为一名正式护士。

（五）养成良好的劳动习惯

劳动是人类的本质活动，劳动光荣、创造伟大是对人类文明进步规律的重要诠释。青年作为我国社会主义事业建设的希望和栋梁，要身体力行地践行劳动观，只有牢记初心、不忘使命，对工作保持一如既往的干劲，才能永葆奋斗品质，为祖国建设添砖加瓦，为实现中华民族的伟大复兴和现代化强国贡献力量。

当我们思想上有强烈的劳动意识，有崇高的劳动精神和良好的劳动习惯，就会尊重劳动，心存敬畏之心、感恩之心去珍惜他人的劳动成果，才会体会"一粥一饭当思来之不易"的深意，才会勤俭节约、奋发进取。

四、树立正确劳动观的重要意义

（一）有助于树立正确的人生观价值观

马克思主义劳动价值观启示我们，劳动是人类赖以生存和发展的决定力量。树立正确的劳动观，有利于我们深刻认识劳动创造人、劳动创造世界、劳动创造历史的本源性价值。正确的劳动观，告诉我们热爱劳动、尊重劳动、激发学习热情和创新精神的同时，也会提高青年学生对劳动是生命的意义和生命价值实现的唯一途径的深刻认识。

（二）有助于形成积极向上的就业创业观

很多大学生在就业过程中容易出现眼高手低、被动就业的问题，只有树立正确的劳动观，才能形成积极向上的就业观和创业观。正确的劳动观能够培养大学生的优良品质，实现积极就业；正确的劳动观能够帮助我们正确认识社会劳动分工的本质，消除劳动差别观，建立劳动平等观，促进基层就业、锻炼，为以后的发展奠定良好基础；正确的劳动观也能够培养我们吃苦耐劳的劳动精神和创新精神，促进自主创业。

（三）有助于促进人的全面发展

作为新时期社会主义建设者和接班人，广大青年学生的全面、健康发展对实现中华民族伟大复兴的中国梦具有重要的作用。合格的建设者和接班人是"以劳动实现中国梦"的主体力量，既应该是辛勤的劳动者、敬业的劳动者，也应该是创造性的劳动者。树立正确的劳动观有助于我们在劳动中不断学习、增强体魄、磨炼意志、提升人格品质，实现以劳树德、以劳增智、以劳健体、以劳育美的目标。

（四）有助于促进幸福生活的实现

"劳动是世界上一切欢乐和一切美好事情的源泉。"这是高尔基对劳动的诠释，也是劳动的真谛。劳动必将是一笔难得的人生资源和财富。人生的绚丽和精彩是在不断劳动中、勇于创造过程中书写出来的。劳动能使大学生消除不必要的忧虑和摆脱过分的自我意识，使生活内容丰富而充实。劳动的成功与成果，可使大学生充分认识到自己生存的价值，提高对生活的信心和希望。

总结案例

从贫困生到营收千万的公司CEO

他是中南财经政法大学一名大四学生，同时也是武汉爱鲸科技有限公司创始人、武汉华清捷利科技发展有限公司CEO。今年23岁的李金龙三年前还在为生活费发愁，如今已是年营收数千万元公司的CEO。2020年，正当很多应届毕业生开始为自己毕业后的工作而苦恼时，同样是应届毕业生的李金龙需要考虑的却是如何带领他的公司发展得更快。

李金龙出生在甘肃陇西的一个偏远山村，从小家境贫寒，父亲在镇上开了一家兽药铺，以此维持一家人的生计。六岁那年，李金龙不慎右眼受伤导致很难看清书上的字，虽然视力带给了他很多学习上的不便，但他还是凭努力考入了中南财经政法大学公共管理学院。入学后的李金龙想要通过自己的努力尽可能地减轻家里负担，于是通过开培训班、做驾校代理、卖新生用品的方式赚钱贴补家用。

让李金龙真正意义走上创业道路的机会来自于一次调研。在调研中作为班长的他不仅每天晚上要安排调研行程和对接社区，还要说服同学克服早起和期末复习的困难。那时的李金龙几乎每天都要工作到夜里一两点钟，5天下来瘦了6斤。也正是这次社区调研让老师看到了李金龙出色的能力和坚强的意志，于是老师把他推荐给当时正在创业的师兄们，和他们一起创业。

在师兄们的带领下，李金龙开始负责运营更多的项目，涉及在线教育、社会调查、智能洗护设备等多个领域，并且和师兄一起开始了新的创业项目——智慧校园。该项目主要以共享洗衣机的刚需聚拢流量、搭建智慧校园生态，目前设备已从最初的15台发展到现在7000余台，公司营收超过千万元。

"大二上学期买了车，大三上学期买了房。"李金龙凭借自己的辛勤劳动和创造性劳动，尚在读书阶段就实现了人生的几个小目标。

（资料来源：长江日报-长江网 http://www.cjrbapp.cjn.cn/p/180221.html）

问题：从李金龙的经历，谈谈你对树立科学的劳动观与个人成长成才的理解。

第三节　践行劳动教育

名言名句

劳动教育的目的，在谋手脑相长，以增进自立之能力，获得事物之真知及了解劳动者之甘苦。

——陶行知

案例引学

技能成才之路

——阿尔伯特大奖获得者宋彪的故事

2017年，第44届世界技能大赛上，江苏常州技师学院19岁的学生宋彪，以所有项目最高分捧回被称为"金牌中的金牌"的阿尔伯特·维达大奖，实现了我国选手参赛以来的历史性突破，成为很多青年学生的榜样。

回忆起当时的情形，他仍然记忆犹新，"完全没有想到，会有这么大的惊喜，"宋彪获奖后兴奋地说，"今天终于站上了世界技能竞技的最高领奖台，为国家争得了荣誉，为学校增添了光彩，也为自己找准了继续前进的方向。"

根据世界技能大赛的赛程安排，前三天的比赛任务是焊接、机械加工、电气预防性维护和脚踏式水净化器的制作，这三天宋彪发挥正常。比赛进行到第四天，首席专家忽然对宋彪说，前一天计时出了点问题，中国选手第三天的比赛少计了半小时。听到这消息，宋彪蒙了："我的计时是没有任何问题的，但又没证据反驳，只能听从首席专家的指令。"就这样，宋彪的计划被打乱了，但他知道着急不是办法，要平静下来，重新制订计划。最终，宋彪顺利地完成比赛，他不仅获得了一枚金牌，而且一举夺得全场唯一的阿尔伯特·维达大奖。身披五星红旗登上领奖台的宋彪，赛出了中国青年的时代风采。

2018年1月，江苏省政府为宋彪记个人一等功、授予"江苏大工匠"称号；江苏省人社厅认定宋彪副高级专业技术职称、晋升高级技师职业资格，成为江苏最年轻的副高级专业技术职称获得者。2019年，获"中国青年五四奖章"，2020年作为高技能人才享受政府津贴。

如今，宋彪选择了留校任教。上课时，宋彪一直强调"工匠精神"，要求学生把"工匠精神"渗入到每个产品、每道工序，杜绝"差不多就行"的心态。宋彪说："工匠精神，往大了说，它的内涵是精益求精，一丝不苟；往小了说，就是把日常中每一件事情做好。"

（资料来源：搜狐网 https://www.sohu.com/a/214861312_200190）

问题：从宋彪的事迹，谈谈你对劳动教育与个人成长成才的理解。

一、劳动教育概述

（一）劳动教育内涵

国内外对劳动教育含义的理解见仁见智，概括起来有以下几种：一是德育说，强调劳动教育的德育属性，直接将劳动教育定义为德育的一部分，侧重热爱劳动和劳动人民的情感、正确劳动观念和态度的培养，把劳动习惯和技能的教育看作是日常生活培养的结果，并不突出劳动教育的智育价值；二是智育说，即强调了劳动教育的智育属性，将劳动教育的主要价值定位为传播现代生产基本知识和技能，提高社会劳动生产的智力水平；三是全面发展学说，强调劳动教育是融德育、智育和美育的综合性教育。

随着经济社会的不断发展，劳动教育的含义更倾向于劳动全面发展学说。苏联教育家苏霍姆林斯基认为，"劳动教育是对年轻一代参加社会生产的实际训练，同时也是德育、智育和美育的重要因素"；我国教育家陶行知把劳动教育视为"在劳力上劳心"的实践活动，劳动教育的目的就在于"谋手脑相长，以增进自立之能力获得事物之真知及了解劳动者之甘苦"。由此可见，劳动教育就是以劳动为中介而进行的旨在培养劳动者良好劳动价值观的教育，是以提升劳动素养的方式促进劳动者全面发展的教育活动。在内涵上，劳动教育是一种通过参与获得发展的，融德育、智育、体育、美育为一体的综合性育人活动；在外延上，劳动教育的范畴涉及劳动价值观的形成、劳动技能的传授、劳动态度的培养、劳动情怀的培育、劳动习惯的养成等方面。

（二）劳动教育的特征

新的历史时期，劳动教育作为以提升学生劳动素养的方式促进学生全面发展的教育活动，是国民教育体系的重要内容，具有树德、增智、强体、育美的综合育人价值，其基本特征如下：

一是鲜明的思想性，强调劳动者是国家的主人，一切劳动和劳动者都应该得到鼓励和尊重，反对一切不劳而获、崇尚暴富、贪图享乐的错误思想；

二是突出的社会性，要求引导学生走向社会、认识社会，强化责任担当意识，体会社会主义社会平等、和谐的新型劳动关系；

三是显著的实践性，以动手实践为主要方式，引导学生在认识世界的基础上，学会建设世界，塑造自己，实现树德、增智、强体、育美的目的。

拓展知识点

杜威的"教育即生活"和陶行知的"生活即教育"

约翰·杜威是美国著名的实用主义哲学家、教育学家，杜威作为美国进步主义运动的代表，首次提出了实用主义教育思想，并倡导"教育即生活"。在《民主主义与教育》中，杜威提出："教育是生活的必需。"教育是一种培养人的社会活动，是一种特殊的生活方式，从一开始就源于生活，在生活中发展，并以促进生活水平的提高为目标。杜威的"教育即生活"认为，教育必须依赖于生活并改善现实生活，通过教育使儿童获得更好的发展，具备构建美好生活的知识和能力。

陶行知在经过多年的教育实践探索中，继承了杜威的"教育生活理论"并对其进行了革新和创造。陶行知把杜威的"教育生活理论""翻了半个跟头"，创造了具有中国特色的"生活教育理论"。他主张"生活即教育"，"社会即学校"，"教学做合一"。这一生活教育理论在他所创办的晓庄乡村师范学校中得以实践。陶行知说，要先能做到"社会即学校"，然后才能讲"学校即社会"；要先能做到"生活即教育"，然后才能讲到"教育即生活"。要这样时学校才是学校，要这样时教育才是教育。

（资料来源：360个人图书馆 http://www.360doc.com/content/16/0321/14/10603700_544045286.shtml）

二、我国劳动教育的历史发展

中华民族五千年的历史长河中,勤劳勇敢智慧的中国人民创造了辉煌的历史,铸就了灿烂的中华文明。在长期与自然抗争的过程中,先民们还形成了丰富的劳动思想。特别是数千年来农耕文明的形成,不仅促进了人类社会的发展变革,也促进了耕读文化思想在家庭教育、学堂教育中的广泛传播。如《朱子家训》中就有"一粥一饭,当思来处不易;半丝半缕,恒念物力维艰",以此来教育子女从小要养成勤俭的习惯。而张履祥在《训子语》中用"读而废耕,饥寒交至;耕而废读,礼仪遂亡",来警示其后人在读书穷理之外还要躬身实践。耕读文化其深刻的思想内涵独具魅力,为我国劳动教育的发展奠定了坚实的基础。

可以说,任何教育都离不开经济社会发展的历史环境,我国近现代劳动教育的思想也在不同的历史时期产生着不同的变化和发展:

1. 民国时期的劳动教育(1912—1949 年)

民国时期,在教育救国的大背景下,以黄炎培、陶行知、晏阳初、梁漱溟等教育家们为代表,深刻意识到劳动教育对于教育、对于国家、对于民众的深刻意义,深入探索研究推动劳动教育普及,特别是黄炎培从实业救国的价值追求出发,深挖劳动教育的育人价值,是我国职业教育的奠基人。

2. 新时期的劳动教育(1949 年—现在)

新中国成立后,劳动教育随着党的教育方针的变化不断发展。

1949—1956 年,从新中国成立初期倡导的"五爱公德"的"爱劳动"开始,到后来的"教育与生产劳动相结合"成为我国教育方针的重要组成部分。1955 年,教育部提出"除着重培养学生的劳动观点和劳动习惯外,还应注重进行综合技术教育",这一指示是新中国成立以来劳动教育探索理论与实践并行的开端。

1956—1977 年,毛泽东同志 1957 年提出"我们的教育方针,应该使受教育者在德育、智育、体育等几方面都得到发展,成为有社会主义觉悟的有文化的劳动者",由此确立了培养劳动者的教育目标。该时期,劳动教育在教育方针中有了一席之地,但同时也因过度政治化而走向异化发展。

1978—1999 年,改革开放揭开了时代新篇章,劳动教育改革也提上日程。1986 年国家教委提出并形成了"五育全面发展"的教育思想,对劳动教育的方针和定位进行了调整,也加强了劳动教育的系统建构,但仍被视为其包含在广义的德智体教育中,劳动教育的独立地位并没有真正建立。

2000—2012 年,从进入 21 世纪开始,我国进入了全面建设小康社会,加快推进社会主义现代化建设的新的历史时期。2001 年《国务院关于基础教育改革与发展的决定》发布,将"坚持教育必须为社会主义现代化建设服务,必须与生产劳动和社会实践相结合,培养德智体美等全面发展的社会主义建设者和接班人"作为新世纪基础教育改革和发展的基本方针,赋予了劳动教育愈加丰富的内涵与要求,推动了劳动教育迈入整合发展的新时代。

党的十八大以来，习近平总书记立足于新时代的历史方位，着眼于新时代全面育人的基本要求，对加强劳动教育做出了一系列重要论述，就"为谁培养人、培养什么样的人、怎样培养人"发表了一系列重要讲话，逐步形成了人才培养的完整思想体系。2018年9月，习近平总书记在全国教育大会上提出"培养德智体美劳全面发展的社会主义建设者和接班人"，形成了五育并举的教育方针。

2020年3月20日，中共中央国务院颁发了《关于全面加强新时代大中小学劳动教育的意见》。这是新中国成立以来，国家最高层面首次对大中小学劳动教育进行顶层设计和系统部署。《意见》中特别提出了健全劳动素养评价制度，强调将劳动素养纳入学生综合素质评价体系，制定评价标准，建立激励机制，组织开展劳动技能和劳动成果展示、劳动竞赛等活动，全面客观记录课内外劳动过程和结果，加强实际劳动技能和价值体认情况的考核。把劳动素养评价结果作为衡量学生全面发展情况的重要内容，作为评优评先的重要参考和毕业依据，作为高一级学校录取的重要参考或依据。这一重大举措对于系统培育学生生活劳动、生产劳动、服务性劳动的技能，提升大学生的职业素养，提振全社会的职业水平、营造全社会良好职业生态具有重大、深远的意义。通过劳动教育使大学生树立正确的劳动观，培养大学生勤俭、奋斗、创新、奉献的劳动精神，养成良好的劳动习惯已成为高等教育不可或缺的责任。

拓展知识点

辛勤劳动、诚实劳动和创造性劳动

要在学生中弘扬劳动精神，教育引导学生崇尚劳动、尊重劳动，懂得劳动最光荣、劳动最崇高、劳动最伟大、劳动最美丽的道理，长大后能够辛勤劳动、诚实劳动、创造性劳动。劳动创造历史，劳动开创未来，劳动改变了我们的生活。用劳动创造美好生活，是历史的逻辑，是时代的诉求，也是未来的召唤。

三、开展劳动教育的意义

培养什么人，是教育的首要问题。我国是中国共产党领导的社会主义国家，这就决定了我们的教育必须把培养社会主义建设者和接班人作为根本任务，培养一代又一代拥护中国共产党领导和我国社会主义制度、立志为中国特色社会主义奋斗终生的有用人才。

劳动教育承载立德树人理念，对培养德智体美劳全面发展的社会主义合格建设者和接班人意义重大。加强劳动教育是实现伟大复兴中国梦的助推力量，是践行社会主义核心价值观的必要选择，是立德树人的重要载体和途径，也是青年学生成长成才的现实需要。

1. 劳动教育是全面培养教育体系的重要组成部分

劳动教育是构建全面培养教育体系中不可缺少的重要环节，劳动教育与德、智、体、美相互联系同时又有不同的功能，起到相互促进的作用。劳动可以树德、增智、强体、育美。劳动教育的四个方面——劳动精神的培育、劳动科学和技能的教育、劳动能力的锻炼、劳动者对美的追求和创造，是高校德育、智育、体育、美育的重要内容，但是又不能相互替代。因为劳动教育侧重培养劳动观念，培育劳动技能，体现"实践"的要求。德育侧重于解决教育对象的世界观、人生观问题，体现树立正确"观念"的要求；智育注重开发智能，侧重"思维"的培养要求；体育是为了强身健体，体现"健康"的要求；美育陶冶情操，塑造心灵，体现"审美"的要求。将劳动教育与德智体美育并列，既是对劳动教育本身的有效加强，也是对德智体美育的有力支撑。德智体美劳既有密切联系又有各自不同的功能，劳动教育为完善人才培养目标、支持德智体美育提供重要平台，必然成为高等教育人才培养体系的重要组成部分。

2. 劳动教育是立德树人的重要途径

立德树人既是教育的根本任务，也是检验教育成效的根本标准。国家多次强调高校要全面贯彻党的教育方针，把立德树人作为根本任务，实现全员育人、全过程育人、全方位育人，立德树人的目的在于培养"德、智、体、美、劳"全面发展的、合格的社会主义建设者和可靠的接班人。首先，劳动教育是高校立德树人的有效载体，是培养全面发展人才的重要途径，也是实现立德树人目标的一项主要内容。其次，劳动教育，是明确为谁培养人、培养什么样的人、怎样培养人这个基本问题的现实路径。再次，劳动教育丰富了教育工作的内涵，促使学生端正劳动态度并树立正确的劳动观念，能够培养学生对于劳动和劳动人民的思想感情，逐步养成热爱劳动、善于劳动、勤于劳动的素质。我国历来注重劳动教育的重要作用和实际意义，将劳动视为形成良好道德品质的重要途径，"德之根在心，人之本在劳"，二者结合就是立德树人的根本。

3. 劳动教育是确立青年正确价值观的必要选择

关于教育的重要论述，特别是新时代劳动和劳动教育的重要论述中，曾多次强调，"要在全社会大力弘扬劳模精神、劳动精神"，"让劳动光荣、创造伟大成为铿锵的时代强音，让劳动最光荣、劳动最崇高、劳动最伟大、劳动最美丽蔚然成风"。这是马克思主义劳动观的重大发展，也是新时代党对劳动教育的根本要求。反观校园里学术不端、考试抄袭，工作中的职务犯罪、收受贿赂……说到底都是不劳而获思想作祟。而新时代劳动教育的主要使命就是要让学生牢固确立"四个最"的劳动价值观，旗帜鲜明地反对一切不劳而获、贪图享乐、崇尚暴富的错误思想，引导大学生要树立辛勤劳动、诚实劳动、创新劳动的思想，让中华民族勤俭、奋斗、创造、奉献的劳动精神在一代又一代青少年身上发扬光大。

4. 劳动教育是促进青年成长成才的现实需要

无论是国家富强，还是民族复兴抑或是人民幸福，离开了劳动，都将是无源之水、无本之木。劳动教育是劳动和教育的有效结合，一方面发挥了劳动的实践效用，通过利用和总结实践经验实现了理论和实践相结合、知行合一；另一方面发挥了教育的育人效用，其目的是增进学生对于劳动生产知识和技术的认识与理解，提高学生的劳动实践能力以及分析和解决问题的水平。劳动教育作为培养人的社会活动，在树德、增智、强体、育美中不断创新，促进学生身心的全面发展。

劳动是推动人类社会进步的根本力量，是人民美好生活的源泉。构建德智体美劳全面培养的教育体系，加强劳动教育，是回归人之本质、回归学生自身的主体性教育方式，能够帮助学生在实践中发现自我，通过双手改变和创造自己的生活。

"以劳动托起中国梦"是对于历史和现实的清晰判断，只有加强劳动教育才能培养出一大批勤于劳动和善于劳动的人才，才能符合新时代教育发展的根本要求，也是实现个人梦想和国家梦想的一个重要选择。当前，实现中华民族伟大复兴的宏伟蓝图已经绘就，目标已经明确，部署已经启动，只要每一个中国人积极投身到时代的大潮之中，用劳动创造美好未来，用劳动实现人生幸福，美好而伟大的"中国梦"就会因劳动而铸就！

课后训练

一、理论知识掌握

1. 简述劳动的概念及价值。
2. 简述马克思主义劳动价值观的核心内容。
3. 简述新时代劳动教育的特征。

二、能力素质训练

1. 查阅相关资料，学习平凡的工作岗位上一位劳动模范的事迹，交流学习感受。
2. 卢梭曾说："劳动是社会中每个人不可避免的义务。"结合你的学习，谈谈你对这句话的理解。
3. 在教师指导下分组设计调查问卷，调查了解大学生劳动现状，并完成调查分析。
4. 阅读分析

在图书馆上"大学"的金克木

1935年，只有小学学历的金克木经人介绍，到北京大学图书馆工作，负责借书还书。一天，他忽然想到：我为什么不能也像那些教授、学生一样读一些书呢？

但如何在书海中寻到最有价值的书，令他一筹莫展。后来，他想到了一个办法——"索引"，就像他根据"索引"给借书人找书一样，反过来，他也可以从借书人那里搜索到有价值的书啊！从此，借书人就成了他的"导师"。白天，他在借书台和书库间穿梭，晚上他就偷偷阅读那些被别人借过的书。他的"导师"五花八门，但以毕业生为主，这些学生要写论文，因此他们借的书都很有方向性。

给金克木留下深刻印象的，是一位从十几公里外步行赶来的教授。他夹着布包，手拿一张纸往借书台上一放，一言不发。金克木接过一看，全是些古书名。待这位教授走后，金克木赶紧把记下来的书名默写出来，以后有了空闲，便按照书单到善本书库中一一查看。日久天长，这个曾经的懵懂少年不仅靠自学精通了梵语、印地语、世界语等十多种语言文字，还在文学、历史、天文等领域卓有成就，成为一代奇才，与季羡林、张中行和邓广铭并称为"燕园四老"。

（资料来源：https://baike.baidu.com/item/）

问题：

1. 金克木的"大学生活"对你的启示是什么？
2. 对学习这种特殊的劳动你有哪些新的认识？
3. 谈谈你如何理解劳动改变世界。

第二章

社会分工与劳动组织

> **导读导学**
>
> 劳动作为人的第一需要,是人类社会赖以产生、存在和发展的基础。人类自出现社会分工以来,以劳动力为对象的社会分工与协作、劳动组织与管理等部门相继出现,劳动不再是单纯的人的体力或脑力的支出,而是有组织、有分工、有协作,具有复杂关系和形态、内部构造细密的人类社会生产系统。
>
> 对社会分工与劳动组织的学习,便于广大学生正确认识分工和合作、劳动与劳动组织,对未来投身社会参与社会劳动的职业方向选择及融入社会生产、提高责任意识具有重要的作用。

第一节 劳动力资源开发

名言名句

劳动是人类存在的基础和手段,是一个人在体格、智慧和道德上臻于完善的源泉。

——俄国教育家乌申斯基

案例引学

书写新时代劳动者新的荣光

——写在"五一"国际劳动节

劳动光荣,成就梦想;劳动者伟大,创造历史。在"五一"这个崇尚劳动、赞美劳动者的日子里,我们向全国工人阶级和广大劳动群众致以诚挚的祝福,向各条战线上的劳动模范和先进工作者表示崇高的敬意!

今年是新中国成立70周年,站在这个时间节点抚今追昔,我们更加深刻地认识到劳动的意义、奋斗的价值。70年来,在中国共产党领导下,工人阶级和广大劳动群众始终站在时代前列,积极投身社会主义革命、建设、改革伟大实践,辛勤劳动、诚实劳动、创造性劳动,在革故鼎新、自强不息的奋斗中,在筚路蓝缕、胼手胝足的实干中,铸就了改天换地、彪炳史册的人间奇迹。70年沧桑巨变,中华民族迎来了从站起来、富起来到强起来的伟大飞跃。我们的党、我们的国家、我们的人民在奋斗中收获了更多自信和勇气,更加坚定、更加昂扬地走在实现"两个一百年"奋斗目标的广阔道路上。

70年来我们取得的成就、创造的奇迹,都是中国人民撸起袖子干出来的、挥洒汗水拼出来的。社会主义是干出来的,新时代也是干出来的。世界上没有坐享其成的好事,要幸福就要奋斗。新时代是奋斗者的时代,更是追梦人的舞台。无数奋斗者用实际行动证明,有梦想,有机会,有奋斗,一切美好的东西都能够创造出来。只要广大劳动群众不断砥砺梦想、坚持不懈奋斗、始终拼搏实干,就一定能创造新时代新的更大辉煌,把我们的人民共和国建设得更加繁荣富强。

奋斗新时代,让我们大力弘扬劳动精神。劳模精神、劳动精神、工匠精神,是工人阶级和广大劳动群众在从事社会生产的劳动实践中锤炼形成的宝贵品格,是弥足珍贵的精神财富。从"宁愿一人脏,换来万家净"的淘粪工人时传祥,到摘取数学皇冠上明珠的陈景润;从港口装卸自动化的创新者包起帆,到做着"禾下乘凉梦"充实天下粮仓的袁隆平……他们共同铸就了"爱岗敬业、争创一流、艰苦奋斗、勇于创新、淡泊名利、甘于奉献"的精神丰碑。面向未来,只有始终弘扬劳动精神,才能唤起每一个劳动者的奋斗激情,为国家发展汇聚起强大正能量。

奋斗新时代,让我们始终尊崇劳动价值。实现我们的奋斗目标,根本上靠劳动、靠劳动者创造。从城镇新增就业人数连续6年超过1300万人,到努力改善劳动者收入分配、医疗卫生、劳动安全等方面的条件,维护权益的改革举措、政策托底的民生保障,捍卫了劳动者尊严,为广大劳动群众带来实实在在的获得感,也让勤奋做事、勤勉为人、勤劳致富在全社会蔚然成风,让全体人民进一步焕发劳动热情、释放创造潜能。无论时代条件如何变化,我们始终都要崇尚劳动、尊重劳动者,始终重视发挥工人阶级和广大劳动群众的主力军作用,始终营造劳动光荣、劳动者伟大的社会风尚。

奋斗新时代,让我们努力提高劳动者素质。劳动者素质对一个国家、一个民族发展至关重要。劳动者的知识和才能积累越多,创造能力就越大。贯彻新发展理念、推动高质量发展、打赢三大攻坚战,对劳动者素质提出了更高要求。深入实施科教兴国战略、人才强国战略、创新驱动发展战略,把提高职工队伍整体素质作为一项战略任务抓紧抓好,为劳动者学习新知识、掌握新技能、增长新本领创造条件,才能建设宏大的知识型、技能型、创新型劳动者大军。广大劳动群众勤于学习,学文化、学科学、学技能、学各方面知识,不断提高综合素质,练就过硬本领,干一行、爱一行、钻一行、专一行,就一定能够成就闪光的人生。

梦想的花朵,需要用汗水浇灌;美好的生活,需要靠双手创造。中华民族伟大复兴这项光荣而艰巨的事业,需要每一个人付出艰辛努力。让我们紧密团结在以习近平同志为核心的党中央周围,众志成城、万众一心,苦干实干、不懈奋斗,用诚实劳动唱响新时代的劳动者之歌,书写新时代劳动者新的荣光。

(资料来源:《人民日报》,2019年5月1日4版。)

思考:如何看待不同岗位劳动者的劳动贡献?

一、劳动者与劳动力

(一)劳动者

所谓劳动者,就是在一定的社会分工体系下,具有一定的劳动能力,处于一定的劳动岗位,遵循一定的劳动规范,有目的、相对持续地从事或向他人提供有价值物品与服务活动的社会人。劳动者是在一定的社会分工体系下进行劳动,其劳动活动既受到社会分工体系的制约,又是社会分工体系的有机构成部分。作为劳动者,必须具有一定的劳动能力。任何人只有在达到一定的生理和心理成熟度,具有相当的体力与智力以后,才能成为劳动者。

（二）劳动力

马克思在《资本论》中给劳动力下的定义是：劳动力是人的身体即活的人体中存在的，每当生产某种使用价值时就运用的体力和智力的总和。对于劳动力这个概念应注意：第一，劳动力是人所特有的一种能力，自然界的任何能力，甚至智能机器人所表现出来的人工智力，都不能叫作劳动力；第二，劳动力是人在劳动中所运用的能力，也即生产使用价值时的能力；第三，劳动力存在于活的人体中；第四，劳动力是人在劳动中运用的体力和智力的总和。

拓展知识点

劳动力资源

劳动力资源，是指一个社会中有劳动能力、可以从事社会劳动的那一部分人口的总和。中国的劳动力资源包括劳动适龄人口中绝大部分可以参加劳动的人和一小部分劳动适龄人口以外实际参加社会劳动的人。劳动力资源在量上包括劳动年龄内正在从事社会劳动的人口（就业人口）、就学人口、从事家务劳动的人口、正在谋求职业的人口、劳动适龄人口以外正在从事社会劳动的人口。

总之：

现实的劳动力资源=正在从事社会劳动的人口+正在谋求职业的人口

潜在的劳动力资源=就学人口+从事家务劳动人口

劳动力资源不包括现役军人、在劳动年龄内的在押犯人和因病、残疾而丧失劳动能力的人口数。

（三）我国劳动力市场现状

劳动力市场的完善和发展是我国经济持续稳定增长的重要基础。近年来，我国劳动力市场正进入一个新的关键阶段。

首先，劳动力市场的供给发生变化。目前我国人口已经进入低生育、低死亡、低增长阶段，人口发展和劳动参与率变化趋势，决定了后人口转变时期劳动适龄人口和劳动力供给必将发生明显变化趋势，必然会带来劳动力规模和劳动力供给结构的变化。

其次，农村劳动力转移进入一个新时代。由于农村人口发展态势的变化、一系列惠农政策的实施和新农村建设的开展，农民工劳动力市场开始从"需求主导型"向"供给主导型"转变；同时，新生代农民工成为农村劳动力转移的主体，其劳动供给行为将对农村劳动力转移和城市就业形势，乃至社会经济发展产生重大的影响。

再次，就业形势更复杂。当前和未来中国就业形势不仅面临劳动力规模问题，而且面临劳动力结构的挑战，结构性失业问题将更突出；就业与经济增长的关系也日趋复杂；此外,国际经济将加深对中国就业形势的影响。

最后,人力资本提升和效能发挥更显重要。在经历了40多年高速经济发展以后,我国经济面临着如何保持持续增长的重大问题,人力资本作为经济持续增长的关键因素,无疑是未来经济增长的"推进器"。

当前的就业形势及劳动力市场表现

就业是民生之本、财富之源。一直以来,党和政府高度重视就业工作。党的十九大报告中提出就业是最大的民生,同时提出要实现更高质量和更充分就业。2019年的政府工作报告首次将就业优先政策置于宏观政策层面,不仅与财政政策、货币政策并列,还进一步明确提出稳增长首要是为保就业,把就业工作置于经济社会发展全局的高度来审视和推动。我国人口基数大,就业人员总量大的国情没有改变。当前,我国发展面临多年少有的国内外复杂严峻形势,经济出现新的下行压力。我们努力保持经济运行在合理区间,就是要保证不出现大规模群体性失业。这意味着,缓解就业总量压力始终是我们经济工作中面临的重大挑战之一。

根据预测,我国总人口将在2030年前后达到14.18亿,然后缓慢下降。2018年到2030年,我国人口年均增长率为0.13%。15岁到64岁人口,即劳动年龄人口的数量,在2013年达到了100 582万人,之后开始逐年下降,2018年下降到了99 352万人。未来,劳动年龄人口负增长对我国经济社会而言是一个重大的课题。它不仅给劳动力市场供求关系带来巨大的改变,也会促使各类相关制度变革。

同时,随着人口形势的转变,在需求总量不减的条件下,我国就业的主要矛盾逐步从就业岗位不足为特征的总量矛盾转变为就业质量不高为特征的结构性矛盾,这一转变意味着就业工作要从重视就业数量逐步改变为更加重视就业质量。因此,提高就业质量已经成为新时期经济发展的内在要求。

(资料来源:选自张车伟《当前的就业形势及劳动力市场表现》,2019年5月。)

二、劳动者素质和劳动者社会化

(一)劳动者素质

劳动者素质是指从事劳动或者能够从事劳动的人的体力因素、智力因素和品德因素的有机结合。主要由三方面的内容构成:

1. 劳动者的体力

体力是人体活动时所能付出的力量,表现为人的筋骨肌肉力量、灵敏度和感官能力。

2. 劳动者的智力

智力是人认识客观事物并运用知识解决实际问题的能力。通常表现为人的生产经验、思维能力、文化知识、专业知识、劳动技能等。

3. 劳动者的品德

劳动者的品德直接关系到劳动者的劳动热情和劳动积极性。

上述三方面内容互相联系，有机结合，构成了劳动者素质。其中，体力是劳动者从事劳动的物质基础，丧失了体力的人也就丧失了作为劳动者的基础条件，难以发挥其智力。同时，任何体力的发挥，总包含着一定的智力内容，历史上的劳动者都是具有一定智力的劳动者。劳动者的思想品德则是决定其体力和智力增进和运用状况的主观因素。

（二）提高劳动者素质的途径

（1）提高劳动者的体力水平，包括与健壮体魄有关的全过程。如优生、优育、体育运动、劳动保护以及衣、食、住、行等。

（2）提高劳动者的智力水平，即不断总结劳动者的直接生产经验，进行间接的科学知识的学习。如进行劳动教育、文化教育、专业教育，进行实践经验的总结等。

（3）提高劳动者的思想品德。包括进行政治教育、精神鼓励和物质鼓励等。

现代化生产条件下，劳动者劳动能力的大小，主要取决于其所掌握并能运用的科学技术知识的多少。因此，教育是提高劳动者素质的根本途径。

（三）劳动者社会化

所谓劳动者社会化，指的是社会将一个普通社会人转变成一个能够适应一定的社会和时代文化，掌握社会所需要的劳动技能和必要的劳动规范，适应工作环境的文化，从而履行合格的劳动的过程。劳动者社会化包含三个方面的内容：

第一，掌握一个职业角色所必需的知识和技能。要成为合格的劳动者，首先需要掌握一定的劳动技能；其次，必须经过一段时间的训练，把职业知识转化为实用的职业技能。

第二，了解工作环境的文化。劳动者在一定的社会分工体系下进行劳动，会受到一整套的习俗、惯例、公约、制度等的制约，这便是工作环境的文化。

第三，尝试身份的转变，使职业角色内化为个人的价值。即劳动者对工作环境文化的适应与调节不仅包括社会性的内容，也包括心理性的内容。

综上，劳动者社会化主要是面向工作、面向具体劳动岗位的社会过程，所以也只有在工作中，在具体的劳动岗位上，劳动者的社会化才能最终完成。

三、人力资本

（一）人力资本的概念和特点

人力资本是一种与物质资本相对应的资本形式，它表现为能为任何个人带来永久性经济收入的能力和知识等。和物质资本一样，人力资本也有数量和质量上的规定，我们通常可以根据社会或一个组织中的劳动力人数来确定其人力资本的数量。同时，我们也可以根据劳动者个人能力和素质确定每一个劳动者所具有的人力资本的质量。

人力资本的特点主要表现为：

第一，人力资本是寄寓在劳动者身上的一种生产能力。人力资本通常是以劳动者所具有的知识、技能、资历和工作经验与熟练程度表现出来的，即表现为劳动者的生产能力。这种生产能力又是和劳动者不可分的，它是以劳动者的生命和健康为基础的。

第二，人力资本的所有权不具有转让或继承的属性。由于人力资本与其所有者具有不可分性，决定了人力资本所有权无法转让和让他人继承的属性。

以上两个特点决定了人力资本的价值不能像物质资本一样可以在静态情况下以货币形式加以计量，其价值只能在动态情况下，即在人力资本的使用过程中，通过对劳动者的工作绩效的评价加以确定。

从人力资本的含义和特点中可以看出，劳动者会因为人力资本情况不同而拥有并表现出不同的生产能力，即劳动者在劳动过程中表现出的知识、技能、工作经验和熟练程度是不同的，也就是说，劳动者是异质的。

（二）人力资本投资的形式

人力资本投资是指有利于形成和增强劳动力素质结构及有利于提高人力资本利用率的行为、费用与时间。其主要形式有如下几种：

1. 教育投资

教育投资是人力资本投资中最重要的形式，它包括学前教育和小学、中学、大学等正规教育的费用支出。教育投资形成和增加了人力资本的知识存量，表现为人力资本构成中的普通教育程度，即用学历来反映人力资本存量。

2. 职业技术培训

职业技术培训投资是人们为获得与发展从事某种职业所需要的知识、技能与技巧所发生的投资支出。这类投资方式主要侧重于人力资本构成中的职业、专业知识与技能存量。其表现是人力资本构成中的"专业技术等级"。

3. 健康保健

用于健康保健、增进体质的费用也是人力资本投资的主要形式，主要包括劳动者营养、服装、住房、医疗保健和自我照管、锻炼、娱乐等所需的费用，它可以由"健康时间"，或者工作、消费和闲暇活动的"无病时间"组成。这方面的投资效果主要表现为人口预期寿命提高、死亡率降低。

4. 劳动力流动

劳动力流动费用本身并不能直接形成或增加人力资本存量，但是通过劳动力的合理流动，宏观上，可以实现人力资本的优化配置，调整人力资本分布的稀缺程度；微观上，可以使个人的人力资本实现最有效率和最获利的使用。所以,它是实现人力资本价值和增值的必要条件。

目前,劳动力在国家间的流动越来越频繁。由于跨国流动者大多是受过较高教育者,他们身上凝聚着较高的资本存量,对移出国来说,是人力资本的损失;对移入国来说,则是人力资本的增加。因此,怎样减少人才外流并吸收境外人才,是发展中国家面临的一个现实问题。

拓展知识点

全球人力资本开发利用率仅达六成 中国位列第34位

世界经济论坛在《2017年全球人力资本报告》中指出,全球人力资本平均开发利用率仅为62%,无论是发达国家还是发展中国家,处于不同发展阶段的经济体都尚未充分实现人力资本对经济的贡献潜力。报告对全球130个经济体的人力资本利用水平进行详细分析并排名,挪威、芬兰、瑞士分列前三,中国在最新排名中位列第34位。

报告从四个维度对各国人力资本利用状况进行衡量:人力资本能力,主要关注劳动力的受教育程度;人力资本配置,即能力的积累与应用程度;人力资本开发,对新型劳动力的培养投入;专业技能水平,即现有劳动力技能的广度与深度。同时,报告将研究人口划分为五个年龄层,分别为:0~14岁、15~24岁、25~54岁、55~64岁、65岁及以上。

报告认为,无法人尽其才、缺乏新技能培训和终身受教育机会是阻碍各国充分发挥人力资本的重要原因,如果在教育和工作这两条促进社会包容性发展的道路上都存在缺口,全球收入不平等的状况则会进一步加剧。

代际不平等常被认为是造成人力资本开发不足的重要因素,但这份报告发现,在实现个人潜能方面,处于各年龄层的新老劳动力都面临巨大挑战。相较而言,年轻人虽然拥有更好的正式教育,但在择业中缺乏充分施展空间,很多处于工作晚期的人也会面临就业不足的问题。同时,各年龄层的在职劳动者很少有机会接触继续教育以提升专业技能,雇主通常更愿意直接招聘现成人才加以替代。

此项目研究合作机构领英(LinkedIn)在报告中对全球教育与技能发展新动向给出了深入分析。领英中国指出:"随着中国经济进入'新常态',以互联网+和人工智能技术浪潮为驱动的产业转型不断升级,中国劳动力市场也迎来新的格局。一方面人才的加速流动为供给侧人力资本的释放创造了新的动能;另一方面,市场急需大量的高技能型和复合型人才,这是能否将'人才动能'转化为'创新势能'的关键。"

(资料来源:《经济日报》官方账号,2017-09-15。)

第二节　社会分工和劳动组织

名言名句

搬运夫和哲学家的原始差别比家犬和猎犬之间的差别小得多，他们之间的鸿沟是由分工造成的。

——马克思

案例引学

劳动社会化的发展进程

劳动社会化的发展进程可划分为以下四个阶段，分别是以手工劳动为基础的简单协作阶段、以手工劳动为基础的工场手工业阶段、机器和大工业阶段及以微电子为主角的新技术革命阶段。

在第一阶段，劳动资料比较简单，分工不很明确，劳动社会化的水平很低。

在第二阶段，资本主义生产方式占统治地位，劳动分工有了很大的发展，生产某一产品的全套劳动操作不再由一个人按照时间顺序单独完成，而是把一种操作专门分配给一个人，每个人只作为生产机体的一个器官，完成一项操作，执行一项专门的职能。

在第三阶段，劳动社会化程度逐渐加强，主要呈现出如下特点：

1. 高效率的工具、机器取代了手工工具，从而突破了人在使用手工工具时所受到的生理限制，机器延伸了人四肢的功能，扩大了人类改造自然的能力。

2. 以蒸汽机和电力为代表的高能动力取代了受动物生理和人体生理限制的畜力和人力，从而极大地增强了人类改造自然的能力。

3. 机械化和电气化的传动机构取代了传统的传动过柱，从而大大加强了劳动者在生产过程中相互制约的协作关系，提高了劳动效率。

在第四阶段，计算机、通信技术迅速发展。21世纪以来，计算机网络普及、无线互联网技术成熟，使以电子计算机网络为中心的信息系统在社会化劳动过程中起着越来越重要的作用。

（资料来源：林勇，《劳动社会学》，中国劳动社会保障出版社，2006年。）

问题：劳动社会化程度逐渐加强，对劳动分工、组织管理产生了怎样的影响？

一、劳动社会化和产业分工

（一）劳动社会化的概念

劳动社会化是一个与生产力发展相联系的概念，主要是指孤立、狭小的劳动转变为由紧密的、大规模的分工和协作联系起来的共同劳动的过程。

劳动社会化的内容主要包括以下三个方面：一是生产资料使用的社会化，生产资料由单个人分散使用变为许多人共同使用。二是劳动操作过程的社会化，劳动操作过程日益分解，每个人只完成总操作过程的极小部分，从而使最终产品成为许多人共同完成的、名副其实的社会产品。三是劳动成果的社会化，劳动的目的已不是直接满足劳动者个人的需要，而是满足他人的、市场的、社会的需要。

（二）劳动的产业分工

1. 产业

目前国际普遍流行的是三次产业划分思路，即按照人类生产发展的历史顺序进行分工：

第一产业是指靠人类自身的体力劳动直接从自然界取得初级产品的生产部门，如农业、畜牧业和林业等，其产品用于满足人们的基本生活需要。

第二产业是指把第一产业获得的原料加工成各种物品的活动，即对工农业产品进行再加工的生产部门，如制造业、建筑业等，产品通过加工，其形态发生了显著的变化，一般不再保留原来的自然物质形态。

第三产业是指人们为生产、生活和社会发展提供产品交换和服务的部门，第三产业包含的门类比较多，如商业、邮电通信业、交通运输业、房地产业、文教卫生事业等。

2. 行业

行业是指按生产同类产品或具有相同工艺过程或提供同类劳动服务划分的企业或组织群体的集合，如饮食行业、服装行业、机械行业等。行业分类主要是以经济活动的同质性为原则，对从事国民经济生产和经营的单位或者个体的组织结构体系的详细划分，如林业、汽车业、银行业等。

国民经济行业分类是划分全社会经济活动的基础性分类，当前我国新行业分类共有8个大类、75个中类、434个小类、1481个职业，具体可查阅 2015 年版《中华人民共和国职业分类大典》。

> **拓展知识点**
>
> **生活服务业创造美好生活**
>
> 根据国家统计局印发的《生活性服务业统计分类（2019）》，生活服务业是指满足居民最终消费需求的服务活动。生活服务业领域宽、范围广、市场化程度高，直接与广大人民群众的基本生活密切相关。随着我国经济社会的快速发展，人民群众对生活消费的需求更加多样，生活服务业越来越呈现出便利化、精细化、品质化和网络化的发展趋势。

在数字化转型的背景下，创新成为生活服务业变革，从传统到现代化的核心驱动力。近年来，管理创新、技术创新、业态创新、服务创新均加速了生活服务业的迭代，从而催生新兴从业群体。

二、职业变迁

职业就是以生计维持、社会角色分担、个性发挥和自我实现为目的，持续进行的劳动或工作。职业随着时代的发展在不断变化，职业的变迁与人类社会的发展紧密相连，从一个侧面折射出时代的进步，反映了人类社会的发展与进步。

受到社会及管理变革、技术变革、经济发展、产业及行业的演变等因素的影响，我国的职业变化发展也呈现出以下几个特点：

一是由单一、基础型向跨专业、复合型转化。职业的要求和劳动方式逐步由简单向复杂转化，职业内涵不断丰富，单一技能难以胜任工作要求，更需要跨专业和复合型人才。

二是由封闭型向信息化、开放型转化。职业工作的范围和面向的服务对象越来越广泛，人与人之间联络、沟通、信息咨询、协作大大加强。

三是由传统工艺型向智能型转化。职业科技含量增加，技术更新速度加快，劳动组织和生产手段不断改善，工作内容不断更新。

四是由继承型向创新创造型转化。知识经济的到来，要求社会成员不断树立创新意识，在自己的岗位上进行创造性劳动。

五是服务型职业由普通低端向个性化、知识型转化。社会生产力的提高解放了劳动力，人们越来越多地需要社会服务行业提供个性化服务。服务业对从业人员素质的要求也在不断提高，产生了知识服务型职业。

六是职业活动趋向绿色、可持续、低碳。职业活动随着全球经济正在向绿色、可持续、低碳发展升级，也相应发生着变化。

> **拓展知识点**
>
> ### 产业、行业、职业的关系
>
> 产业、行业、职业三者之间既有相同点，联系密切，又有区别。产业、行业、职业都是社会分工的产物，是社会生产力不断发展的必然结果，这是它们在本质上的共同点。在社会发展中，随着新技术的出现，产生了新产品及相应职业的从业人员。随着新产品的生产及相应从业人员数量的不断扩张，新的行业逐渐形成。当新行业发展到一定规模时，就会与其他相关行业进行整合，依据发挥作用的程度并入或形成新的产业。
>
> 产业的着眼点是生产力布局的宏观领域，体现的是以产业为单位的生产力布局上的社会分工，产业由行业组成。行业的着眼点是企业或组织生产产品的微观领域，体现

的是以行业为单位的产品生产上的社会分工，行业由企业或组织组成。职业的着眼点是组织内工作人员的具体工种，体现的是以人为单位的劳动技能上的社会分工。产业（行业）的分类依据是经济活动的同质性，而职业分类的依据是工作性质的同一性，前者属于生产活动领域，后者属于人力资源开发领域。

三、劳动组织

（一）劳动组织概念

劳动组织的含义有广义和狭义之分，本书仅以狭义的劳动组织作为学习依据。狭义的劳动组织基本上是生产力的概念。在生产力各个基本因素中，劳动资料和劳动对象对于劳动者来说是客体，唯有劳动者自己是主体。而劳动组织就是研究如何把劳动的主体力量合理地组织起来，更好地发挥其作用。由于在生产力的结构中，劳动者是能动的因素，其他生产力要素都是由劳动者来运用和推动的，因而劳动者因素如何很好地组织成为一个整体，对于生产力的影响无疑是很大的。

（二）现代劳动组织

现代的劳动组织概念侧重于强调其组织性，认为劳动组织是一种集生产和管理于一体的有机体。我们认为劳动组织就是在合理的劳动分工的基础上，保证在安全生产和文明生产的条件下，使所有人员能协调地工作，科学有效地利用人力和物力资源以及工作时间，是一个以劳动者为主体的包括劳动者、劳动资料和劳动环境三项要素组成的有机系统。所谓科学劳动组织即运用科学的方法组织生产活动，达到"人、机、环境"的最佳结合，既要提高企业劳动效率和经济效益，又要为劳动者身心健康和体力智力全面发展创造条件，包括劳动组织形式、轮班形式、劳动组合等方面。

（三）企业基层劳动组织——班组

1. 班组的地位和作用

企业是一个典型的组织。我们参加工作，走进企业，实际上是走进了一个组织，其中第一站就是班组。现代企业管理结构一般都是三角形样式，基本上可以分为三层：高层、中层、基层。高层"动脑"，属于决策层；中层"动口"，属于管理层；基层"动手"，属于操作层。班组就是企业的基层组织。企业的生产活动都在班组中进行，班组工作的好坏直接关系着企业经营的成败。具体而言，班组在企业中的地位和作用如下：

（1）生产经营活动的基本单位

企业生存的目的和意义在于追求利润。班组是最基本的生产单位，它直接创造利润。所以企业要降低成本、提高劳动生产率，首先就会从班组抓起。

（2）企业的最基层管理单位

管理是否深入到基层是衡量管理水平的指标之一。班组是企业最基层的管理单位，直接面对每一个员工，企业的文化、规章制度和精神风貌最终要通过班组贯彻到每个员工，然后通过员工的工作业绩反映出来。因此企业只有将管理深入到班组这一个层次，才能焕发生机。

（3）提高职工素质的基本场所

企业通常都会把培养人才当作自身的使命。培养人才是为了创造更大的价值。如果没有一支认真负责、精益求精的员工队伍，想创精品、树名牌，就很难。而企业人才培养的最主要场所就是在现场、在班组、在一线。所以从效益角度来看，班组培训比高级人员培训更直接、见效更明显。

（4）生产流程的衔接要素

在企业的生产经营活动中，每一个班组都是其中的一个环节。很多现场的问题都比较简单，只需要依一定的原则在班组间沟通协调就可解决，只有解决问题才能激发具有创造力的团队。

2. 企业班组的特点

企业班组具有结构小、管理全、工作细、任务实、群众性等特点。

（1）结构小——班组为企业最基层单位，结构最小，不能再分。

（2）管理全——管理生产、安全、质量、劳动纪律等，"麻雀虽小，五脏俱全"。

（3）工作细——班组工作非常具体，需要耐心、细致。

（4）任务实——企业所有管理内容最终都要落实到班组。

（5）群众性——班组成员是企业最基层的员工，班组活动是群众性很强的活动。

3. 班组管理的细节

班组管理必须从大处着眼，小处入手，可从如下九个方面入手：

（1）实行"小规章"。制度管理是现代企业管理的方法之一，班组可根据所在部门的实际工作和本单位的有关制度情况，制定相应的班组管理规范，其内容要求更为具体、更有针对性、更有可操作性。

（2）开好"小会议"。班组小会议无疑是班组沟通的一种好形式。班组小会议包括班前会、班后会、座谈会、餐叙会等形式。例如，通过座谈会进行"感情互动"，解决班组成员生产生活中的一些困难和思想波动，从而凝聚智慧和力量，使大家产生一种归属感、亲切感、责任感，增强班组凝聚力和战斗力。

（3）开展"小竞赛"。班组要充分把握好企业开展职业技能竞赛的契机，调动班组成员的上进心。班组通过组织参赛，能够做到先进带后进、互帮互助、人人争先的局面，从而带动班组人员技能水平的提高，有利于创造很好业绩，促进安全生产，实现企业、班组和成员个人"三赢"的目的。

（4）做好"小市场"。班组必须自觉进行全面的成本核算，严格台账管理和经济活动分析，通过预算、核算、分析、兑现，形成班组成员责任共负、风险共担的局面，增强大家的经营意识和危机意识，促进班组成员主动节约，降低成本，提高绩效。

（5）搞好"小定置"。实施定置化管理，使一切工作都得到细化、量化、直观化和规范化。工具摆放有序，工作环境整洁，干起活来方便，心情变得舒畅，效率得到提高。

（6）征集"小建议"。在班组实际工作过程中，许多难点难题往往是由班组成员建言献策解决的。鼓励大家搞小改革、小发明、小创造，促使班组成员养成关心集体、细心观察的好习惯，实现群策群力的局面。

（7）执行"小惩戒"。日常工作总会有不到位的事情，多数班组长总不情愿自揭疮疤，有些甚至"抹稀泥"，"大事化小、小事化了"，而不愿从根源上找原因。结果在安全、生产、任务、质量、消耗、成本等方面一再出问题。这时不妨对当事人给予一定的小惩罚，促使其加强责任心，增强责任感。同时，把纰漏原因公开分析，取得班组成员的一致重视，一定会有利于以后的工作。

（8）树立"小楷模"。榜样的力量是无穷的，在班组内外选出素质好、能力强、文化高、业务精、能团结帮助人的成员作为"小楷模"，用他们的言行举止感召人、鼓舞人，在班组管理和生产活动中发挥示范和导向作用，让班组成员学有榜样、赶有目标。

（9）培育"小文化"。班组文化主要由思想文化、团队文化、安全文化三部分组成。班组成员应针对自己岗位的工作特点，形成各具特色的"班组精神"，以警示、激励所有的班组成员。

总结案例

展望未来的劳动组织

"互联网平台+海量个人"正在成为我们这个时代一种全新的、显著的组织景观。随着"平台+个人"这一社会和经济结构的持续生长和扩展，全新的经济、法律、社会含义，也将由此深化和扩展开去。

19世纪，股份有限公司逐渐盛行，"公司"成为基本的经济主体。但到了21世纪的今天，"公司+雇员"这一基本结构的空间，已逐渐受到了"平台+个人"这一结构的挤压。

1. 互联网平台与传统平台迥然不同

互联网平台已经给商业世界带来了巨大的冲击。正如索尼前董事长出井伸之所言："新一代基于互联网DNA企业的核心能力，在于利用新模式和新技术更加贴近消费者、深刻理解需求、高效分析信息并做出预判，所有传统的产品公司都只能沦为这种新型用户平台级公司的附庸，其衰落不是管理能扭转的。"事实上，平台模式由来已久，但直到互联网的出现，它才具有了全新的规模、内涵与影响力。

作为一种经济现象：KPCB 整理的 2015 年 5 月市值前 15 位的互联网公司，市值总和高达 2.4 万亿美元，成为全球经济中重要的经济力量。哈佛大学托马斯·艾斯曼的研究也发现，全球最大 100 家企业有 60 家企业主要收入来自平台商业模式。

作为一种组织现象：上述 15 家互联网公司，几乎无一例外，都是平台模式。也不只是互联网公司，很多企业和行业，也走向了平台化的结构。

作为一种社会现象：仅 Facebook 用户数 2014 年就突破 22 亿，占全球人口的 1/3。

今天的互联网，以后端坚实的云平台（管理或服务平台+业务平台）去支持前端的灵活创新，并以"多个小前端"去实现与"多种个性化需求"的有效对接。这种"大平台+小前端"的结构，已成为很多企业组织变革的原型结构。如 7 天酒店的放羊式管理、韩都衣舍的买手制、海尔的自主经营体等。不只是单个企业演化出了这样的结构，苹果的 AppStore、淘宝的网络零售平台等，同样也是类似的结构。它们也都是"平台+多元应用"这一结构（或大平台+小前端）在不同企业那里的碎片化呈现，也即不同程度的"后台标准化、统一化、模块化"与不同程度的"前台个性化"之间的组合。

2. 个人替代公司，成为越来越重要的经济主体

工业时代占据主导地位的是"大批量、小品种"的规模经济，与之相应，组织也在持续走向极大化。到了大数据时代，尽管大型组织仍将是组织领域里的一个主要图景，但随着"多品种、小批量"的范围经济正在很多个行业里取得越来越主导的地位，与之相应的组织规模，相应地也在逐步走向小微化、个人化。在今天这种一个人就可以面对全球市场的时代，小企业——更确切地说是个人，正在迎来自身发展史上的黄金时代。

小微企业乃至个人在今天的发展机遇，与个性化需求的勃兴直接相关。过去受限于市场规模而不能成立的很多特色小生意，现在在网上找到了它的客户；反之亦然，过去受限于信息成本而不能得到满足的那些个性化需求，现在在网上也找到了它的卖家。到了现在的互联网环境，基于共同的小众兴趣、小众价值观、小众梦想、小众爱好，去实现内部协同和外部与客户的深度沟通，比过去要更为容易了。裂帛、阿卡、阿芙等淘宝上成长起来的企业，多少都具有这样的特性。

德鲁克曾预测，知识工作者将很快成为发达国家中最大的族群。今天的 IT 消费化浪潮——平板电脑、智能手机的普及，以及可以预期的云计算对 IT 民主化的极大推进，企业里最后那些工作还没有实现 IT 化的员工，其工作方式也必将发生"信息化、知识化"的转变。至此，所有部门和员工工作的 IT 化、信息化、知识化将基本完成。而这又意味着全社会知识型工作人群比例的极大提升。

（资料来源：阿里研究院。）

第三节　劳动基本制度

名言名句

法律和制度必须跟上人类思想进步。

——美国政治家托马斯·杰弗逊

案例引学

同工同酬：从西沟走进新中国宪法

2020年6月28日，中国唯一的一位从第一届连任到第十三届的全国人大代表、全国劳模申纪兰因病逝世，她是新中国当之无愧的争取"男女同工同酬"第一人。

1951年，在火热的社会主义建设大潮中，西沟村成立了初级农业生产合作社，李顺达任社长，申纪兰为副社长。当时村里劳动力短缺，李顺达就和申纪兰商量，发动妇女走出家门，去地里劳动。可是，当时的妇女劳动并不被人们所尊重，在当时"记工分"的农业合作社，一个劳动日按照10个工分计算，男人挣10分，两个妇女干的活儿才算一个男人的工作量，妇女因此被称为"老五分"。合作社的"老五分"制度，按性别划分的不公平计分方式，严重挫伤了妇女们的劳动积极性。申纪兰意识到：只有男女同工同酬，才能彻底解决平等问题！只有男女同工同酬，才能让妇女们干活有劲头！可是，实现同工同酬不能靠耍嘴皮子，需要拿出真本领，亮出真本事，让男人们服气。于是，申纪兰和村里的妇女们决定，和男人们到田地里比一比，用劳动成绩说话，争取同工同酬的权益。通过各项劳动比赛，她们终于让男人们刮目相看，心服口服。申纪兰和西沟村的妇女用劳动消除了偏见，赢得了尊重，争取到了应得的权益。

在申纪兰和西沟妇女们的不懈努力下，太行山深处的这个小山村，在全国率先实现了男女同工同酬。1954年，申纪兰当选为全国第一届人大代表，在第一届全国人民代表大会上，男女同工同酬被正式写入宪法。

（资料来源：央广网，2019-08-04。）

思考：劳动制度在社会经济发展及人民的劳动生活中作用是什么？

一、制度与劳动制度

（一）制度和社会制度

制度是由正规的成文规则和那些作为正规规则的基础与补充的典型的非成文行为准则

组成的,是社会生存和发展所需要的协调性与合作性赖以建立的基础,它是围绕社会基本需求而建立起来的关系系统。在这个系统内,共同的价值、规范、程序都被组织了起来。

社会制度则是为了满足人类的生存需要而形成的社会关系以及与此相联系的社会活动的规范系统。

(二) 劳动制度及其特征

劳动制度属于社会制度的一种,是人类在一定社会生活中为满足劳动关系发展的需要而建立的有系统、有组织并为社会所公认的劳动行为规范体系。劳动制度有正式的与非正式的区分,正式的劳动制度是支配劳动关系的互为关联的规则,包括广义制度和狭义制度。

1. 广义的劳动制度

广义的劳动制度,主要是指国家或有关权力机构制定的、约束人们劳动行为及其劳动关系的法律、法令或其他相应的形式,表现为与人们参加社会劳动、建立劳动关系直接有关的一系列办事程序、规章和规定,这一层次的制度也就是政府的行政性制度,主要是劳动就业、劳动工资、劳动保障等制度。

2. 狭义的劳动制度

狭义的劳动制度是指与劳动就业直接有关的办事程序、规章和规定的统称,包括劳动者的招收、录用、培训、调动、考核、奖惩、辞退、工资、劳动保险、劳动保护等制度。这一层次的制度通常表现为工作组织内的劳动制度。非正式的劳动制度主要是指依靠非正式监控机制而体现的规则。

3. 劳动制度的特征

劳动制度有以下四个特点:

(1) 普遍性。劳动制度的普遍性是由劳动的普遍性决定的,因为生产劳动是人类社会生存和发展的基础与动力,任何社会、任何时代都离不开劳动。

(2) 组织强制性。劳动制度是一种组织化的社会规范,它作为制约劳动关系和劳动者行为的一种规范体系,对劳动者具有强制作用。如正式的劳动制度往往是由国家或有关权力机构制定的,以确定的规则或法令等形式表现出来的劳动规范体系,劳动制度对从事劳动的所有社会成员都具有强制作用。

(3) 相对稳定性。劳动制度一旦形成,就具有相对的稳定性,没有巨大的社会变革的冲击,一般不会轻易发生改变。但是劳动制度的稳定性只是相对的,随着社会和时代的变迁,劳动的形式、条件、内容及彼此合作的方式都会发生变化,因而劳动制度也要作相应的变更。

(4) 系统性。劳动制度的运行必须有相应的制度配合,形成一套行之有效的制度体系,才能对人们的劳动关系与劳动行为进行有效的规范与约束。

二、就业制度

（一）就业制度

就业制度也有广义与狭义之分。广义的就业制度是指直接或间接规范劳动者就业行为的制度总称，包括雇佣解雇制度、用工制度、就业培训制度、就业服务制度、辞职退休制度和劳动计划管理制度等；狭义的就业制度仅指雇佣解雇制度及用工制度。雇佣解雇制度是指劳动者进入或退出企业的方式，它反映的是社会劳动者如何被安置到成千上万个不同职业岗位的方式；用工制度则是对劳动者进入企业之后将与企业保持一种什么样的关系的规定。

组织中的就业制度是指组织根据国家的劳动就业制度和有关法规，结合本组织的状况而制定的与劳动就业直接有关的办事程序、规章和规定的统称，包括劳动者的招收、录用、用工、培训、晋升、考核等方面的制度。

（二）就业

1. 就业的概念

就业既是重大的经济问题，也是重要的社会和政治问题。扩大就业，减少失业，是经济社会发展的基本目标。对就业概念的理解可以从理论和实际两个角度来把握。从理论上讲，就业是指具有劳动能力的人，运用生产资料从事合法社会活动，并获得相应的劳动报酬或经营收入的经济活动。具体而言，就是指在法定年龄内，具有劳动能力的人在一定的工作岗位上从事有报酬或有经营收入的合法劳动。

根据这一定义，一个人如果同时满足以下三个基本条件，就可以被认为实现了就业：在法定劳动年龄内，并且具有劳动能力；以提供满足社会需要的商品或服务为目的，从事某种合法的经济活动；从事这种社会劳动可以获得相应的收入。而童工、不以获得收入或营利为目的的公益劳动、家务劳动等不属于就业范畴。

2. 就业的意义

就业是民生之本，是经济社会持续发展和生活水平提高的关键。就业不仅是劳动者谋生的手段，也是融入社会、给个人和家庭带来希望的重要途径。

第一，就业是人们获得收入得以谋生的基本手段。当前，虽然各种生产要素的报酬，如股息、利息、租金等，都是居民收入的合法来源，但通过就业得到的劳动报酬仍是人们收入的最主要部分。

第二，就业是个人融入社会、使自身得以全面发展的主要途径。作为具有社会属性的人，一般不仅需要靠就业谋生，还需要靠就业参与社会生活，赢得他人的尊重，满足自己更高层次的需求。

第三，就业是经济发展和社会进步的重要前提。通过就业的方式，实现生产资料和劳动者的结合，形成现实的生产力，推动经济发展。扶持困难群体实现就业，是消除贫困的根本途径。大力促进社会充分就业，也是促进社会公平、维护社会稳定的重要手段。

3. 绿色就业

2007 年，国际劳工组织与联合国环境规划署发出《绿色工作全球倡议》。该倡议指出，绿色工作是那些可以减少企业和经济部门对环境的影响，最终实现可持续发展，同时又符合"体面劳动"的工作，包括保护生态系统和生物多样性的工作，通过高效的策略减少能源、材料和水消耗的工作，经济低碳化的工作，最大化减少或者避免生产各种废物和污染的工作。

在我国，结合国际标准与中国实践，专家们提出"绿色就业"包含三个领域：一是直接性绿色岗位，如造林、环保等，在这些岗位上工作的人，是直接的"绿色就业"从业者，可简称为"纯绿"就业；二是间接性绿色岗位，即通过实现绿色生产方式、生活方式、消费方式等，间接地创造"绿色就业"机会的岗位，如制造太阳能和节能建筑材料等产品、深化循环经济等，在这些岗位上工作的人，是间接的"绿色就业"从业者，可简称为"泛绿"就业；三是绿色转化性岗位，即将非绿色岗位转化为绿色岗位，如治理生产性污染、生产中改用节能环保技术等，将原来在高污染、高排放岗位的从业人员转化成绿色岗位的从业人员，可简称为"绿化"就业。这种转化涉及生产技术、生产方式、生产过程以及终端产品等各个方面。

（三）我国的就业服务

1. 新时期就业方针

社会主义市场经济体制的建立，为深化就业制度改革提出了更进一步的目标。党的十九大提出了要坚持就业优先战略和积极就业政策，实现更高质量和更充分就业；大规模开展职业技能培训，注重解决结构性就业矛盾，鼓励创业带动就业。

2. 我国的公共就业服务

就业服务是指就业中介组织为满足劳动者求职和用人单位招工的需求而提供的各类服务。就业服务具有促进劳动力市场的培育和发展、促进用人单位和求职者相互选择、促进劳动力资源的合理配置、促进劳动力合理流动、帮扶困难群体就业维持社会稳定的作用。国际劳工组织把就业服务看作是以最佳方式组织劳动力、实现和维持充分就业、开发利用生产资源的重要手段。

就业服务按其提供者分为两类，一是由私营机构提供的就业服务，二是由政府提供的公共就业服务。公共就业服务的主要目标是弥补劳动力市场的缺陷，塑造更加公平有效的市场，从而促进劳动力流动、劳动生产率提高、经济增长和社会福利。劳动力市场缺陷包括市场信息不透明、技能不匹配、工资刚性、招工歧视、劳动力需求总量不足、长期失业、对劳动力流动的限制等。

与私营机构的就业服务相比，公共就业服务有其独特的优势：提高劳动力市场信息透明度，确保劳动力市场各类弱势群体得到帮助，保持就业服务工作的连续性，避免没有求职经验的弱势群体受到私营中介机构的欺诈盘剥，减少失业保险金发放中的道德风险。我国公共就业服务体系的初步建立，在缓解我国就业压力、帮助失业人员再就业、维护劳动力市场秩序、树立市场服务标杆、促进人力资源合理流动和配置、维护劳动者权益等方面都发挥了重要作用。

拓展知识点

开展就业服务专项活动

近年来，根据就业工作需要，为有针对性地帮助就业困难群体就业，我国陆续开展了多项就业服务专项活动。

1. 就业援助月活动。自2005年开始，每年举行就业援助月活动。例如，人力资源和社会保障部、中国残联共同启动"2019年就业援助月专项活动"。该活动旨在以多种形式开展对贫困残疾人的就业帮扶，加强保障和改善民生，帮助部分困难群众实现就业创业。

2. "春风行动"。自2005年开始，每年举行"春风行动"。2019年的活动通过开展主题宣传、组织招聘活动、加强就业服务、引导返乡创业、推进就业扶贫、强化权益维护等措施，支持农村劳动力就业创业。

3. 全国民营企业招聘周活动。自2005年开始，每年举行全国民营企业招聘周活动。2019年的全国民营企业招聘周活动，人力资源社会保障部门联合当地工会和工商联，开展民营企业招聘周，重点面向民营企业提供招聘用工服务。

4. 高校毕业生就业服务月。自2008年开始，每年举行高校毕业生就业服务月活动。例如，2018年高校毕业生就业服务月活动的服务对象是：2018届有就业意愿的离校未就业高校毕业生，往届未就业高校毕业生。活动目标是：将有就业意愿的离校未就业高校毕业生全部纳入就业创业促进计划，做到登记一人，服务一人。对有求职意愿的，提供职业指导、岗位信息；对有创业意愿的，提供创业服务，落实创业扶持政策；对有培训意愿的，组织参加职业培训，提供技能鉴定服务；对有见习需求的，组织参加就业见习，帮助积累经验、提升能力；对就业困难的，实施重点帮扶，加强就业权益保护，促进就业创业。

三、劳动工资制度

（一）工资制度

工资问题是现代分配问题的核心，因为它涉及当代社会每一个人，涉及生产问题，也涉及分配问题，进而涉及社会问题和政治问题。工资作为劳动者个人消费资料的主要来源，作为激励劳动效率的一个重要杠杆和实现人力资源合理配置的基本手段，是所有政府都非常重视的问题。

目前，我国实行的是按劳分配与按要素分配并存，尝试建立集体谈判工资制度。在工资分配上，除了继续强调按劳分配的原则以外，1997年党的十五大提出实行多种分配方式并存的制度，即按劳分配、按要素分配结合的制度，这为资本、科技等生产要素参加分配提供了政策依据。按劳分配和按要素分配结合使收入分配趋向多元化，同时不同劳动者之间的收入差距拉大。

（二）工资的组成

根据国家统计局发布的《关于工资总额组成的规定》，工资总额指企业在一定时期内直接支付给本企业全部职工的劳动报酬的总额，由计时工资、计件工资、奖金、津贴和补贴、加班加点工资、特殊情况下支付的工资六个部分组成（图2-1）。

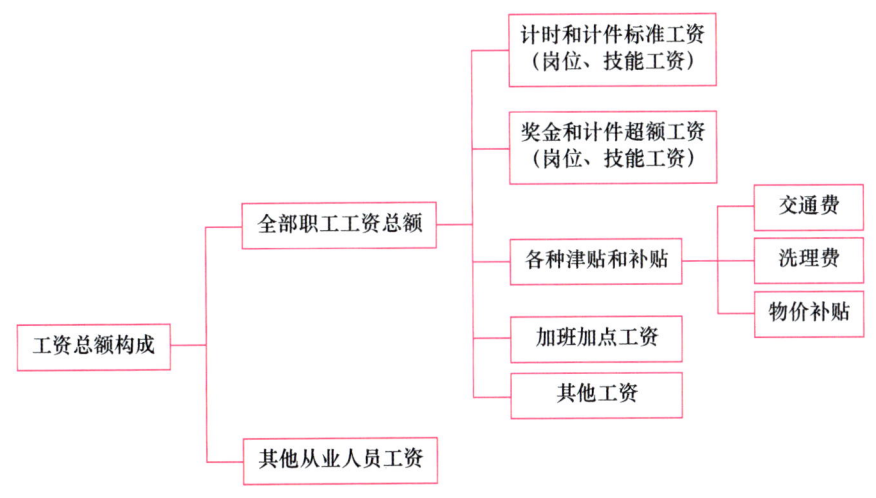

图2-1　工资组成

拓展知识点

工资与薪酬

工资也称薪资，是一个法律意义上的概念，而薪酬的概念则要广泛得多。薪酬是员工从事企业所需要的劳动，而得到的以货币形式和非货币形式所表现的补偿，是企业支付给员工的劳动报酬。

根据表现形式不同，薪酬被划分为货币薪酬和非货币薪酬两种。货币薪酬又称核心薪酬，是公司以货币形式支付的报酬，如基本工资、奖金、各种补贴、津贴等。非货币薪酬是公司以物质服务或安全保障等形式支付给员工的报酬形式，大多表现为员工福利或额外薪酬，包括保障计划（如提供家庭福利、改善健康状况，并为失业、伤残或严重疾病等灾难性原因引起的收入损失做出补偿）、带薪非工作时间（如提供带薪休假）和服务（为其家庭提供补助，如学费补助和子女入托补助）等。

四、劳动保障制度

劳动保障制度是劳动制度的一个重要组成部分，它是国家根据有关法律规定，通过国民收入分配和再分配的形式，对劳动者因年老、疾病、伤残和失业等而出现困难时向其提供物质帮助以保障其基本生活的一系列制度。劳动保障制度的主要功能是保证劳动者的职业安全，从而保证劳动者及其家庭生活稳定，社会安定，保证整个社会经济发展和社会进步。劳动保障制度所涉及的内容非常广泛，职工的生育保障、疾病保障、失业保障、伤残保障、退休保障、死亡保障等都是劳动保障制度的内容。

经过多年的发展，我国的劳动保障制度已经和社会保障制度接轨。建立健全社会保障体系是推动和发展劳动力市场的必备条件。尤其是在市场经济迅猛发展的今天，企业各自选择自己所需求的劳动者，而劳动者选择能够发挥自己特长的工作岗位。因此，劳动力合理的流动是形成劳动力要素市场、实现劳动力资源有效配置的重要保证。在劳动力流动过程中，劳动者最关心的问题之一就是社会保险关系的接续。如果劳动力的保险关系无法转移和接续，必然就会影响劳动力的流动，影响劳动力市场作用的发挥。所以只有建立统一、完善和规范的社会保障体系，保证劳动力流动到哪里、社会保障就到哪里，才能建立市场导向的就业机制，才能搞活劳动力市场，才能更好地推动我国经济建设快速发展。

 案例

失业有保障吗

蒋某 30 年前毕业于当地一所专科学校，由于是委托培养，所以毕业后她顺利进入了当地的化工企业。在企业工作期间她任劳任怨，兢兢业业，一直受到同事和领导的好评，还多次被评为优秀员工。今年企业效益不好，再加上自己身体出了一些问题导致她心情不好，所以她决定和所在单位解除劳动关系。但她弄不明白的是，自己今年已经 47 岁了，工作肯定不好找，况且马上就要达到退休年龄了，如果现在解除了劳动关系，那原来在企业工作了几十年的时间，该缴纳的社会保险都缴了，如今成了失业人员，要靠领失业金过日子，那以前的社会保险费不就白缴了吗？

分析：我国的失业保险制度是国家通过立法强制实行的，由社会集中建立基金，对因失业而暂时中断生活来源的劳动者提供物质帮助的制度，它是社会保障体系的重要组成部分，是社会保险的主要项目之一。而养老保险是劳动者在年老或者因为病残而丧失劳动能力的情况下，退出劳动岗位后获得帮助和补偿的一种社会保险。因蒋某所在的单位和其个人都依法缴纳了养老保险费，不管她是失业人员还是在岗人员，她到退休年龄后都可以办理养老保险待遇手续。

课后训练

一、理论知识掌握

1. 简述劳动者和劳动力的概念及相互关系。
2. 谈谈你对劳动者社会化的认识。
3. 简述劳动就业制度、劳动工资制度和劳动保障制度的价值和作用。

二、能力素质训练

1. 分别选取发达国家、发展中国家各 5 个，上网查找资料了解各国对劳动年龄的规定，然后谈谈你对下列问题的理解：如何扩大潜在劳动力资源？为什么各国劳动年龄上限都普遍提高？超过劳动年龄以后，我们还能为社会提供哪些劳动？为什么有这种需要？
2. 试分析劳动就业制度、劳动工资制度和劳动保障制度对我们个人的意义和价值。
3. 通过本章学习，试规划提升自己作为劳动者的素质的途径。
4. 阅读材料：

机器换人

据国际机器人联合会统计，世界经济论坛预测，到 2020 年，全球有 500 万个工作岗位可以实现自动化。我国机器人研发起步于 20 世纪 70 年代，近年来，随着我国劳动力成本快速上涨，人口红利逐渐消失，生产方式向柔性、智能和精细转变，对工业机器人的需求也呈现大幅增长。到 2020 年，我国工业机器人密度将达到每万名员工 100 台以上。

"机器换人"的普及对就业岗位数量和结构都将产生深远影响。目前，创造就业岗位最多的纺织服装、采掘和电子信息等产业出现了"机器换人"的趋势，但从现阶段看，机器人和人类劳动者间的替代关系并不显著。机器人具有竞争优势的行业和领域，与我国劳动力比较优势最显著的行业和领域并非完全重叠。也就是说，机器人只会在个别产业和环节上替代手工操作，短期内主要还是对生产效率和产品质量提高产生积极影响，不会改变我国制造业劳动力密集程度较高的特征，也不会造成严重的失业问题。

有专家指出，机器人的出现，对人类劳动者就业岗位的影响有：一是替代劳动者岗位；二是填补人类劳动者无法胜任的岗位；三是开辟人类工作新岗位。

（资料来源：第一财经 https://www.yicai.com/news/4673156.html）

问题：

1. 通过网上收集材料等，分析人工智能和机器人等新技术对我们自己参与社会分工有哪些影响。
2. 人工智能和机器人等新技术对你所学专业的就业岗位有什么影响？将创造哪些新的就业岗位？将淘汰哪些原有的岗位？对本专业毕业生能力提出了什么新的要求？

第三章

劳动法律法规与劳动权益

导读导学

近些年来，随着《劳动合同法》《就业促进法》《社会保险法》等相继实施，我国逐渐形成了以《宪法》为依据，《劳动法》为基础，《就业促进法》《劳动合同法》《社会保险法》《劳动争议调解仲裁法》为主干，相关法律法规为配套的劳动保障法律体系。而其中《劳动合同法》与我们每个人息息相关，它以完善劳动合同制度、明确劳动合同双方当事人的权利和义务、保护劳动者的合法权益、构建和发展和谐稳定的劳动关系为目的，值得我们每个人充分理解并灵活运用。

本章共分为劳动法律法规、劳动合同及权利保障、劳动保护与职场安全三部分，希望学生们通过学习能够熟悉相关的劳动法律、法规，并能运用法律专业知识解决劳动关系中的实际问题，明确在劳动关系和职场中自己的权利与义务，切实维护自身的权益，做一个知法、守法、懂法的好公民，也为自己以后进一步走向社会打下坚实基础，更加从容地迎接未来正式的职场劳动。

第三章　劳动法律法规与劳动权益

第一节　劳动法律法规

名言名句

法律的制定是为了保证每一个人自由发挥自己的才能，而不是为了束缚他的才能。

——法国政治家罗伯斯庇尔

案例引学

打赢的官司

郭海滨被浙江省某县邮政局招用为报刊投递临时工，对于工作，郭海滨非常珍惜，他并不把自己当作临时工看待，而是像正式职工一样有着"绿衣天使"的职业自豪感。他每天都早出晚归，工作踏踏实实，从没有出现过报刊的迟投或误投，因此也深得客户和邮政局领导的好评。2017年的一天，郭海滨在骑车投递报刊时，不慎被一辆拖拉机上的毛竹严重戳伤右眼，右眼视网膜剥离。经过近1个月的医治，眼睛虽然是保住了，但被认定为6级伤残，右眼几近失明，左眼视力已降至0.1。突如其来的事故，让郭海滨欲哭无泪，生存的压力成了他心头无法释然的阴影。县邮政局虽然同意报销他的医疗费用，但认为他只是本单位的临时工，因此，只同意发给郭海滨12个月的本人工资作为一次性伤残补助费。2019年3月，郭海滨向法院提起诉讼，要求县邮政局支付医疗费用、伤残补助金等合计4.65万余元，并安排工作，享受职工相关的工作保险待遇。最后官司打到浙江省高级人民法院，2019年11月，省高级人民法院做出终审判决：郭海滨依法享有工伤保险待遇，县邮政局应承担郭海滨的医疗费用、工伤津贴等4.5万元，并按照每月3000元标准发放工资。

（资料来源：百度文库 ttps://wenku.baidu.com/view/6cdb789ca1c7aa00b52acbf2.html）

思考：

对于我国劳动法律法规中保护劳动者权益的规定，你还了解哪些？你觉得它们包含的哪些内容对个人最重要？

一、我国的劳动法律体系

法律是社会的基本行为准则，遵守法律也是社会中每个人应尽的义务。我们在劳动和生活中都应该筑牢守法意识，树立正确的法治观念，依法约束自己的言行，让法律成为校准人生轨迹的重要准绳。

（一）法的概念和特征

法是由国家制定或认可并以国家强制力保证实施的行为规范体系，它通过规定人们在相互关系中的权利和义务，确认、保护和发展社会关系和社会秩序。法有广义和狭义之分。广义的法律是指法的整体，包括法律、有法律效力的解释以及行政机关为执行法律而制定的规范性文件（如规章）。而狭义的法律则专指有立法权力的机关依照立法程序制定的规范性文件，包括宪法、法令、法律、行政法规、地方性法规、行政规章、判例、习惯法等。

法具有以下几个特征：

（1）法是调整行为的规范，具有规范性。

（2）法是由国家专门机关制定、认可和解释的规范，具有国家性。

（3）法是有严格的程序规定的规范，具有程序性。

（4）法是由国家强制力保证其实施的规范体系，具有强制性。

（二）劳动法律体系、法律制度及法规

1. 劳动法律体系

劳动法律体系是由各项劳动法律制度及其劳动法律规范组成的有机联系的整体。劳动法律体系说明各项劳动法律规范之间的统一、区别、相互联系和协调性。

劳动法律制度是调整劳动关系某一方面的法律规范的总称。调整劳动关系的各种法律规范的总和，就是一国的劳动法律部门。各项法律制度及其劳动法律规范构成劳动法律体系。主要有：劳动合同法律制度、工作时间和休息时间法律制度、劳动报酬法律制度、劳动安全与卫生法律制度、女工与未成年工保护法律制度、社会保险与劳动保险法律制度、工会法律制度、劳动争议处理法律制度、劳动监督和检查法律制度等。

2. 劳动法律法规

劳动法是调整劳动关系以及与劳动关系密切联系的社会关系的法律规范的总称。劳动法主要调整劳动关系，同时也调整因劳动力管理、社会保险和福利、职工民主管理、劳动争议处理等产生的其他社会关系，进而建立和维护适应社会主义市场经济，促进经济发展与社会进步的劳动制度。

劳动法的基本原则包括：社会正义原则、劳动自由原则（即择业自由、辞职自由、反对就业歧视、禁止强迫劳动）、三方合作原则（即劳动者、劳动使用者、政府三方的合作）。

我国主要的劳动法律法规包括《中华人民共和国劳动法》《中华人民共和国劳动合同法》《中华人民共和国劳动争议调解仲裁法》《中华人民共和国社会保险法》《中华人民共和国就业促进法》《中华人民共和国工会法》等。

拓展知识点

法律、法规、规章、规范性文件的区别

1. 概念含义不同

（1）法律，有广义和狭义两种理解。广义上讲，法律泛指一切规范性文件；狭义上讲，仅指全国人大及其常委会制定的规范性文件，一般均以"法"字配称，如《劳动法》《劳动合同法》《婚姻法》《公民出入境管理法》等。

（2）法规，在法律体系中，主要指行政法规、地方性法规、民族自治法规及经济特区法规等。

（3）规章，是指有规章制定权的行政机关依照法定程序决定并以法定方式对外公布的具有普遍约束力的规范性文件。

（4）规范性文件，有广义和狭义之分。广义一般是指属于法律范畴（即宪法、法律、行政法规、地方性法规、自治条例、单行条例、国务院部门规章和地方政府规章）的立法性文件和除此以外的由国家机关和其他团体、组织制定的具有约束力的非立法性文件的总和。狭义一般是指法律范畴以外的其他具有约束力的非立法性文件。

2. 制定主体不同

（1）法律，一般是指全国人大及其常委会制定的规范性文件。如民法、刑法等。

（2）法规，指国务院、地方人大及其常委会、民族自治机关和经济特区人大制定的规范性文件。

（3）规章，主要指国务院组成部门及直属机构，省、自治区、直辖市人民政府及省、自治区政府所在地的市和经国务院批准的较大的市和人民政府制定的规范性文件。

（4）规范性文件一般指狭义的规范性文件，各级党组织、各级人民政府及其所属工作部门，人民团体、社团组织、企事业单位、法院、检察院等制定的，具有普遍适用效力的、非立法性文件。

3. 效力等级不同

（1）宪法具有最高的法律效力，一切法律、行政法规、地方性法规、自治条例和单行条例、规章都不得同宪法相抵触。

（2）法律的效力高于行政法规、地方性法规、规章。

（3）行政法规的效力高于地方性法规、规章。

（4）地方性法规的效力高于本级和下级地方政府规章。省、自治区人民政府制定的规章的效力高于本行政区域内的设区的市、自治州人民政府制定的规章。

（5）规章和规范性文件互有交叉，无法比较。

二、我国劳动法的基本原则

《中华人民共和国劳动法》（简称《劳动法》）于 1995 年 1 月 1 日起施行，并分别于 2009 年和 2018 年进行了修正。它是为了保护劳动者的合法权益，调整劳动关系，建立和维护适应社会主义市场经济的劳动制度，促进经济发展和社会进步而制定的。《劳动法》分为 13 章，具体包括总则、促进就业、劳动合同和集体合同、工作时间和休息休假、工资、劳动安全卫生、女职工和未成年工特殊保护、职业培训、社会保险和福利、劳动争议、监督检查、法律责任、附则。

我国劳动法的基本原则如下：

1. 劳动既是权利又是义务的原则

（1）劳动是公民的权利

每一个有劳动能力的公民都有从事劳动的同等的权利，主要体现在：

对公民来说意味着：①有就业权和择业权在内的劳动权；②有权依法选择适合自己特点的职业和用工单位；③有权利用国家和社会所提供的各种就业保障条件，以提高就业能力和增加就业机会。

对企业来说意味着：①平等地录用符合条件的职工；②加强提供失业保险、就业服务、职业培训等方面的职责。

对国家来说意味着：应当为公民实现劳动权提供必要的保障。

（2）劳动是公民的义务

劳动者一旦与用人单位发生劳动关系，就必须履行其应尽的义务，其中最主要的义务就是完成劳动生产任务。这是劳动关系范围内的法定义务，同时也是强制性义务。

2. 保护劳动者合法权益的原则

（1）偏重保护和优先保护。劳动法在对劳动关系双方都给予保护的同时，偏重于保护处于弱者地位的劳动者，适当体现劳动者的权利本位和用人单位的义务本位，劳动法优先保护劳动者利益。

（2）平等保护。全体劳动者的合法权益都平等地受到劳动法的保护，各类劳动者受平等保护，特殊劳动者群体受特殊保护。

（3）全面保护。劳动者的合法权益，无论它存在于劳动关系的缔结前、缔结后或是终结后都应纳入保护范围之内。

（4）基本保护。对劳动者的最低限度保护，也就是对劳动者基本权益的保护。

三、《中华人民共和国劳动合同法》

《中华人民共和国劳动合同法》（简称《劳动合同法》）自 2008 年 1 月 1 日起施行，适用范围为中华人民共和国境内的企业、个体经济组织、民办非企业以及国家机关、事业单位、社会团体等组织。

《劳动法》和《劳动合同法》的区别在于：《劳动法》是大法，《劳动合同法》是专门规范用人单位与劳动者建立劳动关系，订立、履行、变更、解除、终止劳动合同的法律法规。

《劳动法》与《劳动合同法》是前法与后法、旧法与新法的关系，按照《立法法》"新法优于旧法"的原则，《劳动法》与《劳动合同法》不一致的地方，以《劳动合同法》为准；《劳动合同法》没有规定而《劳动法》有规定的，则适用《劳动法》的相关规定。

 案例

岗前培训有工资吗

2018年6月，李某从河北省某本科学校毕业后经过笔试和面试被现在的公司录用。李某拿到了正式的录取通知书后按照通知书规定的日期报到，上班第一天就接到了人力资源部的通知，要求所有的新人都必须参加1个月的岗前培训。

考虑到自己已经毕业且家庭负担重，所以李某壮胆去人力资源部问了一下人力资源部经理，岗前培训这1个月的工资能发放多少。人力资源部经理对她说："因这1个月是培训期，不算正式工作，不发工资，但公司会给予每个人700元的生活补贴。"李某觉得给的钱太少了，所以就直接对人力资源部经理说："经理，现在物价这么高，700元怎么活呀？！"经理回答她说："你参加培训没有创造价值，哪来的工资？公司给予补贴已经很好了。"听到经理这么说，李某既不满意也觉得不合理，但她又不知道该如何捍卫自己的权益。

点评：按照《劳动合同法》规定，用人单位用工之日起即与劳动者建立劳动关系，就已经受用人单位管理，岗前培训属于用人单位安排；同时，岗前培训，既是劳动者的权利，也是用人单位的义务。劳动者已经提供了用工，所以岗前培训1个月，公司应按试用期薪资发放。李某因对《劳动合同法》中的试用期规定不甚了解，所以自己的权益受到侵害时也无力捍卫。

四、《中华人民共和国就业促进法》和《中华人民共和国社会保险法》

（一）《中华人民共和国就业促进法》

《中华人民共和国就业促进法》（简称《就业促进法》）是自2008年1月1日开始施行的。这部法律将就业工作纳入法制化轨道，从法律层面形成了更有利于学生就业的社会环境。内容涉及转变就业观念、提高就业能力，强化依法管理、加大资金投入，规范就业市场、打击违法行为，鼓励自主创业、加强就业援助，反对就业歧视、营造公平环境等几个方面。因此，当自己在就业中遇到困难时可以向相关政府部门要求援助，当受到歧视时可以向相关政府部门反映甚至诉讼。

《就业促进法》共有九章六十九条，主要内容归纳为"116510"，即"一个方针，一面旗帜，六大责任，五项制度，十大政策"。

1. 一个方针

一个方针，即坚持"劳动者自主择业，市场调节就业，政府促进就业"的方针。

2. 一面旗帜

一面旗帜，即高举"公平就业"旗帜，创造公平就业的环境。

《就业促进法》第三条明确规定：劳动者就业，不因民族、种族、性别、宗教信仰不同而受歧视；同时专设"公平就业"一章（第三章第二十五条至第三十一条）明确规定：残疾人、传染病携带者和进城就业的农村劳动者等群体享有与其他劳动者平等的劳动权利。

《中华人民共和国就业促进法》
第一章　总　　则
第二章　政策支持
第三章　公平就业
第四章　就业服务和管理
第五章　职业教育和培训
第六章　就业援助
第七章　监督检查
第八章　法律责任
第九章　附　　则

就业平等

3. 六大责任

六大责任，即法律对政府在促进就业中承担重要职责做出了明确规定，主要包括六个方面：

（1）发展经济和调整产业结构，增加就业岗位。《就业促进法》第四条：县级以上人民政府把扩大就业作为经济和社会发展的重要目标，纳入国民经济和社会发展规划，并制订促进就业的中长期规划和年度工作计划。第十一条：县级以上人民政府应当把扩大就业作为重要职责，统筹协调产业政策与就业政策。

（2）制定实施积极的就业政策。《就业促进法》专设"政策支持"一章，将目前实施的积极就业政策中行之有效的核心措施通过法律形式确定下来，形成长期有效的机制。

（3）规范人力资源市场。《就业促进法》第三十二条规定：县级以上人民政府培育和完善统一开放、竞争有序的人力资源市场，为劳动者就业提供服务。第三十八条：县级以上人民政府和有关部门加强对职业中介机构的管理，鼓励其提高服务质量，发挥其在促进就业中的作用。

（4）完善就业服务。《就业促进法》专设"就业服务和管理"一章，对完善就业服务，特别是加强公共就业服务作了明确规定。

（5）加强职业教育和培训。《就业促进法》专设"职业教育和培训"一章，进一步明确职业培训作为促进就业的重要支柱和根本措施，应成为各级政府促进就业工作的着力点。

（6）提供就业援助。《就业促进法》专设"就业援助"一章，明确规定各级政府应采取各种有效措施，对就业困难人员实行优先扶持和重点帮助。

4. 五项制度

五项制度，即以法律形式将就业工作制度化，主要包括五个方面：加强对就业工作组织领导的政府责任制度；加强对劳动者工作的公共就业服务和就业援助制度；加强对市场行为规范的人力资源市场管理制度；加强对人力资源素质提升的职业能力开发制度；加强对失业治理的失业保险和预防制度。

5. 十大政策

十大政策分别是：有利于促进就业的经济发展政策；有利于促进就业的财政保障政策；有利于促进就业的税费优惠政策；有利于促进就业的金融支持政策；城乡统筹的就业政策；区域统筹的就业政策；群体统筹的就业政策；有利于灵活就业的劳动和社会保险政策；援助困难群体的就业政策；实行失业保险促进就业政策。

（二）《中华人民共和国社会保险法》

《中华人民共和国社会保险法》（简称《社会保险法》）于 2011 年 7 月 1 日起施行。2018 年，第十三届全国人民代表大会常务委员会第七次会议对《社会保险法》部分条款做了修改。

《社会保险法》是中国特色社会主义法律体系中起支架作用的重要法律，是一部着力保障和改善民生的法律。《社会保险法》规定，国家建立基本养老保险、基本医疗保险、工伤保险、失业保险、生育保险等社会保险制度，保障公民在年老、疾病、工伤、失业、生育等情况下依法从国家和社会获得物质帮助的权利。

《社会保险法》从草案起草，到国务院审议，再到全国人大常委会审议修改，始终坚持了四大原则，即：

（1）贯彻落实党中央的重大决策部署。

（2）使广大人民群众共享改革发展成果。

（3）公平与效率相结合，权利与义务相适应。

（4）确立框架，循序渐进。

第二节　劳动合同及权利保障

名言名句

权利的相互转让就是人们所谓的契约。

——霍布斯

案例引学

劳动合同该不该签

2020年，吉林省某区劳动监察大队受理了多起劳动保障方面的举报投诉案件。经调查，这些案件中的劳动者与用人单位大多都未签订劳动合同。令人惊讶的是，有的竟然是劳动者不愿与用人单位签订劳动合同，理由是签订劳动合同会束缚自己的自由，影响自己将来跳槽或者接私活。

思考：合同是约束也是保障，你如何看待是否签订劳动合同问题？

一、劳动合同

（一）劳动合同概述

劳动合同是劳动者与用人单位确立劳动关系、明确双方权利和义务的协议。劳动合同的形式一般有书面形式和口头形式两种，书面合同是由双方当事人达成协议后，将协议的内容用文字形式固定下来，并经双方签字。劳动合同是确立劳动关系的普遍性法律形式，是用人单位与劳动者履行劳动权利义务的重要依据。劳动合同被誉为劳动者的"保护伞"，它为构建与发展和谐稳定的劳动关系提供了法律保障。劳动合同分为固定期限劳动合同、无固定期限劳动合同和以完成一定工作任务为期限的劳动合同。

（二）劳动合同的签订原则

1. 合法原则

它要求劳动合同的形式合法和内容合法。按照《劳动合同法》的规定，除了非全日制用工外，都应当以书面形式订立劳动合同。劳动合同内容必须具备必备条款，且内容不得违反法律规定。

2. 公平原则

它要求劳动合同内容公平合理，用人单位不得以强势地位压制劳动者而制定显失公平的合同条款。

3. 平等自愿原则

它要求劳动者和用人单位在订立劳动合同时法律地位平等，订立劳动合同完全是出于劳动者和用人单位双方的真实意思的表示，出于自愿而签订。

4. 协商一致原则

它是指合同条款是经双方协商一致达成的，任何一方不得把自己的意志强加给另一方，不得强迫订立劳动合同。

5. 诚实信用原则

它是一项社会基本道德原则，为人处世均应当遵循该原则。用人单位和劳动者在签订劳动合同时要诚实，讲信用，不得欺诈对方。根据《劳动合同法》的规定，用人单位有权了解劳动者与劳动合同直接相关的基本情况，劳动者应当如实说明；而用人单位也应如实告知劳动者的工作内容、工作条件、工作地点、职业危害、安全生产状况、劳动报酬，以及劳动者要求了解的其他情况。

（三）劳动合同内容

根据《劳动合同法》的明确规定，用人单位与劳动者签订劳动合同应以书面形式确立，劳动合同内容就是劳动合同中包含的具体条款，这些条款分为必备条款和补充条款。

1. 必备条款

（1）用人单位的名称、住所和法定代表人或者主要负责人；

（2）劳动者的姓名、住址和居民身份证或者其他有效身份证件号码；

（3）劳动合同期限。它指的是劳动合同的有效时间，是双方当事人所订立的劳动合同起始时间和终止时间，即劳动关系具有法律效力的时间。

（4）工作内容和工作地点。工作内容包含从事劳动的工种、岗位，以及应该完成的生产（工作）任务及工作班次等；工作地点指的是劳动者具体上班的地点，对劳动者来说越详细越好。

（5）劳动报酬。它主要包括工资、奖金、津贴和补贴等内容。

（6）劳动纪律。它是劳动者在生产（工作）过程中必须遵守的工作秩序和劳动规则。

（7）劳动合同终止的条件。劳动合同中约定的合同终止条件是指除法律、法规规定的合同终止以外，当事人双方自己协商确定的终止合同效力的条件。

（8）劳动保护、劳动条件和职业危害防护。它们指的是用人单位应当为劳动者提供的劳动保护措施和劳动条件，主要包括劳动安全和卫生规程、工作时间和休息休假等内容。

（9）违反劳动合同的责任。它是指当事人由于自己的过错而造成劳动合同的不履行，或不适当履行所应当承担的责任。

（10）法律、法规规定应当纳入劳动合同的其他事项。

2. 补充条款

补充条款又称为"可备条款"，是双方当事人通过协商订立的条款，补充条款的内容如下：

（1）试用期条款

试用期条款是劳动合同中的常见条款，法律对试用期有较明确的规定。如试用期应当包含在劳动期内，并应当参加社会保险，以及试用期最长不得超过6个月等。其中合同期在1年以上、2年以内的，试用期不得超过60日；合同期在6个月以上、1年以下的，试用期不得超过30日；合同期在6个月以下的，试用期不得超过15日等。

（2）保守商业秘密条款

约定这一条款的目的在于保护用人单位的经济利益，目前越来越多的用人单位开始重视商业秘密的保护，在录用一些关键岗位的人员时均要求签订相应的保密条款。这对劳动者而言，不仅加重了义务，还限制了自己今后的择业自由和发展空间，并且劳动者一旦违反，不仅涉及劳动法上的责任，还可能要承担民法及刑法上的责任。因此劳动者在签署此类劳动合同的过程中，一定要慎重审查保密条款，明确保密主体、保密范围、保密周期和泄密责任等关键内容。

拓展知识点

电子劳动合同怎么签

2020年5月，北京市人社局发布消息称将推广使用电子劳动合同。据悉，电子劳动合同内容与纸质劳动合同相同，但纸质合同签署时间长，并涉及人员往返、快递邮寄及存储等成本。电子劳动合同则便民利企、节省成本、提高效率，有利于优化用工管理。

2020年3月，人社部向北京市人社局发出《关于订立电子劳动合同有关问题的函》，允许北京率先推广使用电子劳动合同，"用人单位与劳动者协商一致，可以采用电子形式订立书面劳动合同"。

同时，回函还明确采用电子形式订立劳动合同，应使用符合《电子签名法》等法律规定的可视为书面形式的数据电文和可靠的电子签名。用人单位应保证电子劳动合同的生成、传递、存储等满足《电子签名法》等法律要求，确保其完整、准确、不被篡改。符合《劳动合同法》规定和上述要求的电子劳动合同一经订立即具有法律效力。

（三）无效劳动合同

无效劳动合同是指当事人违反法律规定订立的劳动合同，该劳动合同不具有法律效力。

1. 无效劳动合同的效力

根据无效程度，无效劳动合同分为部分无效和全部无效，具体这两种无效劳动合同的效力如图3-1所示。

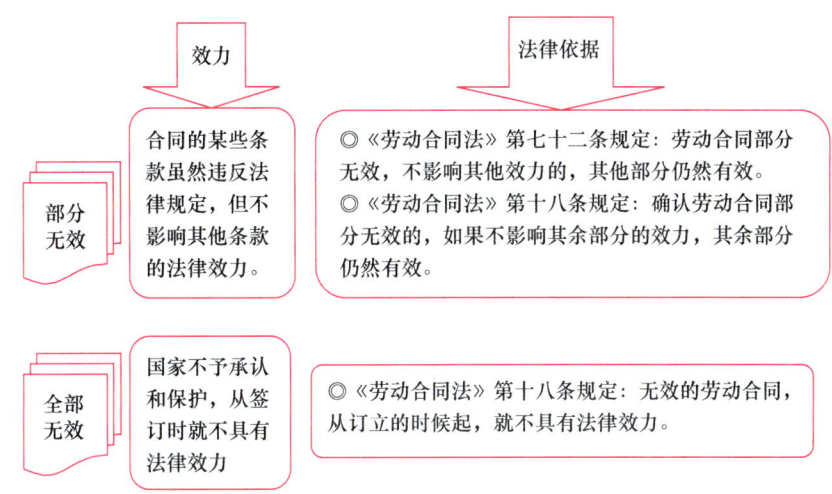

图3-1 部分无效和全部无效劳动合同的效力对比

2. 无效劳动合同的适用情形

《劳动合同法》第二十六条规定，下列劳动合同无效或者部分无效：

（1）以欺诈、胁迫的手段或者乘人之危，使对方在违背真实意思的情况下订立或者变更劳动合同的；

（2）用人单位免除自己的法定责任、排除劳动者权利的；

（3）违反法律、行政法规强制性规定的。

（四）劳动合同的终止和解除

劳动合同的终止，是指符合法律规定情形时，双方当事人的权利义务不复存在，劳动合同的效力消失。劳动合同终止不存在约定终止，只有法定终止。用人单位与劳动者不得再另行约定其他的劳动合同终止条件。有以下情形之一的，劳动合同终止：劳动合同期满的；劳动者开始依法享受基本养老保险待遇的；劳动者死亡，或者被人民法院宣告死亡或者宣告失踪的；用人单位被依法宣告破产的；用人单位被吊销营业执照、责令关闭、撤销或者用人单位决定提前解散的；法律、行政法规规定的其他情形。因此，当出现《劳动合同法》规定的上述事实之一时，劳动合同即行终止。

劳动合同的解除，是指当事人双方提前终止劳动合同的法律效力，解除双方的权利义务关系。劳动合同解除分为：意定解除、劳动者提前通知单方解除即劳动者主动辞职、劳动者随时单方解除即被迫解除、用人单位单方通知解除、用人单位提前通知单方解除。除了意定解除以及劳动者在人身受到威胁，被强迫情形下解除劳动合同，不需要履行相应的法定程序外，其他均需履行相应的程序。

（五）劳务关系

劳务关系是由两个或两个以上的平等主体，通过劳务合同建立的一种民事权利义务关系。该合同可以是书面形式，也可以是口头形式和其他形式。其适用的法律主要是《中华人民共和国合同法》（简称《合同法》）。劳务关系、劳务合同是一种通俗称呼，在《合同法》中是没有这类名词的。属于承包劳务情形的劳务合同，似可归属法定的"承揽合同"，属于劳务人员输出情形的劳务合同，似可归属法定的"租赁合同"。劳务合同与劳动合同不同，没有固定的格式、必备的条款。其内容可依照《合同法》第十二条规定，由当事人根据具体情况自主随机选择条款，具体约定。劳务关系中，不存在一方当事人是另一方当事人的职工这种隶属关系，且在劳务关系中的一方当事人不存在必须承担另一方当事人社会保险的义务。如某一居民使用一名按小时计酬的家政服务员，家政服务员不可能是该户居民家的职工，与该居民也不可能存在劳动关系。居民也不必为其雇用的家政服务员承担缴纳社会保险的义务。

> **拓展知识点**
>
> **应届生三方协议与劳动合同的关系**
>
> 三方协议是《普通高等学校毕业生、毕业研究生就业协议书》的简称，它是明确毕业生、用人单位、学校三方在毕业生就业工作中的权利和义务的书面表现形式，能解决应届毕业生户籍、档案、保险、公积金等一系列相关问题。三方协议是普通高等学校毕业生和用人单位在正式确立劳动人事关系前，经双向选择，在规定期限内就确立就业关系、明确双方权利和义务而达成的书面协议；是用人单位确认毕业生相关信息真实可靠以及接收毕业生的重要凭据；是高校进行毕业生就业管理、编制就业方案以及毕业生办理就业落户手续等有关事项的重要依据。
>
> 2009年教育部高校学生司发布了《关于修订〈普通高等学校毕业生就业书〉若干意见的通知》，将三方协议的制定权下放至省级教育主管部门，各省修订后的三方协议文本上均采用了经过数据加密处理的专用条码防伪方式，每个毕业生有且仅有一份。
>
> 三方协议虽然也规定一些劳动关系涉及的内容，但其不能代替劳动合同，与劳动合同相比存在以下区别：
>
> 第一，签订时间不同。三方协议是学生在校期间签订的，而劳动合同是在毕业生毕业离校后到单位正式报到时签订的。
>
> 第二，主体不同。三方协议的主体是三方，即学校、毕业生和用人单位；而劳动合同的主体是两方，即劳动者和用人单位。

第三，内容不同。三方协议的主要内容是毕业生如实介绍自身情况，并表示愿意到用人单位就业，用人单位表示愿意接收毕业生，学校同意推荐毕业生并列入就业方案；而劳动合同是记载劳动者和用人单位权利和义务，是劳动关系确立的法律凭证。

第四，目的不同。三方协议是毕业生和用人单位关于将来就业意向的初步约定，是编制毕业生就业方案和将来双方订立劳动合同的依据。而劳动合同主要是劳动关系确立后使劳动者和用人单位的合法权益得到应有的保障。

第五，适用的法律不同。三方协议订立后如发生争议，主要解决依据是《国家关于高校毕业生就业的规定》《民法》《合同法》等。而劳动合同订立后，发生争议解决主要依据是《劳动法》《劳动合同法》及相关法律法规、司法解释。

但需要注意的是，三方协议与劳动合同并非没有任何联系。三方协议中的毕业生就业之后的工作性质、地点、期限、工资薪金、社会保险及公积金等涉及劳动合同关系的条款与双方正式签订的劳动合同内容上基本一致，通过三方协议中内容，毕业生基本可以预见到自己与用人单位建立劳动关系之后所享有的权利和应承担的义务。

二、劳动权利

（一）平等就业与选择职业的权利

平等就业和选择职业是每个劳动者都拥有的劳动权利，所谓平等就业就是指在劳动就业中实行男女平等及民族平等的原则。招工时不得歧视妇女，不得歧视少数民族的劳动者，男女之间及不同民族之间应一视同仁。在录用职工时，除国家规定的不适合妇女的工种或者岗位外，不得以性别为由拒绝录用妇女或者提高对妇女的录用标准。在劳动和工作的调配方面应根据实际情况，对妇女予以必要的照顾。根据政策等对少数民族应有适当的照顾，在工资方面应贯彻同工同酬的原则。

（二）取得劳动报酬的权利

取得劳动报酬是每个劳动者都拥有的权利，它是指劳动者有权根据自己的劳动数量和质量及时得到合理的报酬，任何用人单位不得克扣或无故延期支付。《劳动合同法》规定，全日制用工的，工资应当至少每月支付一次；非全日制用工劳动报酬结算支付周期最长不超过15日。在此规定下，用人单位工资发放时间由用人单位与职工在劳动合同中约定。

在我国，劳动者取得劳动报酬的分配方式是按劳分配。按劳分配是根据劳动者提供的劳动量给付报酬，多劳多得，少劳少得，不劳不得。

为给予劳动者必要的社会保护，国家实行最低工资保障制度。最低工资是指保障劳动者及其家庭的最低生活需要的工资，其标准由各省、自治区及直辖市人民政府规定，报国务院备案。

（三）休息休假的权利

休息日是我国宪法规定的公民权利，这一权利的重要意义在于能够保证劳动者的身体和精神上的疲劳得以解除，借以恢复劳动能力。

我国实行每日工作8小时，平均每周工作40小时的工作制度。

在一般情况下，在法定的节假日期间，用人单位应当按照国家规定的休假天数安排劳动者休假，而不能任意组织加班。用人单位由于生产经验需要，经与工会和劳动者协商后可以延长工作时间，一般每日不得超过1小时；因特殊原因需要延长工作时间的，在保障劳动者身体健康的条件下延长工作时间每日不得超过3小时，但是每月不得超过36小时。

用人单位在符合法律规定的条件下延长劳动者的工作时间，必须向劳动者支付报酬，而且要支付高于劳动者正常工作时间的工资报酬。

此外，我国还实行带薪休假制度。劳动者连续工作一年以上，享受带薪年休假。

（四）获得劳动安全和卫生保护的权利

获得劳动安全和卫生保护是每个劳动者都拥有的劳动权利。在劳动生产过程中存在各种不安全和不卫生因素，如不采取措施加以保护，就会危害劳动者的生命安全和身体健康，甚至妨碍生产的正常进行。劳动者有权要求改善劳动条件和加强劳动保护，保证在生产过程中能够安全和健康。

劳动者在劳动过程中必须严格遵守安全操作规程，对用人单位管理人员违章指挥及强令冒险作业等有权拒绝执行；对危害生命安全和身体健康的行为有权提出批评、检举和控告。从事特种作业的劳动者必须经过专门培训并取得特种作业资格。

（五）接受职业技能培训的权利

职业技术培训是为了培养和提供人们从事各种职业所需的技术业务知识和实际操作技能而进行的教育和训练，劳动者有权要求接受这种教育和训练。

职业培训是国民教育体系的一个重要组成部分，用人单位应当建立职业培训制度，按照国家规定提取和使用职业培训经费。企业要根据本单位实际，有规划地对劳动者进行培训。从事技术工种的劳动者，上岗前必须经过培训。

（六）享受社会保险福利的权利

享受社会福利保险是每个劳动者都拥有的劳动权利，我国宪法明确规定："中华人民共和国公民在养老、疾病或者丧失劳动能力的情况下，有从国家和社会获得物质资助的权利。"劳动者享受的社会保险和福利权也就是劳动者享受的物质帮助权。

用人单位和劳动者必须依法参加社会保险，缴纳社会保险费。国家鼓励用人单位根据本单位实际情况为劳动者建立补充保险，提倡劳动者个人进行储蓄性保险。将基本保险、补充保险和储蓄性保险相结合，使劳动者享受的社会保险待遇得到切实保障。

（七）提请劳动争议处理的权利

劳动争议涉及劳动者的健康安全、工作和生活的各个方面，关系到劳动者的切身利益，因此一旦劳动争议出现，劳动者就有权请求处理。

解决劳动争议应当根据合法、公正和及时处理的原则，依法维护劳动争议当事人的合法权益。

三、劳动争议处理

（一）劳动争议概述

劳动争议是劳动关系当事人之间因劳动的权利与义务发生分歧而引起的争议，又称劳动纠纷。其中有的属于既定权利的争议，即因适用劳动法和劳动合同、集体合同的既定内容而发生的争议；有的属于要求新的权利而出现的争议，是因制定或变更劳动条件而发生的争议。

（二）劳动争议处理范围

根据《中华人民共和国劳动争议调解仲裁法》（简称《劳动争议调解仲裁法》）第二条规定，劳动争议处理的范围包括以下六个方面的内容：

（1）因确认劳动关系发生的争议；
（2）因订立、履行、变更、解除和终止劳动合同发生的争议；
（3）因除名、辞退和辞职、离职发生的争议；
（4）因工作时间、休息休假、社会保险、福利、培训以及劳动保护发生的争议；
（5）因劳动报酬、工伤医疗费、经济补偿或者赔偿金等发生的争议；
（6）法律、法规规定的其他劳动争议。

（三）劳动争议处理方式

1. 协商

《劳动争议调解仲裁法》第四条规定："发生劳动争议，劳动者可以与用人单位协商，也可以请工会或者第三方共同与用人单位协商，达成和解协议。"

2. 调解

根据《劳动争议调解仲裁法》第五条规定："发生劳动争议，当事人不愿协商、协商不成或者达成和解协议后不履行的，可以向调解组织申请调解；不愿调解、调解不成或者达成调解协议后不履行的，可以向劳动争议委员会申请仲裁；对仲裁裁决不服的，除本法另有规定的外，可以向人民法院提起诉讼。"

3. 仲裁

劳动争议仲裁是劳动争议仲裁机构根据劳动争议当事人一方或双方的申请，依法就劳动争议的事实和当事人应承担的责任做出判断和裁决的活动。

 案例

超过时效的仲裁

凤某于 2002 年 10 月进入深圳市宝安区一家电子厂工作，并于 2011 年 12 月辞职离厂，2012 年 4 月，凤某以厂方超时加班及克扣加班费为由，向宝安区劳动争议仲裁委员会提出劳动仲裁请求，要求判令厂方支付其经济补偿金 95 570 元人民币，并同时支付其 2011 年 3 月至 9 月的加班工资 23 494 元。2012 年 4 月 25 日，劳动仲裁庭做出裁定，鉴于凤某未能提供充分证据，且支付加班费的请求已超仲裁时效，驳回凤某的全部请求。

思考： 如何在劳动争议中保护好自身的切身利益？

4. 诉讼

劳动争议诉讼是劳动争议当事人对劳动争议裁决结果不满意，而在规定时间内向人民法院起诉的行为。在我国现行的法律体系中，劳动争议实行先裁后审制度，即劳动争议仲裁是劳动争议诉讼的前置程序，对于未经过仲裁的劳动争议申诉案件，人民法院不予受理。

第三节　劳动保护与职场安全

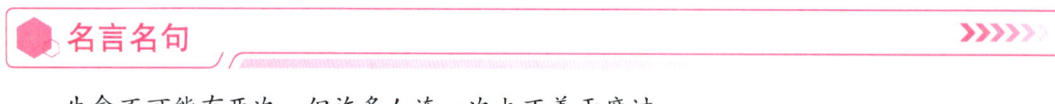

生命不可能有两次，但许多人连一次也不善于度过。

——吕凯特

职场"过劳死"现象

世界卫生组织经过调查显示，截至 2014 年年底，全球健康人仅占人群总数的 5%，被确诊患有各种疾病的人占人群总数的 20%，处于健康与疾病之间的亚健康状态的人约占人群总数的 70%。

2005 年 1 月，36 岁的清华大学电机系讲师焦连伟由于长期超负荷工作，承受着巨大的心理和生活压力而发生了突发性心脏骤停，导致心肌梗死死亡。

2016 年 6 月，34 岁的天涯副主编金波因长期熬夜，工作太拼，猝死在北京地铁里。

2017 年 2 月，34 岁的著名音乐编曲覃桢因过度用脑及劳累导致心肌梗死猝死。

第三章　劳动法律法规与劳动权益

2018年1月，38岁的重庆知名游戏圈从业者冒朝华因长期加班熬夜，突发脑出血医治无效离世。

……

近年来，常有"白领通宵熬夜加班猝死"的新闻见诸报端。神经内科专家提醒，过度"透支"脑功能会导致脑死亡，严重危害身体健康，不排除为猝死的诱因之一。

思考：我们应如何维护自身权益，做好劳动保护？

劳动保护是国家和组织为保护劳动者在劳动生产过程中的安全和健康所采取的立法、组织和技术措施的总称。劳动保护旨在消除危及人身安全健康的不良条件和行为，防止事故发生和职业病，保护劳动者在劳动过程中的安全与健康。

一、合理规避劳动禁忌

（一）脑力劳动禁忌

1. 生理健康失常

长期过度脑力劳动，使大脑缺血、缺氧，神经衰弱，从而导致注意力不集中、记忆力下降，思维欠敏捷，反应迟钝，睡眠规律不正常。睡眠规律不正常症状为白天瞌睡，大脑昏昏沉沉；夜晚卧床后，大脑却兴奋起来，难以入眠；醒后大脑疲劳不缓解，精神不振。

2. 心理健康失常

由于上述生理功能的失衡，造成了心理活动失衡，出现忧虑、紧张、抑郁、烦躁、消极、敏感、多疑、易怒、自责等不良情绪。其症状表现为表面上强打精神，但内心充满困惑和痛苦、无奈和彷徨，继而对工作学习丧失兴趣，产生厌倦感，甚至产生轻生念头。

（二）体力劳动禁忌

1. 长期重复一定姿势

长期从事站姿或坐姿作业、站立或行走的职业、强迫体位作业等较容易导致腰肌劳损、下肢静脉曲张、神经血管疼痛、视力下降等身体损伤。

2. 不良劳动环境条件

如高温、寒冷、潮湿、光线不足、通道狭窄等不良劳动环境条件，增加了劳动负荷、提高了劳动强度，容易产生疲劳和损伤。

3. 企业劳动安排不合理

劳动时间过长，劳动强度过大，休息时间不够，轮班制度不合理，等等，也容易形成过度疲劳，造成身体损伤。

4. 身体素质不强

劳动者身体状况不适应所安排的劳动强度时也会导致其身体损伤。

（三）可采取的措施

1. 适当运动，增强体质

脑力劳动者因工作性质会经常使大脑过度消耗，而且需要久坐，胸部难以得到扩展和活动，而体力劳动者因经常长时间重复一个劳动动作，容易使用力部位劳损，而其他部位得不到锻炼。所以无论是脑力劳动者还是体力劳动者皆可通过适当的运动锻炼来使身体各部位得到锻炼，提高身体素质，增强免疫力。

2. 生活规律，膳食合理

饮食有规律且营养健康，不饥一顿、饱一顿，进食后 1~2 小时后再思考问题，设法提高用脑效率；尽量避免熬夜，不能"想睡就睡，想起就起"，不破坏人体的"生物钟"，使身体各器官得到恢复和及时补充。

3. 加强训练，姿势合理

改善作业平台和劳动工具，加强自身作业训练，使自己能够采取正确的工作姿势和方式，尽量避免不良作业姿势，避免和减少负重作业，使身体各部位处于自然状态，减轻身体承受的压力。

4. 改善环境，优化作息

劳动者可要求单位科学合理设计劳动环境并能控制劳动环境中各种有害因素，创造良好的劳动环境，如适宜的温度、湿度、光照、空间等。另根据参与劳动的个体情况合理安排相匹配的工作，并安排适当的工间休息和轮班制度。

拓 展 知 识 点

体力劳动的等级划分

体力劳动强度分级是我国制定的劳动保护工作科学管理的一项基础标准，是确定体力劳动强度大小的根据，见表 3-1。应用这一标准，可以明确工人体力劳动强度的重点工种或工序，以便有重点、有计划地减轻工人的体力劳动强度，提高劳动生产率。

表 3-1　体力劳动强度分级表

强度等级	职业描述
Ⅰ（轻劳动）	坐姿：手工作业或腿的轻度活动（正常情况下，如打字、缝纫、脚踏开关等）；立姿：操作仪器，控制、查看设备，上臂用力为主的装配工作
Ⅱ（中等劳动）	手和臂持续动作（如锯木头等）；臂和腿的工作（如卡车、拖拉机或建筑设备等运输操作）；臂和躯干的工作（如锻造、风动工具操作、粉刷、间断搬运中等重物、除草、锄田、摘水果和蔬菜等）
Ⅲ（重劳动）	臂和躯干负荷工作（如搬重物、铲、锤锻、锯刨或凿硬木、割草、挖掘等）
Ⅳ（极重劳动）	大强度的挖掘、搬运

(四)女职工劳动禁忌

为保护女职工的合法权益和身体健康,减少和解决女职工在劳动中因生理特点造成的特殊困难,创造积极、健康、和谐的社会经济环境,我国《劳动法》对女职工禁忌从事的劳动范围进行了规定,《女职工劳动保护特别规定》对女职工的特殊劳动保护进行了详细规定。

1. 女职工禁忌从事的劳动范围

用人单位在安排女职工工作时,应当遵守女职工禁忌从事的劳动范围的规定,如表3-2,并应当将本单位属于女职工禁忌从事的劳动范围的岗位书面告知女职工。

表3-2 《劳动法》对女职工禁忌从事的劳动范围的规定

适用对象	法律条款
女职工	第五十九条规定:禁止安排女职工从事矿山井下、国家规定的第四级体力劳动强度的劳动和其他禁忌从事的劳动。
经期女职工	第六十条规定:不得安排女职工在经期从事高处、低温、冷水作业和国家规定的第三级体力劳动强度的劳动。
孕期女职工	第六十一条规定:不得安排女职工在怀孕期间从事国家规定的第三级体力劳动强度的劳动和孕期禁忌从事的劳动。
哺乳期女职工	第六十三条规定:不得安排女职工在哺乳未满一周岁的婴儿期间从事国家规定的第三级体力劳动强度的劳动和哺乳期禁忌从事的其他劳动。

2. 女职工夜班特别规定

《劳动法》第六十一条规定:"对怀孕七个月以上的女职工,用人单位不得延长劳动时间或者安排夜班劳动。"《女职工劳动保护特别规定》第九条规定:"对哺乳未满一周岁婴儿的女职工,用人单位不得延长劳动时间或者安排夜班劳动。"此外,一些地方法规对此有进一步规定,例如:《上海市女职工劳动保护办法》第十二条规定:"女职工妊娠七个月以上(按二十八周计算),应给予每天工间休息一小时,不得安排夜班劳动。"

二、职业病防护

职业病,是指企业、事业单位和个体经济组织等用人单位的劳动者在职业活动中,因接触粉尘、放射性物质和其他有毒有害物质等因素而引起的疾病。职业病的危害因素是指在生产过程中、劳动过程中、作业环境中存在的危害劳动者健康,可能导致职业病的各种因素。

(一)常见职业病种类

根据《中华人民共和国职业病防治法》的规定,2013年12月23日,国家卫生计生委、人力资源社会保障部、安全监管总局、全国总工会四部门联合印发《职业病分类和目录》,

新颁布的《职业病分类和目录》将职业病分为10大类132种。职业病种类见表3-3。

表3-3 职业病分类

职业病分类	职业病种类
职业性尘肺病及其他呼吸系统疾病	（一）尘肺病 1. 矽肺；2. 煤工尘肺；3. 石墨尘肺；4. 炭黑尘肺；5. 石棉肺；6. 滑石尘肺；7. 水泥尘肺；8. 云母尘肺；9. 陶工尘肺；10. 铝尘肺；11. 电焊工尘肺；12. 铸工尘肺；13. 根据《尘肺病诊断标准》和《尘肺病理诊断标准》可以诊断的其他尘肺 （二）其他呼吸系统疾病 1. 过敏性肺炎；2. 棉尘病；3. 哮喘；4. 金属及其化合物粉尘肺沉着病（锡、铁、锑、钡及其化合物等）；5. 刺激性化学物所致慢性阻塞性肺疾病；6. 硬金属肺病
职业性放射性疾病	1. 外照射急性放射病；2. 外照射亚急性放射病；3. 外照射慢性放射病；4. 内照射放射病；5. 放射性皮肤疾病；6. 放射性肿瘤（含矿工高氡暴露所致肺癌）；7. 放射性骨损伤；8. 放射性甲状腺疾病；9. 放射性性腺疾病；10. 放射复合伤；11. 根据《职业性放射性疾病诊断标准（总则）》可以诊断的其他放射性损伤
职业性化学中毒	1. 铅及其化合物中毒（不包括四乙基铅）；2. 汞及其化合物中毒；3. 锰及其化合物中毒；4. 镉及其化合物中毒；5. 铍病；6. 铊及其化合物中毒；7. 钡及其化合物中毒；8. 钒及其化合物中毒；9. 磷及其化合物中毒；10. 砷及其化合物中毒；11. 铀中毒；12. 砷化氢中毒；13. 氯气中毒；14. 二氧化硫中毒；15. 光气中毒；16. 氨中毒；17. 偏二甲基肼中毒；18. 氮氧化合物中毒；19. 一氧化碳中毒；20. 二硫化碳中毒；21. 硫化氢中毒；22. 磷化氢、磷化锌、磷化铝中毒；23. 氟及其无机化合物中毒；24. 氰及腈类化合物中毒；25. 四乙基铅中毒；26. 有机锡中毒；27. 羰基镍中毒；28. 苯中毒；29. 甲苯中毒；30. 二甲苯中毒；31. 正己烷中毒；32. 汽油中毒；33. 一甲胺中毒；34. 有机氟聚合物单体及其热裂解物中毒；35. 二氯乙烷中毒；36. 四氯化碳中毒；37. 氯乙烯中毒；38. 三氯乙烯中毒；39. 氯丙烯中毒；40. 氯丁二烯中毒；41. 苯的氨基及硝基化合物（不包括三硝基甲苯）中毒；42. 三硝基甲苯中毒；43. 甲醇中毒；44. 酚中毒；45. 五氯酚（钠）中毒；46. 甲醛中毒；47. 硫酸二甲酯中毒；48. 丙烯酰胺中毒；49. 二甲基甲酰胺中毒；50. 有机磷中毒；51. 氨基甲酸酯类中毒；52. 杀虫脒中毒；53. 溴甲烷中毒；54. 拟除虫菊酯类中毒；55. 铟及其化合物中毒；56. 溴丙烷中毒；57. 碘甲烷中毒；58. 氯乙酸中毒；59. 环氧乙烷中毒；60. 上述条目未提及的与职业有害因素接触之间存在直接因果联系的其他化学中毒
物理因素所致职业病	1. 中暑；2. 减压病；3. 高原病；4. 航空病；5. 手臂振动病；6. 激光所致眼（角膜、晶状体、视网膜）损伤；7. 冻伤
职业性传染病	1. 炭疽；2. 森林脑炎；3. 布鲁氏菌病；4. 艾滋病（限于医疗卫生人员及人民警察）；5. 莱姆病
职业性皮肤病	1. 接触性皮炎；2. 光接触性皮炎；3. 电光性皮炎；4. 黑变病；5. 痤疮；6. 溃疡；7. 化学性皮肤灼伤；8. 白斑；9. 根据《职业性皮肤病诊断标准（总则）》可以诊断的其他职业性皮肤病
职业性眼病	1. 化学性眼部灼伤；2. 电光性眼炎；3. 白内障（含辐射性白内障、三硝基甲苯白内障）

续表

职业病分类	职业病种类
职业性耳鼻喉口腔疾病	1. 噪声聋；2. 铬鼻病；3. 牙酸蚀病；4. 爆震聋
职业性肿瘤	1. 石棉所致肺癌、间皮瘤；2. 联苯胺所致膀胱癌；3. 苯所致白血病；4. 氯甲醚、双氯甲醚所致肺癌；5. 砷及其化合物所致肺癌、皮肤癌；6. 氯乙烯所致肝血管肉瘤；7. 焦炉逸散物所致肺癌；8. 六价铬化合物所致肺癌；9. 毛沸石所致肺癌、胸膜间皮瘤；10. 煤焦油、煤焦油沥青、石油沥青所致皮肤癌；11. β-萘胺所致膀胱癌
其他职业病	1. 金属烟热；2. 滑囊炎（限于井下工人）；3. 股静脉血栓综合征、股动脉闭塞症或淋巴管闭塞症（限于刮研作业人员）

（二）职业病的防护

1. 毒物防护

生产性毒物，是指在生产过程中产生的、存在于工作环境空气中的毒物。生产性毒物的种类繁多，影响面大，职业中毒约占职业病总数的一半。预防职业性毒物必须采取综合性的防治措施，见表3-4。

表3-4 生产性毒物防护措施表

防毒措施		具体说明
组织管理措施		重视预防职业中毒工作，在工作中应认真贯彻执行国家有关预防职业中毒的法规和政策，结合企业内部接触毒物的性质，制定预防措施及安全操作规程，并建立相应的组织领导机构
消除毒物		利用科学技术和工艺改革，使用无毒或低毒物质代替有毒或高毒的物质
降低毒物浓度	改革工艺	1. 尽量采用先进技术和工艺过程，避免开放式生产，消除毒物逸散的条件 2. 采用远距离程序控制，最大限度地减少工人接触毒物的机会 3. 用无毒或低毒物质代替有毒或高毒物质等
	通风排毒	1. 应用局部抽风式通风装置将产生的毒物尽快收集起来，防止毒物逸散 2. 常用的装置有通风柜、排气罩、槽边吸气罩等，排出的毒物要经过净化装置，或回收利用或净化处理后排空
	合理布局	1. 不同生产工序的布局，不仅要满足生产上的需要，而且要考虑卫生上的要求 2. 有毒的作业应与无毒的作业分开，危害大的毒物要有隔离设施及防范手段
	安全管理	对生产设备要加强维修和管理，防止跑、冒、滴、漏污染环境
	个人防护	1. 做好个人防护与个人卫生。除普通工作服外，还需对特殊工种的作业人员提供特殊材质的防护服。如接触强碱、强酸应有耐酸耐碱的工作服，对某些毒物作业要有防毒口罩与防毒面具等 2. 为保持良好的个人卫生状况，减少毒物作用机会，应设置盥洗设备、沐浴室及存衣室，配备个人专用更衣箱等

续表

防毒措施		具体说明
降低毒物浓度	增强体质	1. 合理实施有毒作业保健待遇制度，因地制宜地开展体育锻炼 2. 注意安排夜班工人休息，组织员工进行有益身心的业余活动，以及做好季节性多发病的预防等
	监测检查	1. 要定期监测作业场所空气中毒物浓度，将其控制在最高容许浓度以下 2. 实施就业前健康检查，排除职业禁忌证者参加接触毒物的作业 3. 坚持定期健康检查，早期发现员工健康问题并及时处理

2. 粉尘防护

生产性粉尘是指在生产中形成的，并能长时间飘浮在空气中的固体微粒。如矽尘、煤尘、石棉尘、电焊烟尘等。生产性粉尘根据其理化特性和作用特点不同，对机体的损害也不同，可引起不同疾病。因此，应采取有效的预防措施控制生产性粉尘的产生，见表3-5。

表3-5 生产性粉尘防护措施表

防尘措施		具体说明
组织措施		1. 加强组织领导是做好防尘工作的关键。粉尘作业较多的厂矿领导要有专人分管防尘事宜，建立和健全防尘机构，制定防尘工作计划和必要的规章制度，切实贯彻综合防尘措施，建立粉尘监测制度 2. 大型厂矿应有专职测尘人员，医务人员应对测尘工作提出要求，定期检查并指导，做到定时定点测尘，评价劳动条件改善情况和技术措施的效果 3. 做好防尘宣传工作，从领导到职工，让大家都能了解粉尘的危害，根据自己的职责和义务做好防尘工作
技术措施	改革工艺过程	1. 革新生产设备是消除粉尘危害的根本途径。应从生产工艺设计、设备选择，以及产尘机械在出厂前就应有达到防尘要求的设备等各个环节做起 2. 如采用封闭式风力管道运输，负压吸砂等消除粉尘飞扬，用无砂物质代替石英，以铁丸喷砂代替石英喷砂等
	湿式作业	1. 湿式作业是一种经济易行的防止粉尘飞扬的有效措施 2. 凡是可以湿式生产的作业均可使用，例如，矿山的湿式凿岩、冲刷巷道、净化进风等，石英、矿石等的湿式粉碎或喷雾洒水，玻璃陶瓷业的湿式拌料，铸造业的湿砂造型、湿式开箱清砂、化学清砂等
	密闭、吸风、除尘	1. 对不能采取湿式作业的产尘岗位，应采用密闭、吸风、除尘方法 2. 凡是能产生粉尘的设备均应尽可能密闭，并用局部机械吸风，使密闭设备内保持一定的负压，防止粉尘外逸 3. 抽出的含尘空气必须经过除尘净化处理，才能排出，避免污染大气
卫生保健措施	个人防护和个人卫生	1. 对受到条件限制粉尘浓度达不到允许浓度标准的作业应佩戴合适的防尘口罩 2. 开展体育锻炼，注意营养；此外应注意个人卫生习惯，不吸烟 3. 遵守防尘操作规程，严格执行未佩戴防尘口罩不上岗操作的制度
	就业前及定期体检	1. 对新从事粉尘作业的员工，必须进行健康检查，目的主要是发现粉尘作业就业禁忌证及作为健康资料 2. 定期体检的目的在于早期发现粉尘对健康的损害，发现有不宜从事粉尘作业的疾病时，及时将员工调离岗位

3. 物理有害因素防护

生产作业场所物理有害因素主要包括高温、高气压、振动、噪声、照度、紫外线、红外线、微波、电磁辐射（高频、超高频、微波）等。物理有害因素的防治主要是加强个人防护和采用合理的工艺及其设备，具体的防护措施见表3-6。

表3-6 物理有害因素的防护措施

防护内容	具体措施
噪声	1. 如长期在超过86dB（A）作业环境下作业时应加强对作业人员听觉器官的防护，正确佩戴防噪声耳塞、耳罩和防噪声帽等听力保护器 2. 采用无噪声或低噪声的工艺或加工方法，选用低噪声的设备，加强对设备的经常性维护 3. 降低设备运行负荷，使用消声器、隔振降噪等工艺措施
高温	1. 控制污染，合理设计工艺流程，远离热源，利用热压差自然通风，切断污染途径 2. 隔热、通风降温、使用空调等 3. 合理安排作息时间，加强机体热适应训练，使用清凉饮料和高温防护服、防护帽
振动	1. 在厂房设计与机械安装时要采用减振、防振措施 2. 对手持振动工具的重量、频率、振幅等应进行必要的限制，工作中应适当安排工间休息，实行轮换作业，间歇使用振动工具 3. 使用振动工具时应采用防振动手套，或者在振动工具外加防振垫
紫外线	1. 电光性眼炎是眼部受紫外线照射所致的角膜炎、结膜炎，常见于电焊操作及产生紫外线辐射的场所 2. 电焊作业人员作业时应佩戴好防护面罩。如室内同时有几部焊机工作时，最好中间设立隔离屏障，以免相互影响 3. 车间墙壁上可以涂刷锌白、铬黄等颜色以吸收紫外线。尽量不要在室外进行电焊作业以免影响他人
电磁辐射	1. 在作业场所强磁场源周围设置栅栏或屏障，用铜丝网隔离，但一定要接地，这有助于阻止未经许可的人员进入场强超过国家暴露限值的区域 2. 远距离操作，在屏蔽辐射源有困难时，可采用自动或半自动的远距离操作，在场源周围设立明显标志，禁止人员靠近 3. 工作地点应置于辐射强度小的部位，避免在辐射流的正前方工作 4. 工作中要加强对作业场所电磁场环境的监测，明确电场、磁场的实际水平
不良气象条件	加强管理、改善作业环境，严格按照国家有关作业标准进行作业，合理安排劳动作息时间，让作业人员轮流休息

三、安全标志和危险源识别

要想保证职场的安全，需要应用各种方法、技术和手段辨识职场中的各种安全隐患（危险源），评价职场的危险性，并采取控制措施使其危险性最小，使事故的发生减少到最低限度，从而使职场达到最佳的安全状态。

（一）安全标志识别

安全标志，是职场中最常见、最明显的安全提示信息，是规范作业、安全作业的基本要求。职场中常见的安全标志一般有以下几种：

1. 安全色

安全色是传递禁止、警告、指令、提示等安全信息含义的颜色，包括红、黄、蓝、绿4种颜色。安全色用途广泛，主要用于安全标牌、交通标志牌、防护栏杆及设备机器的部位等。国际标准化组织（ISO）和很多国家都对安全色的使用有严格规定，根据我国制定的 GB 2893—2008《安全色》的有关规定，将红、黄、蓝、绿4种颜色作为全国通用的安全色，其含义和用途见表3-7。

表3-7 安全色、对比色含义用途举例

安全色	对比色	含义	用途举例
红色	白色	禁止、停止、危险、消防	各种禁止标志，交通禁令标志，消防设备标志，机械的停止按钮、刹车及停车装置的操纵手柄，机械设备转动部件的裸露部位，仪表刻度盘上极限位置的刻度，各种危险信号旗等
黄色	黑色	警告、注意	各种警告标志，道路交通标志和标线中警告标志，警告信号旗等
蓝色	白色	指令、必须遵守	各种指令标志，道路交通标志和标线中指示标志
绿色	白色	安全	各种提示标志，机器启动按钮，安全信号旗，急救站，疏散通道、避险处、应急避难场所等

2. 安全线

它是为维持秩序、保证安全而画的或拉起的禁止越过的线。

3. 安全标志

安全标志是用以表达特定安全信息的标志，由图形符号、安全色、几何形状（边框）或文字构成。如图3-2所示，具体可以查阅《安全标志及其使用导则》（GB 2894—2008）。

禁止标志

警告标志

提示标志

指示标志

图3-2 安全标志

4. 文字辅助标志

安全标志下方的文字辅助标志的基本形式为矩形边框，包括横写和竖写两种形式。

（二）危险源识别

危险源是指一个系统中具有潜在能量和物质释放危险的、可造成人员伤害、在一定的触发因素作用下可转化为事故的部位、区域、场所、空间、岗位、设备及其位置。危险源识别是指将生产过程中常见危险源，通过正确的方法，准确、及时地识别，进而对其进行管理和控制，避免事故的发生。

> **拓展知识点**
>
> **海因里希事故法则**
>
> 美国的安全工程专家海因里希（W. H. Heinrich）早在 20 世纪 30 年代就研究了事故发生频率与事故后果严重度之间的关系，其统计结果表明：在同一个人发生的 330 起同种事故中，300 起事故没有造成伤害，29 起造成了轻微伤害，1 起造成了严重伤害。即，事故后果分别为严重伤害、轻微伤害和无伤害的事故次数之比大约为 1∶29∶300（见图 3-3）。
>
>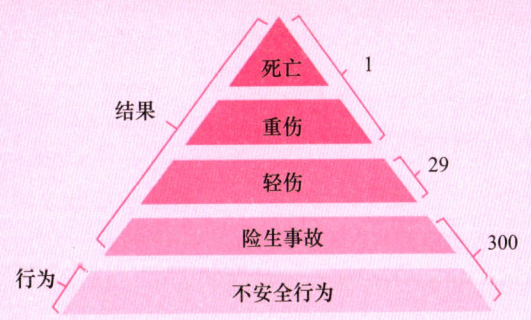
>
> 图 3-3 海因里希事故法则
>
> 比例 1∶29∶300 被称为海因里希法则，它反映了事故发生频率与事故后果严重度之间的一般规律。即事故发生后带来严重伤害的情况是很少的，造成轻微伤害的情况稍多，而事故后无伤害的情况是大量的。
>
> （资料来源：https://baike.baidu.com/item/海因里希法则）

课后训练

一、理论知识掌握

1. 简述我国劳动法的基本原则。
2. 归纳《劳动合同法》中劳动者劳动权利的基本内容。
3. 什么是劳动合同？简述劳动合同签订的基本原则。
4. 劳动者享有哪些劳动权利？
5. 什么是劳动争议？劳动争议处理的方式一般有哪些？

二、能力素质训练

1. 运用各种途径整理你认为重要的保护个人劳动权益的相关法律法规知识。
2. 搜集一份劳动合同，根据所学劳动合同的内容，分析其合同中必备条款是否充分、补充条款是否符合相关规定。
3. 观察校园或相关工作场所的安全标志，查阅《安全标志及其使用导则》相关要求，判断是否规范。
4. 阅读材料：

劳动合同中的竞业禁止

苗某于 2019 年 10 月 9 日与某电脑公司签订劳动合同，被聘为技术员，聘期 2 年。双方当事人在劳动合同中约定了竞业禁止：合同解除或终止后，苗某 3 年内不得在本地区从事与该公司相同性质的工作。如违约，苗某须一次性赔偿电脑公司经济损失 10 万元。

因电脑公司拖欠苗某 2020 年 9 月、10 月两个月的工资，2020 年 11 月 15 日，苗某向区劳动争议仲裁委员会申请仲裁，要求：解除劳动合同；补发 2 个月工资，给付经济补偿金；确认劳动合同中的竞业禁止约定条款无效。

问题：你认为该案件应当如何判决？

第四章

劳动精神与劳动素养

导读导学

　　劳动精神是劳动者精神风貌的体现，是一个合格的社会主义劳动者的基本要求。随着时代的发展，劳动精神的内涵不断丰富，新时代的劳动精神主要表现为尊重劳动、劳动平等、劳动创造、劳动幸福等。没有规矩不成方圆，每个人在成长过程中都被各种纪律所约束，若工作中没有纪律就会没有秩序，那么工作就无法顺利开展。所以，遵守各项劳动纪律也是劳动精神的重要体现。加强劳动纪律教育、树立规则意识，能与他人合作劳动是大学生劳动精神培养中尤为重要的内容。

　　劳模精神和工匠精神是劳动精神的集中体现，也是千百万劳动者精神境界的较高追求。劳模精神是每一位劳模的精神风范，更是每一位劳动者应该追求的目标；劳模精神的核心要素是工匠精神。

　　通过本章内容学习，同学们应全面认识了解劳动精神、劳模精神、工匠精神以及个人劳动素养的意义和方法、途径，培养爱岗敬业、精益求精、永不放弃、锐意进取的工匠精神，拒绝懒惰，在学习和实践中制订好技能成才规划，并为之付出努力和实践，在未来平凡的岗位中体现不平凡的人生价值，收获精彩人生。

第一节 劳动精神和劳动纪律

名言名句

我们一定要在全社会大力弘扬劳模精神、劳动精神，大力宣传劳动模范和其他典型的先进事迹，引导广大人民群众树立辛勤劳动、诚实劳动、创造性劳动的理念，让劳动光荣、创造伟大成为铿锵的时代强音，让劳动最光荣、劳动最崇高、劳动最伟大、劳动最美丽蔚然成风。

案例引学

劳动最光荣

——全国五一劳动奖章获得者曾国苍

曾国苍，南通万达锅炉有限公司容器制造部手工焊组班长，2019 年全国五一劳动奖章获得者。

曾国苍是南通万达焊工队伍的优秀代表，是中材节能员工的缩影。他勤学苦练，不断进取，熟练掌握多种焊接方法操作技能，曾获得南通市职工职业技能大赛第一名、第四届全国职工职业大赛第五名、第三届北京"嘉克杯"国际性焊接技能大赛"优秀选手"。他"焊"艺卓绝，在公司技术创新、重大项目难点攻克、关键工序应用研发方面做出了突出贡献，先后荣获"全国技术能手""中央企业青年岗位能手""南通市劳动模范"等荣誉称号。

问题：曾国苍在普通劳动岗位取得了卓越成绩，这给你的启示是什么？

一、劳动精神

（一）劳动精神的概念

劳动精神是每一位劳动者在劳动过程中秉持的劳动态度、劳动理念及其展现出的劳动精神风貌。在不同的社会形态下，由于对劳动的理解不同，劳动精神也有差异。以马克思主义理论为指导，在中国特色社会主义伟大实践的条件下，劳动者的劳动精神表现为"劳动光荣，劳动伟大"的劳动理念，"爱岗敬业、争创一流"的劳动态度，"淡泊名利、甘于奉献"的劳动品德，"艰苦奋斗、勇于创新"的劳动习惯。

劳动创造了中华民族，造就了中华民族的辉煌历史，也必将创造出中华民族的光明未来。全社会都要贯彻尊重劳动、尊重知识、尊重人才、尊重创造的重大方针，维护和发展劳动者的利益，保障劳动者的权利；要坚持社会公平正义，排除阻碍劳动者参与发展、分享发展成果的障碍，努力让劳动者实现体面劳动、全面发展；全社会都要热爱劳动，以辛勤劳动为荣，以好逸恶劳为耻。

（二）新时代劳动精神的生成逻辑[1]

中国广大劳动者经过革命、建设和改革时期的伟大实践，继承中华优秀传统文化基因，孕育了中国特色社会主义劳动精神。随着时代的发展，它的内涵不断丰富，呈现"尊重劳动、劳动平等"的价值导向性，倡导"劳动创造、创新劳动"的实践创新性，强调"劳动神圣、劳动光荣"的精神引领。新时代劳动精神作为劳动的精神产物，既体现马克思主义理论的思想性，又体现广大劳动者劳动的实践性，是理论与实践的统一；既体现与时俱进的时代性，又蕴含文化基因的传统性，是历史与现实的统一。

1. 马克思主义劳动价值论是新时代劳动精神生成的思想源泉

劳动价值论在马克思主义理论体系中处于基础地位，揭示了劳动的本质属性和劳动推动人类发展的重要作用。因此，马克思主义劳动价值论是劳动精神的理论源头。在中国社会主义革命、建设和改革实践中，中国共产党人以马克思主义劳动价值论为指导，结合中国发展的实际形成了中国化的马克思主义劳动思想。它继承和发展了马克思主义劳动价值论的精髓，对劳动及劳动者的地位和尊严给予了充分的肯定，为新时代劳动精神的形成发展注入了中国元素。

2. 广大劳动者的劳动实践是新时代劳动精神生成的实践基础

在中国社会主义革命、建设和改革中，广大劳动者奋勇拼搏、艰苦创业，这种强大精神力量是新时代劳动精神生成的实践基础。首先，革命斗争是劳动精神的现实基础。在土地革命时期、抗日战争时期、解放战争时期，广大劳动者通过把劳动实践与革命斗争相结合，形成了艰苦奋斗、不畏艰难、甘于奉献等革命斗争精神，构成了劳动精神的现实基础。其次，民族精神是劳动精神的核心要素。一代代劳动者用自己的辛勤劳动、诚实劳动和创造性劳动，为民族精神注入新能量，不断丰富着民族精神的博大内涵，劳动精神既体现了以爱国主义为核心的团结统一、爱好和平、勤劳勇敢、崇德尚礼、公而忘私的民族情怀，又体现了知行合一、自立自强的人生追求。最后，时代精神是劳动精神的重要内容。在劳动者的创造性实践和不断探索中，激发出蕴含着自主性、首创性、先进性元素的劳动精神，不断为时代精神注入新能量，凸显并丰富了时代精神的内涵。

---

[1] 黄燕. 新时代劳动精神的生成逻辑、核心内涵与弘扬路径 [J]. 思想理论教育，2019（1）.

3. 中华优秀传统文化是劳动精神生成的文化基因

中华民族是以辛勤劳动而著称的民族，也正是凭借着劳动精神，我们书写了中华民族五千多年的辉煌历史，创造了光耀世界的华夏文明。劳动精神与中华民族崇尚劳动的文化传统分不开，传承劳动精神需要我们将传统文化中的良性基因加以创新性变革。首先，勤劳是中华民族最基本最突出的传统美德。中华民族之所以能在人类历史的长河中屹立不倒，创造出璀璨的民族文化和辉煌的民族历史都要归功于劳动。其次，尊重劳动是中华优秀传统文化的重要思想。在中国传统文化中，"民惟邦本，本固邦宁""因民之所利而利之"等，均体现了以劳动人民作为强基固本的思想。最后，传统文化作品注重对劳动精神的人格化塑造。

4. 社会主义核心价值观是劳动精神生成的价值导向

劳动精神是社会主义核心价值观的题中应有之义，既包含对劳动价值的判断，也包括对劳动的态度，生动诠释着社会主义核心价值观中蕴含的劳动内容。首先，劳动价值的回归与社会主义核心价值观的价值理念相吻合。中国梦的实现"根本上靠劳动，靠劳动者创造"。"富强、民主、文明、和谐"是社会主义核心价值观在国家层面的准则，与劳动精神的价值倡导高度一致。其次，劳动态度的培养与社会主义核心价值观的价值准则相契合。弘扬劳动精神有利于培养学生"爱岗敬业、争创一流、艰苦奋斗、勇于创新"的劳动态度，这与社会主义核心价值观在个人层面提倡的"爱国、敬业、诚信、友善"的价值准则高度契合。最后，劳动实践的锻炼与社会主义核心价值观的价值取向相融合。劳动实践中锻炼的岗位意识、职业精神、进取精神、拼搏精神、创新精神、家国情怀和奉献精神等，正是对社会主义核心价值观的生动呈现。

（三）新时代劳动精神的核心内涵

新时代劳动精神有着丰富的内涵，不仅在内容上继承并发展了马克思主义劳动价值观和中华民族传统优秀的劳动观念，而且还彰显了"辛勤劳动、诚实劳动、创造性劳动"的新理念，倡导"劳动光荣、技能宝贵、创造伟大"的时代新风尚，生成了一种"劳动者至上、劳动者平等、劳动者可敬，劳动最光荣、劳动最崇高、劳动最伟大、劳动最美丽"的劳动新观念。

1. 在劳动人格上倡导尊重劳动

尊重劳动是新时代劳动精神蕴含的核心要义。首先，尊重劳动是对每个人的道德要求。劳动不仅创造了世界和人本身，而且为推动社会进步提供了必备的物质基础，因此一切劳动都应当受到尊重。其次，尊重劳动者创造的价值。再次，维护劳动者的尊严。要合理安排劳动者的劳动时间，维护劳动者合法权益，保障劳动者合法权益不受侵犯，创设更舒适安全的劳动环境，让劳动者心情舒畅，在工作中体会到劳动的快乐和收获的幸福。

2. 在劳动权利上倡导劳动平等

劳动平等是维护公民劳动权利的基本条件和维护劳动尊严的基本保障。首先，劳动平等强调人人享有平等的劳动机会，即所有的劳动者都能够有机会平等地参与劳动，机会平等体现公平的劳动竞争，体现努力的劳动价值，体现对劳动的尊重。其次，劳动平等反对一切劳动歧视与偏见。劳动没有高低贵贱之分，无论是体力劳动还是脑力劳动，都值得尊重和鼓励，都是社会前进的伟大推动力量。再次，劳动平等强调人人都可以通过劳动做贡献。每个人的劳动不仅可以创造自身的幸福生活，而且可以为中国特色社会主义事业做出自己的贡献。

3. 在劳动使命上倡导劳动神圣

劳动既光荣又神圣。首先，劳动是宪法赋予的、不可剥夺的权利和义务。我国宪法规定："公民有劳动的权利和义务。"劳动一方面是公民依法"行使的权利"，另一方面也是公民依法"享受的利益"。其次，劳动是我们生存于世界的最为神圣的活动。每个公民通过行使劳动权利，为社会提供产品和服务，也从社会获取报酬，发展自我。再次，劳动果实是圣洁的，是诚实劳动、精诚合作的劳动结晶。

4. 在劳动实践上倡导劳动创造

新时代科学技术迅猛发展，弘扬劳动精神更加注重培养学生的实践性和创新性。首先，培养服务至上的敬业精神。新时代弘扬劳动精神强调劳动的实践体验性，注重融入性和探究性，强调直接经验而不是间接经验，倾向于尝试、感悟和技能的建构，在劳动中有效提升学生的动手能力、沟通合作能力及解决实际问题的能力，培养学生的职业道德，养成专业敬业的工匠精神。其次，培养精益求精的品质。新时代劳动精神的培养注重与技术相结合，以技术应用和技术创新为核心，紧跟现代技术的发展态势，在课程设计上既要充分考虑劳动教育中技术素养提升的内在序列，又要充分考虑不同学段学生技能培养的梯度结构，帮助每个学生建构符合其个性且适应未来发展需要的能力素养体系，进而引导学生在工作中养成认真严谨、精益求精的工匠精神。再次，培养追求卓越的创造精神。新时代劳动精神的培养与"创新驱动"的国家发展战略相结合，提倡"做中学""学中做"，注重创新意识的提升、创新思维的训练和创新能力的培养，鼓励学生不断追求卓越，进而在全社会弘扬"劳动光荣、技能宝贵、创造伟大"的劳动风尚。

5. 在劳动成就上倡导劳动光荣

在劳动成就上，新时代劳动精神倡导每个人通过自己的劳动，收获满足感、幸福感、尊严感，在创造丰富物质财富的同时，拥有丰盈的精神世界。从个人意义而言，一方面，个体可以通过劳动充分发挥自身的积极性与创造性，学会与人合作，追求个体幸福，获得劳动尊严；另一方面，通过劳动磨砺人的意志，培养勤俭节约、勤劳勇敢、艰苦奋斗、坚忍不拔等精神品质。从社会意义而言，劳动推动社会进步，让全社会的生活质量得以整体提升。通过劳动，人们用自己的辛勤汗水和努力奋斗为推动社会文明进步做出贡献，用自己的劳动成就书写平凡中的伟大，实现个人价值与社会价值的统一。

（四）新时代劳动精神的具体要求

勤劳勇敢、爱岗敬业、诚实守信的实干精神，是劳动精神的深刻内涵；锐意进取、建功立业、甘于奉献的奋斗精神，是劳动精神的更高体现；精益求精、执着专注、追求卓越的创新精神，是劳动精神的专业要求。可以说，劳动精神是所有劳动者的财富、动力、追求，是鼓舞劳动者、激励劳动者、鞭策劳动者的核心源泉。

新时代劳动精神为广大劳动群众在平凡岗位上创造不平凡业绩，提供强大精神动力的劳动态度、劳动习惯、劳动观念及其整体精神面貌，具体要求包括：

（1）热爱劳动是劳动精神的首要内容。

（2）劳动精神就是"开创未来"的精神。

（3）埋头苦干的精神，在本质上也体现精益求精的工匠精神。

（4）默默奉献的劳动精神，体现广大劳动群众的崇高境界和伟大品格。

（5）劳动精神是广大劳动群众热爱劳动、开创未来、埋头苦干、默默奉献、坚定信心劳动状态的集中体现，是"保持干劲"的精神。

拓展知识点

全国五一劳动奖状、全国五一劳动奖章

全国五一劳动奖状和全国五一劳动奖章（如图4-1），是中华全国总工会授予在中国特色社会主义建设中做出突出贡献的劳动者和企事业单位、机关团体的光荣称号，是中国工人阶级最高奖项之一。

全国五一劳动奖状是中华全国总工会设立的授予先进集体的荣誉称号。全国五一劳动奖状授予在中国境内依法注册或登记的非跨地区的企业、事业、机关、社会组织及其他组织以及驻外机构。除召开全国劳模表彰大会的年份外，全国五一劳动奖状每年评选表彰一次。对在国际国内有重大影响的事件中、国家经济建设和国防建设中、抢险救灾等危急情况下以及在全国总工会书记处批准的全国示范性劳动竞赛中做出突出贡献的先进集体，可即时授予全国五一劳动奖状。

图4-1 全国五一劳动奖章

全国五一劳动奖章是全国总工会为奖励在社会主义各项建设事业中做出突出贡献的职工而颁发的荣誉奖章。颁发范围包括工业交通、基本建设、农林水利、财贸金融、文化、教育、新闻、出版、政法、卫生、科研、体育、机关团体等各行各业的职工。

二、劳动精神培养的现实意义

劳动精神的培养有利于学生的综合素质提升，对培养正确的人生观、世界观、价值观具有重要作用。

（一）劳动精神培养是学生健康成长的内在需要

毛泽东曾明确表示，从教育方针来看，需要在体育、德育等诸多方面，确保受教育者受到发展，并成为有文化、有社会主义觉悟的劳动者。高等教育人才培养的根本任务是立德树人，劳动精神的培养有助于培养学生吃苦耐劳、乐于创造、理解他人、自我管理和热爱劳动的品格的培养，有利于学生的健康成长。

（二）劳动精神培养是实现教育目标的主要路径

高等教育的培养目标是培养适应区域经济发展需要和满足行业发展需求，掌握专业知识、方法和技能，有良好的综合素质和较强的创新创业能力，适应相关行业需要，能够从事对应专业及职业岗位的高素质专门人才。劳动精神融入高等教育，培养学生通过自身劳动锻炼，提高操作和动手的能力，能更好地促进教育目标的实现。

（三）劳动精神培养是学生融入社会的必要准备

结合党的十九大来看，对创新、技能、知识型劳动者大军进行构建，弘扬工匠、劳模精神，由此形成良好的敬业风气、社会风尚，并将全新任务、使命等赋予教育现代化。伴随日常生活、工作中，人工智能设备、技术等的大范围应用，机器已经取代了诸多劳动项目，传统劳动教育遭受人工智能的冲击，备受人们关注。虽然人工智能科技水平较高，但就人类而言，取代不了劳动的创造性。大学生劳动精神的培养，是在新时代对高等教育提出的新的要求和使命，激发人力资源发挥最大效能，促进学生在步入社会前具备科学的劳动观念和熟练的技能，打造工匠精神。

（四）劳动精神培养是感恩意识培养的重要方式

目前，高等院校的学生大多数都是"00"后，他们有着这一代年轻人特有的个性特点和生活方式，享受着高速发展的社会和经济带来的便利和丰富的物质文化生活，学校提供了优越的学习生活场所，父母提供了充足的经济资源和资助，学生应形成对国家、社会、学校和家庭的感恩，应形成对劳动的敬畏感和感恩之心。感恩既在于心，更在于行，学会劳动，也是感恩意识培养的重要方式。

拓展知识点

互联网时代的"懒人经济"

"懒人经济"是伴随着消费升级而兴起的一个新概念，它不是因懒惰而生的，而是在如今的快节奏生活下衍生出的一种生活方式。对现代人来说，时间往往才是最宝贵的资源，这是人们对高效率的要求。点外卖可以省去做饭的时间，逛淘宝可以省去逛街的时间，花更少的时间干更多的事，才是"懒人经济"的精髓。"90后""00后"成长于互联网技术大发展、智能手机普及的时代，他们对自动化、信息化、智能化、远程化等生活方式具有一种几乎天然的认同感和亲近感，也是"懒人经济"的拥护者。日益发达的网络订餐、网上购物、网约车等平台和业务无孔不入地嵌入了大学生的日常生活，对他们的衣食住行产生了巨大的影响。然而，科学技术是一把双刃剑，在便利人们生产和生活的同时也会增长人们的惰性。

三、劳动纪律

劳动纪律又称为职业纪律或职业规则，是指劳动者在劳动过程中应遵守的劳动规则和劳动秩序。根据劳动纪律的要求，劳动者必须按照规定的时间、质量、程序和方法，完成自己承担的生产和工作任务。马克思曾说过："一个单独的提琴手是自己指挥自己，一个乐队就需要一个乐队指挥。"在共同劳动中，劳动纪律就是"乐队指挥"，每一位劳动者必须遵守劳动纪律的要求，劳动纪律是集体生产顺利进行的保证。

劳动纪律的内容一般包括以下几个方面：

（1）履约纪律，即严格履行劳动合同及违约应承担的责任。

（2）考勤纪律，即按规定的时间、地点到达工作岗位，按要求请休事假、病假、年休假、探亲假等。

（3）生产、工作纪律，即根据生产、工作岗位职责及规则，按质、按量完成工作任务。

（4）安全卫生纪律，即严格遵守技术操作规程和安全卫生规程。

（5）日常工作生活纪律，即节约原材料、爱护用人单位的财产和物品。

（6）保密纪律，即保守用人单位的商业秘密和技术秘密。

（7）奖惩制度，即遵纪奖励与违纪惩罚规则。

（8）其他纪律，即与劳动、工作紧密相关的规章制度及其他规则。

 案例

滑向犯罪深渊的出纳

22岁的张洋，大学毕业后在某外贸公司财务科当出纳员。一次，他核对账目总差8元钱，于是他随手拿起一张已经报销过的发票冲抵，这样不仅平了账面，而且还多出了几元零花钱。于是张洋产生了歹念，这钱来得太容易了，何不用此办法多弄些钱，来贴补自己的生活开支呢？于是他采用将旧发票重复报销、直接开支票提取现金等手段在短短一年里贪污了近3万元。可"好景"不长，单位对他经手的账目进行清查，这时张洋才明白自己走的是一条犯罪的道路。

思考：用劳动理论分析张洋的行为之所以产生的根源是什么。

第二节　工匠精神与技能成才

名言名句

素质是立身之基，技能是立业之本。广大劳动群众要勤于学习，学文化、学科学、学技能、学各方面知识，不断提高综合素质，练就过硬本领。要立足岗位学，向师傅学，向同事学，向书本学，向实践学。三百六十行，行行出状元。

——习近平

案例引学

焊接火箭"心脏"的金牌"大国工匠"——高凤林

高凤林，河北人。1980年他从技校毕业后在中国航天科技集团公司从事火箭发动机焊接工作至今，为我国130多枚火箭焊接过"心脏"——氢氧发动机喷管，占到我国火箭发射总数近四成。

工作之初，为了提高技艺，高凤林一面虚心向老师傅求教焊接技巧，一面苦练基本功，吃饭时拿筷子练习送丝的动作，喝水时端着盛满水的缸子练稳定性，休息时举着铁块练耐力，甚至冒着高温危险观察铁液的流动规律，这种不怕吃苦、无惧劳累、善于观察、勇于钻研的精神，使高凤林的技艺突飞猛进、日臻成熟。

工作之余，高凤林对知识的渴求也愈加强烈，面对繁重的生产任务和大量的社会工作，他克服种种困难进修了大学学历，不断改进工艺措施，不断创造新工艺方法，创造性地将知识与技术运用到科研生产实践中，使焊接设备自动化控制和应用技术达到了国际先进水平，破解了无数新型号发动机及重要产品的焊接修复难题，成为火箭发动机焊接专业领域的"技能大师"和"大国工匠"。

高凤林始终坚持以国为重、扎根一线、勇于登攀、甘于奉献，一次次攻克了发动机喷管焊接技术世界级难关，毫无保留地将自己积累的丰富经验和技能传授给同事和他的徒弟们，为北斗导航、嫦娥探月、载人航天等国家重点工程的顺利实施以及长征五号新一代运载火箭研制做出了突出贡献。他说："火箭发射成功后的自豪和满足引领我一路前行，成就了我对人生价值的追求，也见证了中国走向航天强国的辉煌历程。"工作30多年来，高凤林先后获得全国劳动模范、全国道德模范、航天技术能手、全国青年岗位能手、全国十大能工巧匠等荣誉，当选2018年度"大国工匠年度人物"，2019年荣获全国"最美职工""最美奋斗者"等称号。突破极限精度，将"龙的轨迹"划入太空；破解20载难题，让中国繁星映亮苍穹。焊花闪烁，岁月寒暑，为火箭铸"心"，为民族筑梦，是对他最好的总结。

问题： 从高凤林的事迹中，你如何理解工匠精神？

一、工匠精神

（一）工匠精神概述

工匠精神是一种职业精神，它是职业道德、职业能力、职业品质的体现，是从业者的一种职业价值取向和行为表现；它是一种在设计上追求独具匠心、质量上追求精益求精、技艺上追求尽善尽美、服务上追求用户至上的精神。

工匠精神是指不仅要具有高超的技艺和精湛的技能，而且还蕴含着严谨细致、专注执着、精益求精、淡泊名利、敬业守信、勇于创新的工作态度，以及对职业的认同感、责任感、使命感、自豪感等可贵品质。

工匠精神可以概括为：坚守执着、精益求精、专业专注、追求极致、一丝不苟、自律自省。从工匠精神的角度看，坚守执着是一个人的本分，精益求精是一个人的追求，专业专注是一个人的作风，追求极致是一个人的使命，一丝不苟是一个人的境界，自律自省是一个人的修为。

拓展知识点

李克强总理四次提及工匠精神

2016年3月5日：国务院总理李克强在作政府工作报告时，首次正式提出，鼓励企业开展个性化定制、柔性化生产，培育精益求精的工匠精神，增品种、提品质、创品牌。

2016年4月24日：国务院总理李克强在四川芦山考察工作时，对青年学生说，"我们国家需要搞普通研究的人，也需要搞专业工作，当高级工匠的人"，"后者现在国家更需要"，"上大学和读高等职业学校，不管走哪条路都可以成为大师"。

2016年7月15日：国务院总理李克强对"世界青年技能日"做出批示，举办"青年技能日"活动，就是要营造尊重劳动、崇尚技能的社会氛围，引导广大青年大力弘扬工匠精神，走上技能成长成才之路。各地区、各部门要多措并举，创造良好环境，培养造就数量充足、结构合理、素质优良、技艺精湛的青年技能人才队伍，促进就业结构优化，推动中国制造实现转型升级、中国经济发展跃上中高端。

2017年3月全国"两会"期间：国务院总理李克强再次强调，"质量之魂，存于匠心"。要大力弘扬工匠精神，厚植工匠文化，恪尽职业操守，崇尚精益求精，培育众多'中国工匠'，打造更多享誉世界的'中国品牌'，推动中国经济发展进入质量时代"。

（二）新时代工匠精神内涵

2017 年，中共中央、国务院印发了《新时期产业工人队伍建设改革方案》。《方案》指出：要"加强产业工人队伍建设，必须把培育和弘扬'工匠精神'放在更加重要的位置，让劳动光荣、技能宝贵、创造伟大的时代风尚更加浓厚，真正造就一支有理想守信念、懂技术会创新、敢担当讲奉献的宏大的产业工人队伍，为实现'两个一百年'奋斗目标、实现中华民族伟大复兴的中国梦凝聚最强大的力量"。

在新时代，"工匠精神"是推进供给侧结构性改革、实现从制造大国向制造强国转变的重要推手；是提高职工就业创业能力、实现全面发展的重要动力；是引导广大职工立足本职岗位劳动创造、切实提升技术技能素质、不断发展工人阶级先进性的有力抓手。新时代工匠精神内涵包含以下几个方面：

1. 爱岗敬业的职业精神

爱岗敬业是从业者基于对职业的崇敬和热爱而产生的一种全身心投入的认真、尽职的职业精神状态。爱岗是敬业的基础，而敬业是爱岗的升华。"爱岗"就是干一行爱一行，热爱本职工作，不见异思迁，不被高薪及利益所诱，淡泊名利，坚守初心。"敬业"就是要钻一行，精一行，对待工作勤勤恳恳，兢兢业业，一丝不苟，认真负责。

2. 精益求精的品质精神

精益求精，是从业者对每件产品、每道工序都凝神聚力、追求极致的职业品质。所谓精益求精，是指无论产品大与小，都不满足于现有标准和成就，还要求进一步提升质量，投入时间和精力，反复改进产品，努力把产品的品质从 99%，提升到 99.9999%，以期达到尽善尽美。

3. 坚定执着的专注精神

专注就是内心笃定而着眼于细节的耐心、执着、坚持的精神，这是"工匠精神"所必须具备的精神特质。

4. 团结协作的创新精神

当今时代，任何一项技术、任何一个工艺，都可能只是复杂技术链条上的一个环节，个体即使本领再大、智商再高也不可能完成所有的技术工序，这需要多部门、多环节团结协作共同完成。现代技术越来越复杂，其开发难度也越来越大，单凭一个人的力量难以完成，需要发挥团队合作的力量，充分利用各方优势，以集体的力量来攻坚克难，实现技术目的。

 案例

新时代中国工匠精神代表人物——胡双钱

新时代中国工匠精神代表人物胡双钱，是中国商飞上海飞机制造有限公司数控机加工车间钳工组组长。

胡双钱技校毕业后进入上飞公司。在大型客机这个处于现代工业体系顶端的产业里，他的工作就是对飞机重要的零件进行最后的细微调整：打磨、钻孔、抛光，将精度做到精密机床也无法达到的设计标准。一架飞机有数百万个零件，当它们组合到一起时，飞机就有了生命。而只要其中的一个零件出了哪怕是一丝丝差错，就有可能付出生命的代价。为此，"我每天睡前都喜欢'放电影'，想想今天做了什么，有没有做好，能不能做到更好"。这是胡双钱对自己三十多年工作心得的简单总结。但在这个最简单的背后，是他自己构建的一道道确保零件质量万无一失的"防火墙"：不管在他看来是多么简单的一个加工，都要在干活前看透图纸，熟透零件在安装到飞机上所起的作用；在接收待加工的零件时，必定对照图纸要求，检查上一道工序是否符合技术标准和工艺规范；自己加工时，从画线开始，就采用自创的"对比复查""反向验证"法校验自己的工艺步骤是否规范、标准、精确。航空工业，要的就是精细活。大飞机零件加工的精度，要求达到十分之一毫米级别。

二、当代工匠的职业价值

（一）手工技艺依然无法被取代

传统工匠主要依赖手工技艺进行器物的制作，其特点主要有两个方面：一是速度慢、周期长、标准不规范、生产效率低；二是体现制作者的个性特征，能够按照需求进行个性化制作，每件作品都独一无二。正是上述两个方面的特点，决定了手工技艺在当代科技水平已经非常高超的今天，依然无法被取代。所以，当代工匠中的手工艺人，既要得到传统工匠的"风骨"真传，又要获得当代科技文化的极高素养，他们是相关产业的人才支柱和相关产业发展的技术基石。

（二）现代企业中的"三驾马车"之一

通常，管理人员、科技人员、技能人员被视为现代企业的"三驾马车"。现代企业中的技能人员较之传统工匠发生了很大的改变，虽然他们不能自主地决定产品的生产方式和技术规范，但他们对规范和标准的领会程度以及操控机器设备的能力依然决定着产品质量的优劣。我们现在所熟知的高质量的"德国制造"，就是得益于大批高素质的当代工匠。

（三）当代科技创新的最终实现者

人类第一次工业革命发生前，工匠的技艺水平往往代表着时代的科技水平。从石器时代、青铜时代、铁器时代到蒸汽时代，催生这种革命的都是以工匠为主导的科技发现和技艺改良。当今时代，工匠虽不再作为科技创新的主力军，但依然是所有科技创新的最后实现者，而且越是尖端前沿的科技构想，越是需要杰出的工匠将之打造为实物。可以说，如果没有大批杰出工匠的创造性劳动，人类的一切奇思妙想都将是空中楼阁。

三、技能成才

技能人才是指掌握专门知识和技术，具备一定的操作技能，并在工作实践中能够运用自己的技术和能力进行实际操作的人员。他们是我国人才队伍的组成部分，是技术人员队伍的骨干。

改革开放以来，我国经济发展取得了举世瞩目的伟大成就，已成为一个制造大国，但还没有成为制造强国，其中一个非常重要的制约因素就是技能人才特别是高技能人才的匮乏。为此，中央和各地方政府也采取了一系列举措，意在从根本上夯实中国制造的根基，培养大批具有现代科技意识的大国工匠，让中国技能伴随中国制造能够走向世界，成为一个技能强国。

在我国，职业院校一直是技能型人才培养的主阵地，随着高等院校分类改革，一大批应用型本科院校加入到技能型人才培养的队伍中，将为我国高技能人才培养增添更多的活力。见表4-1。

表4-1　学生工匠精神培养指标

分类	素质层级		指标提取
显性素质	知识技能		所学专业或学科的技能知识
	行为习惯		自觉遵守操作规范/踏实肯练，不浮不躁，不投机取巧/精益求精，不打折扣，不急功近利/坚持写好学习和实训日志，及时总结和反思/思维活跃，主动创新/在团队中主动沟通合作
隐形素质	价值观		对职业的敬畏与热爱/有责任担当意识和使命感/个人价值与社会价值的一致
	自我认知		自尊/自爱/自信/乐观
	特质	个性品质	遵守规则/守时守约/诚实守信/责任心强/严谨，一丝不苟/求真务实/有毅力、有恒心，坚忍执着/谦恭自省/开放包容/彰显个性/善于沟通合作，具有团队精神
		艺术修养	艺术感受力强、细腻/艺术表达欲望强烈/趣味高雅/有一定的人文底蕴/注重文化传承
		工艺追求	符合技术标准规范/精益求精，追求卓越/善于发现问题、解决问题/有原创意识，富于挑战与创新
	动机		对所学专业领域和技艺表现出兴趣和热情/享受作品、产品不断完善的过程/追求"尽善尽美"的境界/对未来相关领域职业成功和成就的渴求

拓展知识点

(一)"中华技能大奖"和"全国技术能手"

为加速培养大批具有优秀品质和高超技艺的技术工人，引导广大工人钻研技术业务，走岗位成才之路，加大宣传优秀技术工人和能工巧匠的先进事迹，表彰他们为企业、为国家做出的突出贡献，人力资源和社会保障部（原劳动和社会保障部）从1995年开始，会同46个行业主管部门和各省、市建立了"中华技能大奖"和"全国技术能手"评选表彰制度。

(二) 世界技能大赛

世界技能大赛被誉为"技能奥林匹克"，由世界技能组织举办。世界技能大赛顺应了工业化、信息化的人类社会发展趋势，追求卓越技能的打造、精益求精的品质和不分种族、宗教、文化的相互尊重、交流合作、共同发展。特别是表现在职业技能上，能够通过项目的设置、规则的制定、标准的规范，引领各国职业技能人才的培养方向。

2010年我国正式加入世界技能组织，2011年在第41届世界技能大赛上中国首次参赛即实现了奖牌零的突破，标志着中国技能正式登上世界舞台。从2013年到2019年，中国都取得了优异成绩，2019年更是位列金牌榜、奖牌榜、团体总分第一名。

2021年第46届世界技能大赛将在上海举办，作为世界第二大经济体和重要的发展中国家，中国的国际地位日益重要。

第三节 劳模精神和劳动素养

名言名句

劳动模范是民族的精英、人民的楷模。

案例引学

"知识工人"邓建军：由一名普通工人成为技术总监

邓建军，男，江苏常州人，毕业于常州轻工职业技术学院，现为江苏黑牡丹（集团）股份有限公司技术总监，党的十七大、十八大、十九大代表，中国工会十六届执委，中共江苏省第十三届委员会候补委员，江苏省总工会副主席（兼职）。从一名中专毕业的普通工人到高级工程师，邓建军在学习与创新中接续奋斗三十年，被誉为"知识型产业工人领跑者"。

1988年，邓建军初入职就立志要在岗位实践中自学成才，不断提升学习力，需要什么就学什么。现已取得工程硕士学位，正从容统筹着企业技术研发、工艺创新等重要环节。1992年，企业从国外引进了一批剑杆织机，他每天蹲在机器边14个小时以上，从最基本的制图做起，最终驯服了这些机器。1999年，公司从比利时进口了一批喷气织机。这些机器其中一个关键的部位是张力传感器，安装时外国厂商拒绝提供相关技术资料，出现故障后难以维修。结果邓建军从市场上找到了只要1分钱的替代配件。之后，邓建军解决问题的领域不局限在电气和机械，开始涉及工艺流程。染整行业一直是我国的薄弱环节，主要被色差、缩水率等问题所困扰。邓建军熬过了上百个不眠之夜，将预缩率精度稳定控制在了2.5%以内，优于3%的国际标准。黑牡丹产品从此畅销国外市场。2005年，邓建军带领团队，用了100天的时间，成功改进染浆联合机，降低了因停机造成的纱线损失，解决了世界性难题。接着，他们一口气开发出"在线染料组分自动控制系统""在线染液控制系统""在线流量控制系统""自动浆液控制系统"和"染料组分分析计算控制系统"五项成套技术，每一项都是业内首创，黑牡丹染色质量从此达到世界领先水平。

他更以"专、精、创"的新时代工匠精神带动人、引领人，为建设知识型、技能型、创新型劳动者大军不懈奋斗，形成了劳模的"扩散""集聚"和"品牌"效应，一大批邓建军式的知识型员工迅速成长起来。

邓建军先后荣获"全国劳动模范""全国五一劳动奖章""全国职工职业道德建设十佳标兵""全国道德模范提名奖""全国技术能手""中华技能大奖""中国纺织大工匠""江苏省敬业奉献模范""江苏省优秀共产党员标兵""江苏大工匠"等称号和荣誉，2009年入选"100位为新中国成立做出突出贡献的英雄模范人物"和"100位新中国成立以来感动中国人物"。

（资料来源：https://baike.baidu.com/item/）

问题：新时代劳模精神的意义是什么？

一、劳模精神

劳动模范简称"劳模"，是在我国社会主义建设事业中成绩卓著的劳动者，经职工民主评选、有关部门审核和政府审批后被授予的荣誉称号。劳动模范分为全国劳动模范与省、部级劳动模范，有些市、县和大企业也评选劳动模范。中共中央、国务院授予的劳动模范为"全国劳动模范"，是中国劳动者最高的荣誉称号。

(一)劳模精神含义

劳模精神,是指"爱岗敬业、争创一流、艰苦奋斗、勇于创新、淡泊名利、甘于奉献"的劳动模范的精神,是伟大时代精神的生动体现。其中:爱岗敬业是本分,争创一流是追求,艰苦奋斗是作风,勇于创新是使命,淡泊名利是境界,甘于奉献是修为。做一个守本分、有追求、讲作风、担使命、有境界、有修为的人,是每一位劳模的精神风范,更是每一位劳动者应该追求的目标。

(二)新时代劳模精神内涵

每个时期的劳模,都是时代的精神符号和力量化身。长期以来,广大劳模以高度的主人翁责任感、卓越的劳动创造、忘我的拼搏奉献,谱写出一曲曲可歌可泣的动人赞歌,为全国各族人民树立了光辉的学习榜样。新时代劳模精神被赋予着越来越多的时代内涵和元素:

(1)劳模精神是工人阶级先进性的集中体现;
(2)劳模精神是工人阶级主人翁意识的集中凸显;
(3)劳模精神是社会主义核心价值观的生动诠释;
(4)劳模精神是时代精神的生动体现;
(5)劳模精神是民族精神的重要组成部分;
(6)劳模精神是劳动精神的积极呈现;
(7)劳模精神是培育时代新人的重要手段;
(8)劳模精神是文化自信的重要支撑;
(9)劳模精神是实现伟大复兴中国梦的重要力量;
(10)劳模精神当代品格的核心要素是工匠精神。

 案例

从"草根"工人到全国技能大师

1990年张积贵从职业中学毕业后,到浙江省温州市永兴模具厂当学徒,在师父的带领下,负责模具车工、铣工、钳工等工作。在两年学艺期间,他从不挑肥拣瘦,再苦再累也要完成任务,经常都是晚上八九点以后才下班回家吃饭。其间,他熟练地掌握了车工、铣工、钳工、钻工等技术,成为模具制造的好手。

2003年3月,他加入浙江温兄机械阀业有限公司,组建了四川成都温兄分公司,在市场销售中,他深入了解客户对制药、乳制品设备的技术需求,深知产品科技创新的紧迫感,因此他经常向技术部门反馈客户意见,提出技术改造、技术创新等建议。回到总部后,由于具有较为丰富的生产一线实践经验,特别熟悉机械加工流程,因此工作起来得心应手，他积极参加公司技术创新活动，在中药提取浓缩智能装备新产品开发中，敢于结合自己的专长，提出合理化建议，特别是有关机械加工方面，更是提出了许多独创性的思路，带动了全体职工对技术攻关和工艺创新的积极性，并攻克了多项国家、省、市科技项目的机械制造技术难点，如提取罐的气动旋转自锁排渣门作为实用新型专利，解决了长期困扰中药提取罐排渣门堵塞的老大难问题，有效提高了排渣速度，减轻了工人的劳动强度。

随着时间的积累和自身的努力，这位从一线工人中成长起来的高技能人才逐渐成为了工作上的"技能大师"。

（资料来源：温州新闻网 http://news.66wz.com/system/2019/07/02/105175398.shtml）

思考： 劳模身上突出的品质和特点有哪些？

（三）劳模精神的意义

1. 劳模精神是工人阶级主人翁意识的集中凸显

主人翁意识是劳模精神的内在本质，是正确认识和理解劳模精神的关键词。正是因为自觉的、强烈的主人翁意识，劳模才以厂为家、以企为家，才具有积极主动的岗位意识、职业意识、进取精神和创新精神，才能在本职工作中充分发挥积极性、主动性和创造性，才能够艰苦奋斗、淡泊名利、甘于奉献，自觉把人生理想、家庭幸福融入国家富强、民族复兴的伟业之中，最终建构起个人与集体、个人梦与中国梦、小家与国家民族融合统一的发展共同体和命运共同体。

2. 劳模精神是工人阶级先进性的集中体现

在中国革命、建设、改革的各个历史时期，我国工人阶级都具有走在前列、勇挑重担的光荣传统。劳动模范作为工人阶级的优秀代表，是时代的引领者，在工作生活中发挥了先锋和排头兵作用，他们以辛勤劳动、诚实劳动和创造性劳动，持续推动着社会进步、国家发展和民族复兴。劳模精神作为劳动模范的思想内核、行动指南和精神灯塔，成为推动时代前进的强大精神动力，充分体现了工人阶级先进性的主体地位，彰显了工人阶级的伟大品格，推动了工人阶级的成长进步。

3. 劳模精神当代品格的核心要素是工匠精神

从本质上讲，工匠精神是一种基于技能导向的职业精神，它源于劳动者对劳动对象品质的极致追求，它具有精益求精、专注执着、严谨慎独、创新创造、爱岗敬业以及情感浸透、自我融入的基本内涵，既表现了极致之美的品质追求，又体现了敬业之美的精神原色，更展现了创造之美的价值升华。工匠精神充分凸显了新时代劳模精神爱岗敬业、精益求精、追求卓越的精神品质和价值导向，可以说，工匠精神是对劳模精神的重要深化和丰富发展。

4. 劳模精神是培育时代新人的重要手段

一方面，劳模精神作为社会主义核心价值观的生动体现，更简单为人们所理解，更容易为人们所接受，更方便为人们所模仿，将对培育时代新人起到重要推动作用。另一方面，通过强化教育引导、舆论宣传、文化熏陶、实践养成、制度保障，培养和造就具有劳模精神的时代新人,能够激发广大劳动者干事创业的积极性、主动性和创造性。

二、劳动素养

(一)劳动素养的概念

素养,是人在特定情境中综合运用知识、技能和态度解决问题的高级能力与人性能力。

劳动素养是指劳动者在劳动过程中与之相匹配的劳动心态和劳动技能的综合概括,是处于社会实践活动中的实践主体在掌握一定知识储备和劳动技能基础上开展实践活动,特别是劳动实践中所展现的优良品质的集合,包括劳动意识、劳动精神、劳动能力以及知识储备和创新精神等状况。其中,劳动心态包括:对待工作的态度,帮助客户的心态,对客户心智的解读,对客户需求的认知等;劳动技能是在解决工作问题及矛盾的过程中,运用到的劳动工具及方法,达到预定劳动结果的专业技能。可以说,劳动素养是衡量劳动者能否胜任某项工作的最根本、最直接的工作能力指标。

因此,一个有良好劳动素养的人,不仅要有对于劳动价值的正确认识及积极态度,还要有对劳动知识和技能的娴熟了解和掌握,并具有良好的劳动习惯。

石油大王——约翰·D. 洛克菲勒

有一名年轻人,在美国一家石油公司工作,他的学历并不高,也没什么特别的技术,因此,他在公司做的事连小孩都能胜任,就是巡视并确认石油罐盖有没有自动焊接好。石油罐在输送带上移动至旋转台上,焊接剂便自动滴下,沿着盖子回转一圈,作业就算结束了。每天他就如此反复好几百次地注视着这种作业。没过几天,他便开始对这项工作厌烦了,他很想换个工种,却又找不到其他工作。他想,要使这项工作有所突破的话,就得自己找点事做。以后,他便细心观察这焊接工作。他在长期的观察中发现,罐子旋转一次,焊接剂滴落39滴,焊接工作就此结束。他经常思考:在这一连串的工作中,有没有什么应该改善的地方呢?如果能将焊接剂减少一两滴,是不是能够节省一些成本呢?

经过深入钻研和不断探索,他终于研制出"37滴型"焊接机。但是,利用这种机器焊接出来的石油罐,偶尔会漏油,并不实用。他并不灰心,又研制出"38滴型"焊接机,这次的发明非常完美,公司对他的评价很高,不久便生产出这种机器,改用新的焊接方式。虽然节省的只是一滴焊接剂,但这"一滴"却替公司带来了每年5亿美元的新利润。这名青年,就是后来掌握全美制油业界95%实权的石油大王——约翰·D. 洛克菲勒。

(资料来源:紫翰、晓平,《石油大王洛克菲勒》,新蕾出版社,2010年。)

思考:良好的劳动素养是怎样养成的?

（二）提升大学生劳动素养的途径

1. 注重劳动价值引导

劳动教育的核心目标是劳动价值观的培育，大学生要加强马克思主义劳动理论的学习，深刻理解和领会马克思主义关于劳动创造人、劳动促进人的全面发展等观点，通过加强思想政治学习、专业学习提高参加劳动实践、接受劳动锻炼的自觉性和主动性。加强劳动思想教育，让"劳动最光荣、劳动最崇高、劳动最伟大、劳动最美丽"的观念内化于心、外化于行。

2. 加强劳动品德修养

劳动品德体现了劳动的伦理要求，是指人们在劳动过程中所表现出来的对他人和社会的稳定的心理特征或倾向。当代大学生要深刻理解新时代的劳动者"不仅需要有力量，还要有智慧、有技术，能发明、会创新"的道理，要以科学家、大国工匠和劳动模范为榜样，胸怀理想、脚踏实地、勤奋学习、锐意进取、敢为先锋、勇于创造。

3. 加强劳动技能学习

劳动知识技能是个体从事一定劳动所必须具备的知识、技术、技巧及综合运用这些知识、技术、技巧的能力，是大学生劳动素养全面提升的必备基础。大学生应通过专业课学习、实习实训、创新创业教育、专业实习、毕业实习等课程加强劳动技能学习，用系统的科学知识为提升劳动素养奠定坚实基础。

4. 加强劳动实践锻炼

劳动习惯是个体在长期劳动实践训练中形成的稳定的行为模式。加强劳动实践锻炼，养成良好的劳动习惯，要让真抓实干、埋头苦干成为基本的生活方式。大学生要在实践中体会劳动素养提升与自身健康成长和全面发展的内在联系，积极参加学校组织的劳动教育、家庭劳动和日常劳动锻炼，并积极寻找社会实践、公益劳动、勤工助学、校外实习、假期打工等劳动机会，在劳动过程中训练劳动技能，形成热爱劳动的良好品德，锻炼吃苦耐劳的意志品质，全面提高劳动素养。

拓展阅读

有一种工作境界，叫作全国劳模

在中国，有一群从工作精神到工作本领都非常厉害的人——全国劳动模范。

一、干什么工作，能成为全国劳模

新中国成立之初，我们国家就开始表彰先进劳模了。新中国第一代劳模，知名度很高，你绝对听过他们的名字，大庆铁人王进喜、淘粪工人时传祥、杂交水稻之父袁隆平、纺织工人赵梦桃、农业劳模申纪兰……

在20世纪五十六十年代，如果你是工人、农民，会惊喜地发现，这些全国劳模绝大多数都跟你是同行。

改革开放以来，更多行业的能人走上劳模奖台。科教文卫体，各行各业辛勤工作的朋友都可以有个当劳模的梦想。你要是个搞科研的知识分子，还能看到自己最仰慕的同行当上劳模，比如陈景润、蒋筑英。

2005年起，如果你是私营企业家或者农民工，都有机会当劳模。那年，全国劳模评选名单上第一次出现了30多名私营企业家和23位农民工。

到了2015年，你要是个码农，或者美妆带货，也有机会评全国劳模。比如网络语音架构师贾磊，在商场销售化妆品的龚定玲。

几十年来，全国劳模的结构越来越多元，有基层劳动者，也有高学历技术人才；有理科生、工科生，也有文科生。劳模结构变化，是因为中国在变。中国靠着劳动发展起来，劳动又在发展中有越来越丰富的内涵。

二、看劳模的故事，你会觉得非常神奇

明明都是些那么普通的人，干着那么普通的工作，却能干到极致，让人叹为观止。

但，同样一个工作，有两种段位，一种是普通人的段位，一种是劳模的段位。

2015年的全国劳模冯冰，是一名大同市公共交通总公司的驾驶员。你说开个公交车，怎么才能开成全国劳模段位的？

每天，冯冰都坚持早来晚走，对车辆认真细致地检查保养和擦拭，交车从不交有毛病的故障车和卫生不合格的脏乱车。在车辆拐弯时，他提醒乘客们站稳、扶好；在遇到复杂情况时，他总是提前减速、慢慢行进，避免急刹车；在车辆进站时平稳进站、规范停靠；在雨雪天气，总要把车停在没有积水和冰冻的地方，为的是不让乘客涉水履冰。冬天，自费做了"暖心坐垫"；夏天，给车厢内挂上了窗帘；他还在车厢右前方的车壁上悬挂"百宝袋"，内有针线包、旅游图、创可贴和日常药品。对一些高龄老人和肢体残疾人，主动搀扶，背他们上下车，帮忙找座位。2014年度完成运营公里31 586公里，车辆完好率100%，工作车率100%。乘客能坐上这样一个驾驶员开的公交车，得多舒服啊！

这就是全国劳模的本事。你觉着人家干的工作特普通，一点也不华丽一点也不喧嚣，但人家能把每个细节都干得精致完美，每个环节都干出故事，刷新你的三观，让你惊叹一声："这活儿居然还能这么干啊，牛！"对人家来说，工作追求的就是一种境界。

三、今天，我们要继续向全国劳模学习

不但学他们的精神，也学他们的工作方法，学他看待工作的视角。我们可以跟他们学习怎么专注于细节，怎么在枯燥重复的任务里开个与众不同的脑洞，怎么在困境中杀出重围，并乐在其中。遇到瓶颈的时候，你可以去看看同专业的全国劳模是怎么干的，没准他们的方法能给你一点启发。

现在很多人都想挣快钱，比如运作一下资本，炒作一下流量和资源，努力3分，加个杠杆，回报12分，含泡沫10分。当这种浮躁风气蔓延的时候，我们就更需要劳模来镇场子。

劳模告诉我们什么？一是别浮，要有静气，不要嫌自己的工作没劲，你还没把它做到最好呢。二是不要嫌付出没得到回报，等你做得够好，鲜花自来，掌声自来，无私奉献艰苦奋斗得到的才是 10 分回报，不添加任何泡沫。三是劳动真的可以帮你逆袭，例如，包起帆当上码头公司总经理、集团副总裁之前，曾是个机修工。四是要当全国劳模，拼爹拼娘是没用的，拼的是谁干得好，大家有目共睹。

全国劳模身后，是数以亿计的中国劳动者。中国因何强大，因为他们。一个崇敬劳模的时代，一定充满活力，因为不劳而获的懒人少。一个把劳模当宝贝的国家，一定很有希望，因为人人可以通过劳动找到人生上升的途径。一个把广大劳动群众当主人的社会制度，一定很有优势，因为大家都自带使命感和责任感，劳动不光为了糊口，也为了实现自我、报答社会。

对了，"80 后"、"90 后"都开始当劳模了，你还不加油啊？

（资料来源：中央纪委国家监委网站，2020 年 5 月 3 日，有删节）

课后训练

一、理论知识掌握

1. 什么是劳动精神？简述新时代劳动精神培养的现实意义。
2. 什么是工匠精神？简述新时代工匠精神的内涵。
3. 什么是劳模精神？简述劳模精神的现实意义。
4. 什么是劳动素养？如何提升大学生的劳动素养？

二、能力素质训练

1. 小组讨论：劳动精神和工匠精神的意义和价值是什么？如何在大学期间培养这两种精神？
2. 联系三位不同行业的（全国、省、市、县）劳模，就他们的劳动事迹、工作岗位和工作感悟进行访谈。通过访谈感悟并总结该如何进一步提升个人劳动素养。
3. 阅读材料：

钢轨探伤"女神探"关改玉

高铁建设中，500 米长的钢轨要用自动焊接机一根根焊接在一起。

关改玉的工作就是用专用的超声探测仪，检查每一处钢轨焊接口是否合格。关改玉说，这个工作的第一步就是除锈，就是用专门的钢丝刷，将铁轨接缝处及周围的锈迹刷掉，再用毛刷将上面的细屑、灰土以及旁边的沙粒、碎石清理干净；第二步是涂抹机油，就是铁轨探伤用的耦合剂；第三步就是用探头检测钢轨的轨底、轨腰、轨头等部位，确认每个焊接口没有伤损，不会给行车安全留下隐患。

能够探到伤损，是探伤工的价值所在。但现在钢轨无缝焊接技术已经非常成熟，常常是一条线路几百公里走下来，没有一个伤损出现。关改玉说，现在碰到的伤损越来越少，但自己的压力反而越来越大，因为枯燥的工作很容易让人疲劳、分心，万一有一个伤损没有被探出，那留下的隐患可能是致命的。所以，尽管检测出伤损的概率很小，但必须要求自己对每个焊接口的检测，都按照规程严格执行，这样就可以杜绝侥幸心理的出现，保证每个焊接口的检测过程都符合技术要求，所出的最后结果都科学可靠。

问题： 你从关改玉身上学到了什么？

第五章

职业精神与职业素养

导读导学

  社会发展的进程表明，人类的职业生活是一个历史范畴。每个大学生都将在未来走入职场，成为职业人。而高素质的职业人，不仅要具备良好的职业道德、职业意识和职业责任，还要具有良好的职业素养，在清晰地认识自己、认识职业需求的基础上主动学习、不断探索、自我更新、学以致用、优化知识，更好地实现职业生涯价值和实现个人梦想。

  本章包括职业与职业人、弘扬职业精神、提升职业素养三小部分。通过学习，帮助同学们了解有关职业的相关概念；掌握职业精神的三个构成要素：恪守职业道德、树立职业意识和担当职业责任；了解和探索人职匹配，培养终身学习的习惯，提升职业素养，为未来走入职场做好准备。

大学生劳动教育教程

第一节　职业与职业人

名言名句

世上没有卑贱的职业，只有卑贱的人。

——阿伯拉罕·林肯

案例引学

一定要做到最好

美国一家公司在中国上海某企业订制一批价格昂贵的玻璃杯，为此公司专门派了一位经理来中国工厂监督生产。在上海这家企业的工厂里，他发现，这家玻璃厂的技术水平和生产质量都是世界一流的，生产的产品几乎完美无缺，而且中方的要求比美方还要严格。他很满意，也就没有刻意去检查和监督什么。

一天，他随意来到生产车间，发现一个工人正从生产线上挑出一部分杯子放在旁边。他上去仔细看了一下，并没有发现挑出的杯子有什么问题，就好奇地问："挑出来的杯子是干什么用的？"

"那是不合格的次品。"工人一边工作一边回答。

"可是我并没有发现它们和其他的杯子有什么不同啊？"美方经理不解地问。

"如果你仔细看看，就能发现这里多了一个小的气泡，这说明杯子在制造的过程中漏进了空气。"工人回答说。

"可是那并不影响使用呀。"美方经理说。

工人很干脆地回答："我们既然工作，就一定要做到最好，绝不能出现任何问题。任何缺点，哪怕是客户看不出来，对于我们来说，也是不允许的。只要有问题，就要挑出来。"

当天晚上，这位美国经理给总部写邮件报告说：一个完全合乎我们检验和使用标准的杯子，在这里却被在无人监督的情况下用几乎苛刻的标准挑选出来。这样的员工堪称典范，这样的企业绝对可以信任。我建议公司可以马上与该企业签订长期的供销合同，而我也没有必要再待在这里了。

问题：作为一名员工，如何才能赢得老板的信任和器重，获得相应的回报和提升？

一、职业的概念及发展

（一）职业的概念

职业是人类社会发展到一定阶段的产物，是人们参与社会分工，利用专门的知识和技能，为社会创造物质财富和精神财富从而获得合理报酬，作为物质生活来源，并满足精神需求的工作。社会分工、知识技能、创造财富、合理报酬和满足需求是职业的基本特性。

对于职业，从不同的角度有不同的理解：从国家的角度来看，每一种职业都是一种社会分工；从社会的角度来看，职业是劳动者从事的社会角色，如教师、警察、医生、律师等；从个人的角度来看，职业则是劳动者"扮演"的社会角色，履行工作义务和责任，获得工作报酬。

职业可以满足重要的生活需求，包括生存需求、安全需求、爱和归属需求、社会尊重需求和自我实现需求。职业赋予人生意义，工作不仅仅是一种生存的工具，而更多的是一种价值的体现，只有真正热爱工作、对工作倾注全部的激情和智慧，才能享有充实的工作，实现社会角色，满足生活需要，追求满意的生活方式，实现人生的价值。因此，职业对于每个人的重要意义是怎么估量也不过分的。

（二）职业的发展

1. 职业分类

职业分类，是指按一定的规则、标准及方法，按照职业的性质和特点，把一般特征和本质特征相同或相似的社会职业，分成并统一归纳到一定类别系统中去的过程。职业分类利于提高管理的针对性，利于岗位责任制的制定，利于建立合理的职业结构和职工配制体系，同时也是对职工进行考核和智力开发的重要依据。

职业分类，是随着经济社会的发展不断变化的，有些旧的职业会消失，也有新的职业会出现。我国 2015 年版《中华人民共和国职业分类大典》的职业分类结构为 8 个大类、75 个中类、434 个小类、1481 个职业。而近几年随着机器人、人工智能、区块链技术的发展，随着现代服务业与健康产业的发展，也催生了一些新职业、新工种。仅以 2020 年为例，3 月和 5 月人力资源与社会保障部就两次发布了包括智能制造技术人员、虚拟现实工程技术人员、互联网营销师、健康照护师等新职业 26 个。

2. 职业选择

职业选择观念是我们的世界观、人生观、价值观在择业活动中的综合反映，是我们对于择业的目的、意义的根本看法和态度的体现。职业选择观念会直接影响到我们能否正确认识自我、适应社会成功就业，也将在一定程度上影响到国家经济和社会的持续发展。大学生的职业选择受到职业选择观念的影响很大。近年来，自主择业、先就业后择业、自主创业成为新时代大学生重要的职业选择观念。

随着经济发展和社会的不断进步，职业分类更加细化，职业种类不断增加，职业选择的机会增多，打破了职业的相对稳定性，呈现出综合化和多元化的发展趋势，职业的更新速度越来越快，导致个人面临职业选择越来越繁杂，职业的流动性也在不断增强。

 案例

中小微企业是高职生就业的理想职业定位

中小微型企业是中小型企业、微型企业、经营部、个体工商户的统称。目前，全国范围内经工商注册登记的中小微企业占全部注册企业总数的90%以上，其上缴税收比例已经达到全国企业上缴税收的50%。中小微企业的工业总产值、销售收入、实现利税分别占总量的60%、57%和40%，流通领域中小微企业占全国零售的90%以上，大约提供了75%的城镇就业机会。中小微企业已经成为社会经济的新增长点，成为推动中国经济社会发展的重要力量。

但中小微企业优质人才匮乏，求贤若渴。市场调查显示，中小微企业永远是人才需求面广、数量大的雇主，招聘市场上长年不断招聘的企业往往都是中小微企业。中小微企业员工的学历普遍偏低，这类企业对高素质技能型职业人才格外青睐。因大型企业往往门槛较高而中小型企业数量多、人才需求大、个人学习成长空间大，所以高职毕业生初入职场不妨选择中小微企业，它们是高职生的理想职业定位。

二、职场

（一）职场的定义

职场是指一切开展职业活动的场所。广义上，职场还包括与工作相关的环境、场所、人和事，以及与工作、职业相关的社会生活活动、人际关系等。

（二）职场的关键要素

1. 职业定位

职业定位就是明确一个人在职业上的发展方向，它是人在整个生涯发展历程中的战略性问题也是根本性问题。职业定位包括三层含义：一是确定你是谁，你适合做什么工作；二是告诉别人你是谁，你擅长做什么工作；三是根据自己的爱好、特长、能力及个性将自己放在一个合适的工作（生活）的岗位上。职业定位是自我定位和社会定位两者的统一，是一个动态过程，需要结合个人职业生涯的不同阶段不断做出修正调整。

2. 职业素质

职业素质是工作者对职业了解与适应能力的一种综合体现，主要表现在职业兴趣、职业能力、职业个性及职业情况等方面。影响和制约职业素质的因素很多，主要包括：受教育程度、实践经验、社会环境、工作经历以及自身的一些基本情况（如身体状况等）。一个工作者的职场成就与其职业素质之间存在着正相关的关系。

3. 职业意识

职业意识是指人们对职业的认知、意向及所持的观点，是正确认识和把握社会需求，对自己进行正确社会定位的思维能力，是指工作者对自己未来所从事的职业有明确的追求和全面、清醒的认识，包括职业的就业现状、发展前景等。

4. 职业规划

职业规划是对职业生涯乃至人生进行持续、系统的计划的过程。职业规划能够准确评价个人特点和强项，评估个人目标和现状的差距，提供奋斗的策略，增强职业竞争力。

5. 职业发展

职业发展是致力于个人职业道路的探索、建立、取得成功和成就的终身的职业活动。根据中国职业规划师协会的定义，职业发展就是在自己选定的领域里，在自己能力所及的范围内，成为最好的专家，也就是成为在某一领域有深入和广泛的经验、对该领域有深刻而独到认知的人。

三、职业人

（一）职业人的定义

职业人指具备较强的专业知识、技能和素质，通过参与社会分工为社会创造物质财富和精神财富，并获得报酬，在满足物质需求和精神需求的同时实现自我价值的职场人士。

拓展知识点

好职员的七种表现

一、不要把所有的问题都留给上级

职场上的人群物种可以分为三种：活人、死人、活死人。

1. 活人
对上级或者老板交代完成的事情游刃有余，老板让做到一，他可以想到二三四。

2. 死人
上级或老板不发话，基本不思考；做事走过场，不求做到最好，只求曾经做过。

3. 活死人
好像机器人，上级或老板输入一个指令，就只能完成这一个指令；剩下的事，让上级或老板再命令一次。

作为员工，把问题丢给上级或老板处理，是最愚蠢的事情之一。这种看似简单的处理问题的办法，不仅让自己失去了锻炼的机会，还会让上级或老板认为你是一个懒得思考的员工。因此在向上级或老板汇报重要问题时，不妨先想好几种处理办法，看看上级或老板的反应，适当提出你的想法。

二、重结果、轻过程的人

对于上级或老板来说，他们每天的工作流程都安排得比较紧凑，所以没有时间听你滔滔不绝地汇报工作。拖沓没有重点的汇报，对于上级或老板来说是没有任何用处的，上级或老板只想要最终的结果。你只要报告工作处理的最终结果就可以了，好就是好，不好就是不好。

三、不可或缺的执行力

选取你认为最有可能执行的方案，承担起一定的责任，进一步采取行动，上级或老板会被你的执行力和热情打动。因为上级或老板要的不是"纸上谈兵"，他要的是"身体力行"！

四、做计划具体的人

对于未来要做的工作或即将要交给你完成的工作，当接到一项工作后应先对工作进行分析，制定出一整套工作的流程，按照流程一步步执行下去。并对工作完成的质量制定出一个考核的方案，要做到什么程度、达到什么目的都应在其中得到体现。做到有理可依，有据可查。

五、面对错误要敢作敢当

勇于承担自己错误和责任的员工，会赢得上级或老板的信任。遇到问题，只会推卸责任的人，上级或老板根本不敢把重要的事情交给你做。

承认错误需要一些技巧。首先，要真诚地表现出对错误的认识，"对不起，这次是我的问题"；接下来，一定要提出弥补或者改进的方法。

六、责任=机会

如果上级或老板给你指派新的任务，那就意味着你会有更多的责任，需要投入更多的精力，相应地，你也就面临更多的挑战，有可能体现你更大的能力。你可以通过这次挑战接触以前从没有接触过的工作，还可以让上级或老板觉得你很有担当，很有团队精神。千万不要说"这不是我分内的工作"之类的口头禅。

七、懂得控制自己的情绪

不懂得在职场上控制情绪的人，给人留下不专业的印象。不要因为一些小事而和同事甚至上级或老板闹情绪，不能一时开心却断送了自己的前程。要控制住情绪并冷静下来把眼光集中在如何处理具体的问题上，而不是逞口舌之快。

总之，不管对公司有什么想法，你一定要先做事，做成事，用良心做事，用能力说话，无论走到哪里都受欢迎。

（二）优秀职业人的素质

1. 具备职业精神

职业人要想适应职场环境，必须具备明确的工作目标和强烈的责任心，有良好的职业态度，能踏实、高效地完成本职工作，塑造值得信赖的职业形象，获得上级、同事及客户的信任。

2. 良好的职场礼仪

优秀的职业人应当具备良好的职场礼仪，打造符合职业要求的形象，塑造良好的职业化行为，对外展现个人态度、个人修养、个人能力，同时也能代表组织的良好形象及管理水平。

3. 良好的职业心态

优秀的职业人都拥有好奇心和求知欲，勇于面对挫折与挑战，勇于承担任务及责任，能够坦然接受失败，具备强大的抗压能力，善于解决问题，处理矛盾，化压力为动力。

4. 过硬的职业技能

优秀的职业人需要具备持续学习的能力、高效合作的团队协作能力，能够迅速融入团队的沟通与适应能力，足够专业与理智的自控能力，能够主动出击、创造机遇的执行力和行动力，敏锐的思维觉察与创新能力。

 案例

三个砌墙工

在一个建筑工地，有位社会学专家对正在砌墙的三个工人进行了随机调查。

专家问第一个砌墙的工人："你在干什么？"

第一个砌墙工人没好气地说："没看见吗？我不是在砌墙吗？"

专家又问第二个砌墙的工人："你在干什么？"

第二个砌墙工人抬起头，笑了笑说："我在盖一幢高楼。"

专家再问第三个砌墙的工人："你在干什么？"

第三个砌墙工人一边砌墙一边哼着歌曲，笑容灿烂地回答："我在建设一座城市。"

十年之后，社会学专家了解到，第一个砌墙工人仍然在建筑工地上砌墙；第二个砌墙工人已经坐在办公室里画图纸；第三个砌墙的工人呢，已经是前两个工人的老板。

问题：在工作中，我们应如何调整自己的职业心态？

第二节　弘扬职业精神

名言名句

在年轻人的颈项上没有什么东西能比事业心这颗灿烂的宝珠更迷人的了。

——哈菲兹

案例引学

公交司机突发脑出血，昏迷前1秒他的动作让人泪奔

2020年6月22日中午12点左右，河南周口26路公交车司机宋安平驾车行驶在七一路五一广场站附近，这里人流量密集，正值中午通勤高峰期，来往车辆非常多。从当日的公交车公共视频显示，驾车行驶过程中，51岁的宋安平感到身体不适，将车停稳打开车门后，他先是摘下眼镜往下拉了拉口罩，紧接着用右手拉起手刹，之后便倒在了自己的驾驶座上。在逐渐失去意识的过程中，他的右手始终没有离开手刹。随后，下车的乘客和路过的公交车司机赶忙拨打120急救电话，宋安平被送往医院急救。经过CT扫描，诊断为脑干出血，经过几天的治疗他依旧深度昏迷，虽有了微弱的自主呼吸，但还需要依靠呼吸机辅助呼吸。

（资料来源：根据中央广电总台中国之声整理）

思考：结合案例，谈谈你是如何理解职业精神的。

所谓职业精神，就是与人们的职业活动紧密联系、具有自身职业特征的精神，它反映了一个人的职业素质。职业精神不是一般地反映社会精神的要求，而是着重反映一定职业的特殊利益和要求；不是在普遍的社会实践中产生的，而是在特定的职业实践基础上形成的；它鲜明地表现为某一职业特有的精神传统和从业者特定的心理和素质。

职业精神的内涵比较丰富，因职业不同也会有所差异，但总结起来，职业精神一般包含了职业道德、职业意识和职业责任三个方面。

一、恪守职业道德

（一）职业道德的概念

职业道德是指从事某一行业的人们在长期的生产、经营、管理活动中形成的被本行业绝大多数人所接受的、对本行业中的行为人具有普遍约束力的思想观念和行为准则。

职业道德的概念有广义和狭义之分。广义的职业道德是从业者在职业活动中应该遵循的符合自身职业特点的行为规范，是人们通过学习与实践养成的优良职业品质，它涉及了从业人员与服务对象、职业与职工、职业与职业之间的关系。狭义的职业道德是在一定职业活动中应遵循的、体现一定职业特征的、调整一定职业关系和职业行为的准则和规范。不同的职业人员在特定的职业活动中形成了特殊的职业关系，包括了职业主体与职业服务对象之间的关系、职业团体之间的关系、同一职业团体内部人与人之间的关系，以及职业劳动者、职业团体与国家之间的关系。因此，从职业道德的本质来看，职业道德是社会关系所决定的意识形态，是职业活动对职业行为的道德要求，也是调节专业活动的各种职业关系的手段。

 案例

成功的应聘

一家软件公司招聘程序员，待遇非常优厚，所以很多求职者都来应聘。陈赓力原来是一家网络公司的程序员，因公司多年效益不好导致其失业了。陈赓力对自己的技术能力非常有信心，因此应聘的笔试轻松通关。在面试环节时，主管技术的面试官突然发问："听说你原来就职的公司开发出了一项信息安全维护的软件模块，你是否参与过研发？"陈赓力愣了一下，但是依然诚实地回答说："是的。"面试官继续问："你能把这项技术的核心内容说一下吗？"陈赓力确实参加了整个信息安全维护的软件模块的研发过程，回答这个问题并不难。但此时，他犹豫不决，他摸不清面试官的意图，心里琢磨，他是在考我的技术还是想探究这项技术秘密。面试官见陈赓力没有立刻回答便又问道："如果你能够成功应聘我们公司，开发同样的软件模块需要多长时间？"陈赓力突然明白，原来面试官是主管技术的，他关心的是如何掌握这项技术。此时陈赓力非常纠结，不说的话，自己可能就会丢失这次工作机会；说的话，思想上的确过不去这个坎。此时，陈赓力脑海里做着强烈的思想斗争。虽然原公司多年效益不好，但是这个技术是原公司团队夜以继日、拼命努力整整3年的成果，现在还没有推向市场，原公司还有很多名同事在惨淡经营，就指望这个技术打翻身仗。如果我要是告诉他们的话，以前的公司就彻底没希望了。原公司多年的努力就会付诸东流，我不能这么干。想到这儿，陈赓力拿定了主意。他立刻站起来，告诉面试官："对不起，我不能回答这个问题。如果贵公司为此而让我获得这个工作机会，我宁愿放弃。"说完向面试官鞠了一躬，便离开了面试考场。随后他继续投简历，找工作。历经了近半个月的时间，他突然接到公司人事部门的电话，说他被录用了，他被告知："那只是一道面试题，你的行为已经交了一份很满意的答卷。"

思考：你是如何理解职业道德的？

（二）职业道德的内涵

职业道德具有丰富的内涵，一般包括以下几个方面：

一是职业义务，主要是指在职业活动中，在道德上应尽的责任和不要报酬的奉献，同时职业义务具有利他性和无偿性的两个基本特点。

二是职业责任，主要是指从事某种职业的个人，对他人、集体（班组、部门、单位、行业）和社会所承担的责任。虽然行业不同责任不同，但忠于职守、尽心尽力、保质保量完成工作，是共同的职业责任要求。

三是职业纪律，一般指由国家、机关、企事业单位等组织制定的规章、条文等，是人们要共同遵守的行为准则。

四是职业良心，一般指从业人员在履行义务的过程中所形成的职业责任感以及对自己职业行为的稳定的自我评价与自我调节的能力。

五是职业荣誉，一般是指从业者对自己的职业行为所具有的社会价值的自我意识和自我体验。

六是职业幸福，一般是指从业人员在具体的职业活动中，由于奋斗目标、职业理想的实现而获得的精神上的满足和愉悦。

七是职业权力，一般包括两个方面：一是指政治方面的强制力量，即指国家的权力、人民代表大会的权力、企业法人的权力等；二是指职责范围内的支配力量，即指在职业范围内或职业活动中拥有的支配人、财产、物品的力量。

 **案例**

借职务之便违反职业道德

2014年，史某进入模具公司，双方签订劳动合同，岗位为质量检验员。

2018年8月，因有员工举报史某收礼，模具公司派工作人员向史某做调查谈话，史某承认车间操作员胡某、沈某曾给过其几瓶酒，但认为收取酒的行为未影响其正常履行工作职责。

2018年9月1日至5日，模具公司还向员工李某等几人进行了调查，分别形成调查笔录，上述员工反映史某会因与操作员关系的好坏而采取不同检验标准，确有操作员向史某送过酒，而且是史某开口索要的，在收到好处后史某检验会松一点，给史某送酒后，班组还被评为优秀班组。

2018年9月10日，公司管理部门做出《关于对史某同志问题的处理意见》，以史某同志利用工作之便收受车间职工礼品为由，建议辞退。模具公司当面向史某送达了解除劳动合同的处理决定。史某不服公司处理意见，申请仲裁，要求公司支付解除劳动合同补偿金。法院经审理认为，史某收取酒的行为已严重违反规章制度，模具公司解除与史某的劳动合同事实清楚，规章制度依据充分，程序正当，系合法解除，无须支付史某赔偿金。

问题：个人素质发展与职业道德养成具有怎样的关系？

拓展知识点

职业道德的构成要素

1. 职业道德是一种职业规范，受社会普遍认可。
2. 职业道德是长期以来自然形成的。
3. 职业道德没有确定形式，通常体现为观念、习惯、信念等。
4. 职业道德依靠文化、内心信念和习惯，通过员工的自律实现。
5. 职业道德大多没有实质的约束力和强制力。
6. 职业道德的主要内容是对员工义务的要求。
7. 职业道德标准多元化，代表了不同企业可能具有不同的价值观。
8. 职业道德承载着企业文化和凝聚力，影响深远。

（三）职业道德规范与养成

1. 爱岗敬业

爱岗敬业是社会主义职业道德最基本、最起码、最普遍的要求。爱岗就是热爱自己的工作岗位，热爱本职工作，敬业就是要用一种恭敬严肃的态度对待自己的工作。爱岗敬业作为最基本的职业道德规范，是对人们工作态度的一种普遍要求。当代大学生要珍视、敬重自己的工作岗位，认真工作，干一行爱一行，才能努力把工作的每一项任务都做到极致。

2. 诚实守信

诚实守信是做人的基本准则，也是社会道德和职业道德的基本规范。诚实就是表里如一、说老实话、办老实事、做老实人。守信就是信守诺言、讲信誉、重信用、忠实履行自己承担的义务。"人无信不立"，诚实守信是各行各业的行为准则，也是做人做事的基本准则，是社会主义最基本的道德规范之一，是每个大学生未来在职业生涯中得以立足的基本条件。

3. 办事公道

办事公道是指对于人和事的一种态度，也是千百年来人们所称道的职业道德。办事公道就是指我们在办事情、处理问题时，要站在公正的立场上，对当事双方公平合理、不偏不倚，不论对谁都是按照一个标准办事。公道与公平、公正，含义大致相同，它要求人们为人处世要公正、公平，意指坚持原则，按照一定的社会标准实事求是地待人处事。

4. 服务群众

服务群众就是为人民群众服务，是社会全体从业者通过互相服务，促进社会发展、实现共同幸福。服务群众是一种现实的生活方式，也是职业道德要求的一个基本内容。服务群众是社会主义职业道德的核心，它是贯穿于社会共同职业道德的基本精神。大学生是有知识、高素质的年青一代，应尽早培养自己服务群众的意识、业务能力，提高自己服务群众的水平。

5. 奉献社会

奉献社会就是积极自觉地为社会做贡献，这是社会主义职业道德的本质特征。奉献社会自始至终体现在爱岗敬业、诚实守信、办事公道和服务群众的各种要求之中；奉献社会并不意味着不要个人的正当利益，不要个人的幸福。恰恰相反，一个自觉奉献社会的人，他才真正找到了个人幸福的支撑点。奉献和个人利益是辩证统一的，每一个大学生都应该在奉献社会中找到自己的人生价值和幸福源泉。

二、树立职业意识

（一）职业意识的概念

职业意识是作为职业人所应具有的意识，它是人们对职业劳动的认识、评价、情感和态度等心理成分的综合反映。它是职业道德、职业操守、职业行为等职业要素的总和。职业意识是支配和调控全部职业行为和职业活动的调节器，是用法律、法规、行业自律、规章制度、企业条文来体现的。

职业意识既影响个人的就业和择业方向，又影响整个社会的就业状况，由就业意识和择业意识构成。就业意识指人们对自己从事的工作和任职角色的看法；择业意识指人们希望自己从事的职业。

职业意识内涵丰富，涵盖了你所工作的岗位的最基本，也是必须牢记和自我约束的各个方面，包含经营意识、前瞻意识、营销意识、全局意识、危机意识、安全意识、角色意识、表率意识、责任意识、诚信意识、规则意识、自律意识、问题意识、自信意识、竞争意识、沟通意识、团队意识、服务意识、创新意识、效率意识等方面。

树立良好的职业意识对大学生而言十分重要，需要每一个大学生在走入职场之前及就业之后不断去培养和提升。

（二）提升职业意识的基本途径

提升职业意识具体包含以下五个方面：

1. 树立职业理想

职业理想指人们在职业上依据社会要求和个人条件，借想象而确立的奋斗目标，即个人渴望达到的职业境界。它是人们实现个人生活理想、道德理想和社会理想的手段，并受社会理想的制约。职业理想是职业选择的向导，是取得职业成功的推动力，是事业成功的精神支柱。当代大学生要树立正确的职业理想，不仅需要全面地认识自己、合理定位自己，全面了解社会、了解职业，还要树立正确的人生观和正确的职业观。

2. 强化职业责任

所谓职业责任就是清楚明了地知道什么是责任，并自觉、认真地履行职业职责和参加职业活动，把责任转化到行动中去的心理特征。有责任意识，再危险的工作也能减少风险；没有责任意识，再安全的岗位也会出现险情。当代大学生要努力强化自身的责任意识，要自觉接受来自学校和企业的有关责任教育，要积极培养勇于负责、敢于负责的精神，同时要自觉培养履行责任、接受问责的意识。

3. 遵守职业纪律

职业纪律是在职业活动范围内从事某种职业的人们必须共同遵守的行为准则。自觉遵守职业纪律是履行岗位职责的前提条件。没有规矩不成方圆，如果人们对职业纪律置之不理，就会出现有令不行、有章不循的现象，必然导致工作出现无序和混乱。遵守职业纪律是树立职业意识基本要求的重要基础保障，作为未来步入职场的大学生要严格遵循职业岗位各项规章制度，确保职业意识的有效提升。

4. 提高职业技能

职业技能，指学生将来就业所需的技术和能力。职业技能不仅能在人们确立职业态度、明确职业理想的过程中起到积极作用，而且也是从业者职业理想付诸实现的重要保障。如今，应用型本科院校和高职院校正在推广实行的"1+X"双证书制度，即"学历证书+若干职业技能等级证书"双证制度，其目的就是引导大学生在获取学历证书的同时，也能够获得相关职业资格认证，使双证并重互通，提高学生岗位适应力和就业竞争力。因此，大学生在校期间就要掌握扎实的专业理论，要勤于动手实践，要积极参加企业岗位锻炼，要勤学好问，不断总结经验，有效提高职业技能。

5. 提升职业道德

职业道德，就是同人们的职业活动紧密联系的符合职业特点所要求的道德准则、道德情操与道德品质的总和，它既是对本职人员在职业活动中行为的要求，同时又是职业对社会所负的道德责任与义务。它是职业品德、职业纪律、专业胜任能力及职业责任等的总称。

千里之行始于足下，可以说，职业意识的培养非一日之功。广大青年学生要从小事做起、从自我约束做起，要在日常生活中、在专业学习和实习实训中、在社会实践中逐步提高自己的职业意识，为未来投身社会、奉献社会打下坚实的基础。

拓展知识点

蘑菇管理定律

刚刚进入职场，是不是常被人呼来喝去？这样的情形是不是让你很不舒服。这种情况与蘑菇生长的情景极为相似，在职场上也被称作蘑菇管理定律。它指的是组织或个人对待新进者的一种管理心态。因为初学者常常被置于阴暗的角落，不受重视的部门，只是做一些打杂跑腿的工作，有时还会受到无端的批评、指责，代人受过。组织或个人任其自生自灭，初学者得不到必要的指导和提携，这种情况与蘑菇的生长情景极为相似。

处于这样的境地，职场新人应该具备哪些职业意识，来转危为安呢？

1. 对于职业角色多思考，明白自己适合的方面以及职业能力，初入职场不能锋芒毕露。
2. 塑造自己的职业形象，不要一味追求积极上进而忽略个人形象。
3. 保持空杯心态，在职场虚心向他人学习，放低姿态。
4. 适当展示自己，巧妙运用能见度，在工作中令自己醒目却不刺眼。
5. 主动学习，主动选择，让自己变得强大。

三、担当职业责任

（一）职业责任的概念

职业责任是指人们在一定职业活动中所承担的特定的职责，它包括人们应该做的工作和应该承担的义务。从概念我们可以得出职业责任的两个突出特点：一是职业责任具有明确的规定性，二是职业责任具有法律及其纪律的强制性。职业责任是由社会分工决定的，是职业活动的中心，也是构成特定职业的基础。

职业责任的种类可分为消极责任和积极责任两种。消极责任，是把责任作为一种义务的责任，是关于在给定状态下谁来承担责任的问题，即在事情发生后所要承担的责任。消极责任的一个中心问题是"你为什么那么做"，而积极责任则重点强调当前状态下的活动，或是对未来不希望发生的事情的阻止行为，它的中心问题是"需要做什么"。

（二）职业责任的内容

1. 肩负的职责和应尽的义务

新时代职业责任有了更为丰富的内涵，包含个人责任、对组织的责任和对社会的责任三个层面。其中，个人责任最为重要，是其他一切责任的基础：

首先，对个人的责任，是一种与生俱来的使命，它伴随着每一个生命的始终，是生命价值的体现。一个人扛起了责任，就是扛起了信念，扛起了生命的机制。其次是对组织的责任，这是从业人员对自己所供职的单位所承担的职责和义务。无论是管理者还是普通员工，对工作尽心尽力，就是勇于担当对集体的责任。再次，是对社会的责任，每个人都是社会的一分子，每个人都应该承担一定社会责任。正如社会学家戴维斯说："放弃了自己对社会的责任，就意味着放弃了自己在这个社会中更好的生存机会。"

2. 承担的后果和责任

职业责任是职业赋予的职责和使命，它是永恒的职业精神。我们时刻要对自己的行为负责，对家庭负责，对工作负责，对社会负责。而每一种职业都有相关的法律法规和职业道德规范来规定从业者的职业行为及因此而承担的责任。当然，职业岗位不同，职业责任承担的形式也有不同，一般主要有道德责任、纪律责任、行政责任、民事责任和形式责任五种。

拓展知识点

工作责任心

责任心是指个人对自己和他人、对家庭和集体、对国家和社会所负责任的认识、情感和信念，以及与之相应的遵守规范、承担责任和履行义务的自觉态度。是指从事职业活动的人必须承担的职责和义务。一般地说，责任就是义务，工作责任心就是职业义务，工作责任心和职业义务是靠外在的行为规范力量来推动的。具有责任心的员工，会认识到自己的工作在组织中的重要性，把实现组织的目标当成是自己的目标。

一个对工作有责任心的人，他会表现出对工作的积极性和工作的效益性，工作认真是其他人对其责任心的基本认同。

如果说智慧和能力像金子一样珍贵，那么勇于负责的精神则更为可贵。那种既有能力又有责任感的人，是每一个企业都渴求的理想人才。现实情况表明，企业往往愿意信任一个能力一般但有较强责任感的人，而不愿重用一个能力很强但缺乏责任心的人。即使一个人的能力很强，如果缺乏负责精神，其能力也就失去了用武之地。对于有责任感而能力稍差的人，企业也会乐意给他们提供培训机会，提高他们的技能，因为这种员工是值得公司信赖和培养的。

认真地对待工作，百分之百地投入工作，不要投机取巧，也不要耍小聪明。应该说工作就意味着责任，岗位就意味着任务。在这个世界上，没有不需承担责任的工作，也没有不需要完成任务的岗位。工作的底线就是尽职尽责、坚守岗位、完成任务。如果一个人，无论是在卑微的岗位上，还是在重要的职位上，都能秉承一种负责、敬业的精神，一种服从、诚实的态度，并表现出完美的执行能力，这样的人一定是单位领导的最佳选择。

具有责任心的员工，勇于把企业的利益视为自己的利益，具有责任心的员工，不会推卸责任，也不会因为一次过失造成后果而气馁，而不敢承担责任。这样的人是可靠的、可以委以重任的人，一旦条件成熟，机会是会留给有责任心的员工。

(三)提升职业责任感

哲学家柏拉图认为,只要社会上从事各种职业的人各尽其责,各司其职,那么就会出现正义的社会。每个人根据自己所从事的职业,做自己应该做的事,完成自己应担负的工作,那么国家就会和谐,个人就会实现幸福。职业职责是每一个人应尽的义务,任何不愿意败坏自己声誉的人都必须认真履行自己的职责。在人的一生中,每个人都应该通过自己的努力履行自己的义务,积累自身的财富。可以说,持久而良好的职业职责是每一个人应具备的最起码的品格,职业责任感是职业人的第一素质。

对于今天的大学生而言,我们可以通过以下方式提高自己的职业责任感:

一要强化思想道德意识;

二要培养责任意识;

三要提高工作主动性;

四要认真做事;

五要不推卸责任;

六要重视过程和结果;

七要履行承诺。

总结案例

铁人张定宇:与时间赛跑

他身患"渐冻"绝症,妻子被感染隔离,却瞒着全院医护人员,率领600多名白衣卫士冲锋在前,与病魔争抢时间。他就是武汉最大的专科传染病医院——金银潭医院院长张定宇。

"不要急不要急,在医院门口稍等,我马上安排人出来接。""快些,要抓紧,病人的事一刻都等不得,越快越好!"不到1小时内,一瘸一拐的张定宇连接了8个来电。在疫情中坚守的前30多天,他往往是凌晨2点刚躺下,4点就得爬起来,各种突发事件、电话,应接不暇。"雷厉风行"是身边同事对张定宇评价最多的词语。"性子急,是因为生命留给我的时间不多了。"张定宇被采访时说,"我是一个渐冻症患者,双腿已经开始萎缩,全身慢慢都会失去知觉。我必须跑得更快,才能跑赢时间,把重要的事情做完;我必须跑得更快,才能从病毒手里抢回更多的病人。"

抗击疫情的每个时刻,张定宇兵不解甲、马不停蹄。他说:"身为共产党员、医务工作者,非常时期、危急时刻,必须不忘初心、勇担使命,坚决顶上去!"

就在张定宇日夜扑在一线,为数百名重症患者转诊开启生命通道时,同为医务人员的妻子,却因新型冠状病毒感染,在十几公里外的另一家医院里独自忍受着病痛,接受治疗和隔离。分身乏术的张定宇，有时忙得一连三四天都顾不上去看她一眼。

（资料来源：搜狐网 https：//www.sohu.com/a/370396219_115239）

分析：张定宇不顾个人安危、出生入死，一心为党，兑现对组织、对人民的承诺。为了病毒感染的重症病人得到及时救治，他完全忘却自己是一名渐冻症患者，冒着被感染的风险，拖着病残的伤腿，他坚守在抗击病毒一线，这充分体现了他的担当和责任，诠释了他为党为民的牺牲精神，他践行自己的承诺，不讲条件，冲锋在前，坚决服从党的安排，把对组织的承诺时刻铭记在心，用行动践行初心和使命。

第三节　提升职业素养

名言名句

学习是终身的职业，在学习的道路上，谁想停下来就要落伍。

——著名科学家钱伟长

案例引学

兴趣使他不会疲倦

年仅40岁就获得诺贝尔奖的丁肇中，从小就对物理有浓厚的兴趣。20岁时，他带着仅有的100美元，远赴重洋到美国密歇根大学学习数学和物理。在3年多的时间里，他刻苦读书，把全部精力都贯注于学业中去，有人问他："这样刻苦攻读，你不觉得苦吗？"丁肇中笑着答道："不、不、不，一点也不，没有任何人强迫我这样做。正相反，我觉得很快乐。因为我有兴趣，我急于要探索秘密。"正因为如此，丁肇中以优异成绩毕业，并被留在普林斯顿从事研究工作。后来，他又成为哥伦比亚大学助理研究员，与里奇特同一天发现了J/Q粒子，共同获得了诺贝尔物理学奖。

作为世界顶尖的物理学家，工作到六七十岁后，本可像许多科学家那样功成身退，但他依然选择奋战在科研一线。他说，好奇心和兴趣是他生命的原动力，"工作就是我的兴趣，兴趣使我不会疲倦"。

问题：兴趣在一个人职业发展中的作用是什么？

职业素养不是与生俱来的，它需要后天的培养。对于大学生而言，良好的职业素养来自两个方面，一方面要基于对自我的清醒认识，通过兴趣和自身职业性格的分析，科学地选择职业，尽可能做到人职匹配；另一方面也要培养自己终身学习的习惯，在持续学习中不断提升自己的职业素养。

一、职业兴趣与职业性格

（一）职业兴趣

兴趣是个体力求认识某种事物从事某项活动的心理倾向，它表现为个人对某种事物或从事某项活动的积极态度。兴趣是在一定需要基础上，在社会实践中发生和形成的，它在人的职业选择过程中具有重要作用，是进行职业选择的重要依据。人们在选择职业时，当外界环境限制较少时，更倾向于寻找与自己兴趣有关的职业。稳定的职业兴趣能够推动人们深入理解问题，获得系统和深刻的知识，从而奠定成功的基础。

关于职业兴趣理论，最具代表性的是美国约翰·霍普金斯大学心理学教授约翰·霍兰德（John Holland）于1959年提出的具有广泛社会影响的职业兴趣理论：人的人格类型、兴趣与职业密切相关，兴趣是人们活动的巨大动力，凡是具有职业兴趣的职业，都可以提高人们的积极性，促使人们积极地、愉快地从事该职业，且职业兴趣与人格之间存在很高的相关性。他认为大多数人可以被归纳为六种人格类型：社会型（S）、企业型（E）、常规型（C）、现实型（R）、研究型（I）和艺术型（A）。见图5-1和表5-1。

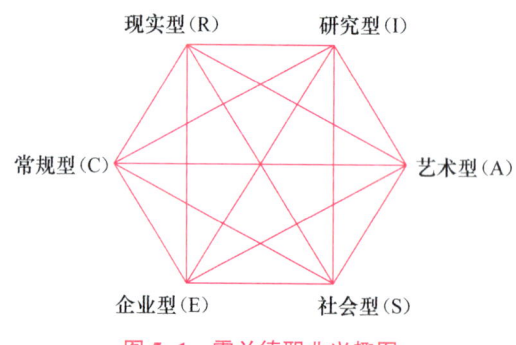

图 5-1　霍兰德职业兴趣图

表 5-1　霍兰德六种人格类型

人格类型	共同特征	典型职业
社会型（S）	善交往、善言谈、愿意教导别人；关心社会问题、渴望发挥自己的社会作用；寻求广泛的人际关系，比较看重社会义务和社会道德	教育工作者、社会工作者
企业型（E）	追求权力、权威和物质财富，具有领导才能；喜欢竞争、敢冒风险，有野心、抱负；为人务实，习惯以利益得失、权力、地位、金钱等来衡量做事的价值，做事有较强的目的性	项目经理、销售人员、营销管理人员、政府官员、企业领导、法官、律师

续表

人格类型	共同特征	典型职业
常规型（C）	尊重权威和规章制度，喜欢按计划办事，细心、有条理，习惯接受他人的指挥和领导，自己不谋求领导职务；喜欢关注实际和细节情况，通常较为谨慎和保守，缺乏创造性，不喜欢冒险和竞争，富有自我牺牲精神	秘书、办公室人员、记事员、会计、行政助理、图书馆管理员、出纳员、打字员、投资分析员
现实型（R）	愿意使用工具从事操作性工作，动手能力强，做事手脚灵活，动作协调；偏好于具体任务，不善言辞，做事保守，较为谦虚；缺乏社交能力，通常喜欢独立做事	技术性职业（计算机硬件人员、摄影师、制图员、机械装配工），技能性职业（木匠、厨师、技工、修理工、农民、一般劳动）
研究型（I）	思想家而非实干家，抽象思维能力强，求知欲强，肯动脑，善思考，不愿动手；喜欢独立的和富有创造性的工作；知识渊博，有学识才能，不善于领导他人；考虑问题理性，做事喜欢精确，喜欢逻辑分析和推理，不断探讨未知的领域	科学研究人员、教师、工程师、电脑编程人员、医生、系统分析员
艺术型（A）	有创造力，乐于创造新颖、与众不同的成果，渴望表现自己的个性，实现自身的价值；做事理想化，追求完美，不重实际；具有一定的艺术才能和个性；善于表达，怀旧，心态较为复杂	艺术表演及创作（演员、设计师、建筑师、摄影师等），音乐表演及创作（作曲、指挥等），文学创作（诗人、作家等）

一个人的行为表现，是由他的人格与他所处的环境交互作用决定的。在人职匹配的环境里，才能更好地施展才能抱负、实现个人价值。人格类型与职业类型匹配度的高低，可以预测个人的职业满意度、稳定性及职业成就。

（二）职业性格

1. 性格与职业性格

性格是指人们在对人、事、物的态度和相应行为上表现出来的特征，它是一种个体内部的行为倾向，是相对稳定、具有核心意义的、与社会联系最为密切的个性心理特征。性格具有较为复杂的结构，主要包括态度、意志、情绪、理智四个方面的特征。性格是个性最鲜明的表现，也是一个人独特、稳定的个性心理特征。

职业性格是指人们在长期特定的职业生活中所形成的与职业相联系的、稳定的心理特征，是个人内部的动力，也是确定个人在职业上的特征性行为的依据。

2. 性格类型与职业倾向

从心理机能上划分，性格可分为理智型、情感型和意志型。

从心理活动倾向性上划分，性格可分为内倾型和外倾型。

从个体独立性上划分，性格分为独立型、顺从型、反抗型。

按人的行为方式，即人的言行和情感的表现方式可分为 A 型性格、B 型性格、C 型性格和 D 型性格。

MBTI 性格类型理论以瑞士心理学家荣格的人格分类理论为基础，与其相对应的 MBTI 职业性格测试是目前应用最为广泛的职业人格评估工具。

MBTI 人格共有四个维度，每个维度有两个方向，共计八个方面，分别是：

能量获取方式：外向（E）——内向（I）

信息获取方式：思维（S）——直觉（N）

分析判断的方式：思考（T）——情感（F）

行事的方式：判断（J）——知觉（P）

四个维度的两个方面，可以组合出 16 种性格类型，如表 5-2 所示。

表 5-2　MBTI 16 种性格类型的特征和职业倾向

性格类型	特征	职业倾向
ISTJ 内向+思考+思维+判断	工作缜密、有责任心、讲求实际	管理者、执法者、会计、审计师、行政人员
ISFJ 内向+思维+情感+判断	沉静友善、忠诚、有奉献精神，喜欢实际可行地帮助别人	教育、健康护理、宗教服务、服务员
INFJ 内向+直觉+情感+判断	正直坚定、富有理想、对别人有洞察力、感情强烈	咨询服务、教导/教育、电影编剧等艺术工作者
INTJ 内向+直觉+思考+判断	具有创意头脑、能很快掌握事物规律、思维严谨、有怀疑精神、坚忍不拔	科学家、研究人员、工程师等
ISTP 内向+思考+思维+知觉	容忍、冷静、坦率诚实、重视效率、善于观察、擅长分析	各类技术专家、技师、熟练工种、执法者、军人等
ISFP 内向+思维+情感+知觉	敏感仁慈，沉静友善，喜欢有自我空间，灵活，易于相处，多用行为表达情感	健康护理、服务业、机械和维修、手工制作者
INFP 内向+直觉+情感+知觉	敏感、理想化、忠诚、信仰坚定、具有忍耐力和适应性、有好奇心	艺术家、作家、咨询服务、社会工作者、社科类研究人员
INTP 内向+直觉+思考+知觉	缄默超然、灵活易变、思维开阔、喜欢分析，喜欢理念思维多于社交	科学或技术研究人员、作家、设计师、艺术家等
ESTP 外向+思考+思维+知觉	活跃、率直友善、随遇而安、讲求实际、专注及时的效益、善于用行动解决问题	各类贸易商、零售商、房地产经纪人、保险经纪人、体育工作者等
ESFP 外向+思维+情感+知觉	热情大方、乐于助人、擅长交际、喜欢具体的事实，富有灵活性、即兴性	销售人员、客户经理、表演人员、节目主持人、导游、社区工作人员、健康护理、儿童保育等
ENFP 外向+直觉+情感+知觉	乐观自信、富有创造性、好奇、乐于欣赏支持别人，观察力强	儿童教育工作者、职业规划顾问、社会工作者、培训师、节目策划人、广告撰稿人

续表

性格类型	特征	职业倾向
ENTP 外向+直觉+思考+知觉	思维敏捷，喜欢变化与挑战，开放健谈，富有想象力，善于洞察别人，随机应变	投资顾问、市场营销人员、广告创意、艺术总监、访谈类节目主持人、制片人
ESTJ 外向+思考+思维+判断	传统、合群、高效、务实、善于分配和处置资源，喜欢制度分明、稳定的工作环境	大中型企业员工、业务经理、职业经理人、管理者
ESFJ 外向+思维+情感+判断	友好、富有同情心和责任感、重视人际关系、果断坚定、谨慎、讲求实际	办公室行政或管理人员、秘书、医护人员、教师、学校管理者、银行、酒店、餐饮业管理人员等
ENFJ 外向+直觉+情感+判断	温情，有同情心，关心他人，社交活跃，积极协助他人成长	人力资源、销售培训员、职业指导顾问、心理咨询师、记者、节目主持人（新闻、采访类）等
ENTJ 外向+直觉+思考+判断	自律，有条理，分析能力强，富有远见，善于领导、决策和组织，乐于指导他人	各类管理者、领导者、行业领域专家等

二、提高职业能力

能力是完成一项目标或者任务所体现出来的综合素质。

职业能力是胜任某种职业岗位的必要条件。虽然不同专业要求的职业能力不同，但对职业人而言，必备的职业基本能力还是十分重要的。

职业基本能力分为一般职业能力、专业能力、综合能力和个人能力四个方面：

（1）一般职业能力，主要是指一般的学习能力、文字和语言运用能力、数学运用能力、空间判断能力、形体知觉能力、颜色分辨能力、手的灵巧度、手眼协调能力等。

（2）专业能力，主要是指从事某一职业的专业能力。在求职过程中，招聘方十分关注的就是求职者是否具备胜任岗位工作的专业能力。

（3）综合能力，主要是指一个人的团队协作能力、人际交往和善于沟通的能力，以及对环境的适应力、良好的心理承受能力、准确的判断力和自律能力等，这是胜任岗位、在工作中开拓进取的重要条件。

（4）个人能力，一个人的职业道德会越来越受到全社会的尊重和赞赏，爱岗敬业、工作负责、注重细节的职业人格会得到全社会的肯定和推崇。

三、培养终身学习习惯

（一）终身学习的概念及特点

终身学习是社会每个成员为适应社会发展和实现个体发展的需要，贯穿于人的一生的、持续的学习过程。我们常说的"活到老学到老"或者"学无止境"，其实就是终身学习的真实写照。在特殊的社会、教育和生活背景下，终身学习理念得以产生，它具有以下特点：

1. 终身性

这是终身教育最大的特征。它突破了正规学校的框架，把教育看成是个人一生中连续不断的学习过程，是人们在一生中所受到的各种培养的总和，实现了从学前期到老年期的整个教育过程的统一。它包括了教育体系的各个阶段和各种形式，既包括正规教育，又包括非正规教育。

2. 广泛性

终身教育既包括家庭教育、学校教育，也包括社会教育。可以这么说，它包括人的各个阶段，是一切时间、一切地点、一切场合和一切方面的教育。终身教育扩大了学习天地，为整个教育事业注入了新的活力。

3. 全民性

终身教育的全民性，是指接受终身教育的人包括了所有的人，无论男女老幼、贫富差别、种族性别。而事实上，当今社会中的每一个人，都要学会生存，而要学会生存就离不开终身教育，因为生存发展是时代的主流，会生存必须会学习，这是现代社会给每个人提出的新课题。

4. 灵活与实用性

终身学习具有灵活性，表现在任何需要学习的人，可以随时随地接受任何形式的教育。学习的时间、地点、内容、方式均由个人决定。人们可以根据自己的特点和需要选择最适合自己的学习。

（二）终身学习理论的形成与发展

终身学习的思想古已有之，儒家创始人孔子宣称："吾十有五而志于学，三十而立，四十不惑，五十而知天命，六十而耳顺，七十而从心所欲不逾矩。"在日本，古代亦有"修业一生"的观念。日本早期著名学者佐藤一斋的名言"少而学，则壮年有为。壮而学，则老而不衰。老而学，则死而不朽"，也是对终身学习思想的有力诠释。

20世纪70年代，联合国教科文组织国际教育发展委员会发布了以"学会生存——教育世界的今天与明天"为主题的报告书，第一次强烈地提出了当代教育所面临的危机、挑战和面向未来的重大主题，提出了终身教育的理念、走向学习化社会的目标，以及信息时代的学习。

1973年，美国卡耐基高等教育委员会出版了《迈向学习社会》一书，描述了学习社会的构想，解释了从传统学习向新的学习方式转变的原则。

1979年，罗马俱乐部发表题为"学无止境"的研究报告，提出解决人类社会面临的全球问题的新方案在于改革面向传统或面向现在的"适应性学习"，实现面向未来的"创新性学习"。这种"创新性学习"以满足未来为目的的"前瞻性"和各个层面的"参与性"为基本的两个特征。

1990年，世界全民教育大会通过《世界全民教育大会宣言——满足基本学习需要》。它告诉人们,当人类社会已经成为一个命运共同体时,它得以维系的基本前提是全体人民都能享受应有的教育。这个全球性社会唯一不能浪费的资源,就是人的智力、创造力和想象力。

进入90年代,欧盟发布《教与学:迈向学习社会》的白皮书,用以指导1996年欧洲终身学习年的各项学习活动。到1996年,联合国教科文组织21世纪委员会发布德洛尔报告,即《学习:内在的财富》,提出学习的四大支柱,即"学会认知""学会做事""学会共同生活",以及"学会生存"。这份报告通过宣扬终身学习和学会学习,全面阐述了国际社会对未来人类学习问题的理解,成为国际社会的一份学习宣言。

1994年11月,由欧洲终身学习促进会、歌泽堡城市教育委员会、美国教育理事会等组织发起,在联合国教科文组织、美国州市大学与学院联合会等机构和一些大企业的支持下,在意大利罗马举行了"首届世界终身学习会议"。会议提出终身学习是21世纪的生存概念,认为人们如果没有终身学习的概念,就难以在21世纪生存,并采纳终身学习的定义为:"终身学习是通过一个不断支持的过程来发挥人的潜能,它激励并使人们有权利去获得他们终身所需要的全部知识、价值、技能和理解,并在任何任务、情况和环境中有信心、有创造性和愉快地应用它们。"

人类文明已发展到了一个新的转折点。教育从来没有像今天这样成为关系人类生存命运的重要前提,学习也从来没有像现在这样成为一个人最基本的生存能力。学习是我们每一个人乃至整个社会开启富裕之门的钥匙。学习不仅仅关系到经济的繁荣,对社会而言,学习告诉人们影响他们生活的主要问题,使他们成为积极的公民,并全力以赴地投入自己社区的发展之中;对个人而言,学习使人在不断自我完善的同时也提供职业发展和改善生活的机会。人人需要生存的智慧,学习生存之道。学习的能力,就是你将来生存的能力、挣薪的能力。对所有人来说,终身学习都将成为一种回报无限的投资。

拓展知识点

终身学习的好处

台湾脑科专家、教育家、心理学家洪兰十分推崇读书学习,她以一个脑科专家的身份告诉人们要主动多读书学习。

因为她在实验室通过核磁共振实验发现,当一个人读书学习的时候,大脑的海马回整个区域都是亮的;而当一个人坐在沙发里看电视的时候,海马回发亮的区域很小,甚至会萎缩。大脑的生物学机制是用进废退,一个保持学习惯性的大脑,更加强健有活力、年轻态。大量实验也证明,有读书学习习惯的老人更不容易患老年痴呆。

终身学习的好处,当然不只是推迟大脑和人体的老化程度。对于这个变化加速、日新月异的时代,终身学习的态度是一种成长型思维模式,可以让一个人在自己的专业领域内保持领先优势。

(资料来源:https://baijiahao.baidu.com/s?id=1671102250620342490&wfr=spider&for=pc)

(三) 终身学习习惯的培养

1. 主动学习的习惯

主动学习，意指把学习当作一种发自内心的、反映个体需要的活动。它的对立面是被动学习，即把学习当作一项外来的、不得不接受的活动。

主动学习的习惯，本质上是视学习为自己的迫切需要和愿望，坚持不懈地进行自主学习、自我评价、自我监督，必要的时候进行适当的自我调节，使学习效率更高、效果更好。

培养主动学习习惯应注意如下要点：首先，要培养对学习如饥似渴的需要。其次，把学习当成自己的事情。再次，学会进行自我评价。

2. 不断探索的习惯

不断探索，就是在未知的领域里，凭借自己的兴趣爱好、凭借自己的发现和寻找进行学习，多方寻求答案，解决疑问。

不断探索习惯的培养应注意以下两点：

首先要对周围某些事物、现象，对听到和看到的观点、看法有浓厚的兴趣。如果周围的任何事物和现象都不能引起你的丝毫兴趣，不能令你有所感触，不能让你心动，那就不可能产生真正的探索。探索首先来源于兴趣。

其次还需要不断丰富自己的信息资源。信息资源，既包括人的方面的资源，也包括知识方面的资源。丰富的信息资源是不断探索未知领域的重要推动力量。

3. 自我更新的习惯

自我更新，就是不固守已经掌握的知识和形成的能力，从发展和提高的角度，对自己的知识、认识和能力不断地进行完善。

自我更新习惯的培养包括：要培养开放的心态，培养对新事物、新现象的敏感性，善于进行反思、不断进行自我更新，而且要虚心，要重视别人的意见，主动纳言。

4. 学以致用的习惯

学以致用就是把学到的理论应用到实际中去，使理论与实践相结合，达到知行合一的目的。学不致用，当然无用；学以致用，自然有用。陶行知的"行是知之始，知是行之成"也同样阐释了学与用、知与行的关系。

学以致用习惯的养成要注意：首先要学懂弄通，这是从"学"到"用"的基础；其次要经常观察和思考，观察和思考是一切智慧的源泉，现象和规律都是客观地存在着，没有观察和思考就没有质疑和发现；再次要学会"做"，"做"是这一习惯的核心，不断动手实验，不断验证自己想法和观点的过程是探索和创新的过程。

(四) 终身学习的现实意义

1. 终身学习是职业生存的需要

随着现代科学技术的发展，许多行业已不再是代代相承、永远不变。科技突飞猛进，信息量与日俱增，社会各个领域的科学知识不断由单一走向多元，不断向更深更广的层面发展，职业分类也越来越细化，越来越规范，出现了很多新的职业领域，对人们的生活、学习、职业发展都产生了重要的影响，终身学习的重要性也越来越明显。"只有终身学习，终身受教育，才能终身就业"，终身学习已经成为现代劳动力市场的一条基本规律。每个职场人都必须认清终身学习对自身成长和发展的重要性，自觉地树立终身学习的观念，不断地提高自身的素质，以适应职业生存的需要。

2. 终身学习是获得尊重的需要

一个人想要受人尊重，首先得有一定的学识，具备较高的素质。而学习是获得这些的前提和必要条件。学习是人类生存和发展的重要手段，终身学习是我们自身发展的必由之路。"活到老，学到老"是每个人应有的学习观。人们已经感受到学习的必要性和重要性，主动提高自己内在素质的人越来越多。

终身学习对职场人更为重要。如果我们不能经常更新知识结构，不能对新知识、新技能保持好奇与敏锐，就有可能落后于时代的脚步，成为别人眼里的"老古董"，甚至被职场和社会淘汰。

3. 终身学习是提高幸福感的需要

幸福感是一种心理体验，它既是对生活的客观条件和所处状态的一种事实判断，又是对生活的主观意义和满足程度的一种价值判断。它表现为在生活满意度基础上产生的一种积极心理体验。而幸福感指数，就是衡量这种感受具体程度的主观指标数值。终身职业学习可使我们紧跟时代的脚步，获得社会的认可，个人的认识有所提高，职场发展顺利，因此，个人生活的满意度也会随之提升，从而提升幸福指数。

从对幸福感的影响因素的分析中，我们不难发现，就业状况、收入水平、教育程度等因素起着至关重要的作用，而这些因素无不可以通过终身职业学习去获得。对于个体来说，我们只有通过自己的刻苦努力，坚持不断地学习和实践，才能紧扣时代的脉搏，跟上时代的步伐，进而才可能拥有较好的职业和收入，提升职业幸福指数。

4. 终身职业学习是适应社会和实现个人梦想的必然要求

学习是人类生存和发展的重要手段，要想更好地适应社会，驰骋职场，终身职业学习是必由之路。21世纪是"知识爆炸"的时代，知识老化加速，职工更替频繁，社会变化加剧，任何人都不可能拥有足以应对社会发展的知识。因此，必须通过学习，不断丰富自己。

通过终身学习，可以促进自己的学识、能力和素质得到全面发展，提升个人的社会竞争力，适应飞速发展的社会，进而实现个人理想。

 **总结案例**

天道酬勤，学生公寓宿管阿姨考上研究生

2018年，因儿子计划考复旦大学的研究生，原梦园决定"伴考"，并报考了上海交

大。为了提高英语水平，她应聘成了上海交大留学生公寓的宿管阿姨。

2019年7月20日，她将离开目前的上海交通大学宿舍管理员岗位，前往广西大学攻读硕士学位，与她一同步入研究生学习的，还有她23岁的儿子，只不过，儿子将继续留在上海，去复旦大学求学。

2011年，儿子来上海读初三，原梦园来上海"督学"。为了给儿子做表率，她常到家附近的上海交通大学上自习，并在2016年通过成人高考，考入了复旦大学汉语言文学专业。

1991年从河南信阳师范学院毕业后，原梦园先是当老师，后被调到银行工作。婚后，她鼓励技校毕业的丈夫继续深造，丈夫一路念到博士，目前在上海一所大学任教。

"只要你愿意学，什么时候开始，都不会晚。"

"圆梦的道路不论多艰险，路的尽头一定是梦圆。"这句微信签名，道尽了上海交通大学宿舍管理员原梦园的心路和智慧。

她对即将到来的研究生生涯也充满了期待："我渴望学习，只要你愿意学，什么时候开始，都不会晚。"

（资料来源：搜狐网 https：//www.sohu.com/a/341143639_161795）

课后训练

一、理论知识掌握

1. 什么是职业？怎样理解职业人？简述优秀职业人应具备的素质。
2. 如何理解职业精神？怎样弘扬职业精神？
3. 什么是职业素养？怎样提升职业素养？

二、能力素质训练

1. 归纳职业的关键要素，试运用职业定位方法规划自己的职业方向。
2. 阅读分析

用行动诠释青年人的责任与担当

出生于1996年的张锐聪是哈尔滨工业大学研一的学生，寒假回到温江后，她没有选择在家休息，而是主动向社区请缨，加入志愿者行列，承担起新尚天地小区停车场入口的检查服务工作。

对于自己的志愿者行为，张锐聪表示："有时候出去看见门口的物业工作人员非常辛苦，同时学校的党支部，一直在号召大家做这些事情，我身为学生党员也该担负起责任。"

今年寒假，除了在家上"网课"，其他时间张锐聪都蹲守在小区停车场入口，确保一切来往车辆和人员登记在册。不仅如此，张锐聪还要做好人员体温测量以及来往车辆消毒工作。刚开始遇见不配合的业主，她觉得委屈和无奈，但她也理解有些人在工作上有一定的压力，因为检查来来回回折腾麻烦，所以态度不太友好，碰到这种情况她就尽力与他们做好沟通。

张锐聪身材娇小，外表柔弱，面对疫情，却十分坚强。无论刮风还是下雨，张锐聪都坚守在岗位上，一站就是半天的时间，短暂的午餐后，又匆忙回到岗位上，为了及时补充消毒用品，她还要提着沉重的水桶往返于停车场入口与小区物业取水点之间，连续工作接近半个月后，张锐聪干起活来也得心应手了。

如今很多企业陆续复工复产，进出小区的车辆更多了，张锐聪也更加忙碌了，但她坚持做到学校开学："其实不论是像我们这样的志愿者，还是很多的一线医护人员，都是非常年轻的"90后""95后"，我们是一代人。以前总觉得自己还是个小孩，但现在突然意识到，其实自己也已经成年了，这些社会责任该我们担起来了。"

像张锐聪这样的青年志愿者，在全国各地还有许多，他们默默付出，用逆行者的身姿诠释青年人的责任、勇敢与担当。

问题：通过阅读材料回答，我们应如何树立社会责任与担当意识？

第六章

生活性劳动实践

> **导读导学**

　　家庭是每个人生活的避风港和栖息地，需要所有成员的共同努力，才能拥有温暖和温馨。家庭的温暖，不仅体现在亲密的言谈举止中，更体现在琐碎的家务劳动中，一个人对待家务的态度，就是对待生活的温度。家务是生活幸福的润滑剂，通过做家务，我们不仅可以增长生活技能，还能切身体验家务的琐碎和不易，懂得感恩和尊重。

　　生活性劳动主要是我们日常生活中涉及衣食住行过程中的相关劳动，是保障我们能够独立生活、健康生活、幸福生活的方方面面劳动，也是我们每个人生活能力的重要衡量内容和扮演好生活中的角色、处理好日常人际关系、获得未来幸福生活的重要保障。

　　通过本章的学习，大学生应了解生活性劳动的范围、生活性劳动能力培养的意义和培训途径，掌握生活中基本的劳动技能，在参加日常生活劳动的过程中，提升自己最基本的生活能力、增强个人独立性和责任感，提高彼此分工、共同努力，共创幸福的归属感，塑造正确的人生观、价值观和世界观。

第一节 自我服务性劳动

名言名句

希望诸君至少要做一个人，至多也只做一个人，一个整个的人。要有健康的身体，做八十岁的青年，别做十八岁的老翁。滴自己的汗，吃自己的饭，自己的事自己干，靠人，靠天，靠祖上，不算是英雄好汉。

——陶行知

案例引学

因生活不能自理而遭劝退的大学生

近些年，报纸和网络上常会出现某名大学生因生活不能自理而遭学校劝退的消息。如曾经13岁考上重点大学、17岁硕博连读的某位同学，在20岁时却被退学了。无独有偶，还有一位同学曾经以全市第一名被名校录取的学生，也因生活不能自理在研究生期间被学校劝退……而一些大学生因不能适应大学生活，无法住校，需要家人陪读的情况也屡有发生。这些同学有一个共同之处就是，他们生活上不能自理。他们除了读书之外，自己不会乘坐公交车、不会打扫房间、不会整理衣物，甚至不会系鞋带、不会与同学交往……离开了父母的照顾，他们变成了毫无生活能力的巨婴，很难想象他们的未来要为补上生活劳动这一课付出怎样的代价。

思考：这些学生遭遇大学退学的原因是什么？我们应吸取怎样的教训？

一、自我服务劳动

（一）概念

自我服务劳动是料理自己生活的各种劳动，自我服务劳动是最简单的日常劳动，是从我做起，从小事做起，从自我服务开始，逐步能为他人、为集体服务，逐渐培养自己的责任感和社会适应能力的劳动。日后不管我们从事何种生产劳动，自我服务都将成为我们的义务和习惯。

(二) 自我服务劳动技能

自我服务劳动技能是人人必须具备的技能。在我国，尽管各民族、各地区人们的生活习惯有所差异，但卫生习惯、生活自理、学习自理应当是共同的。自我服务劳动技能最基本的包括洗手、洗脸、刷牙、洗脚、剪指甲、洗头、梳头、洗澡、穿脱衣服、系鞋带、铺床、叠被、洗小件衣物、洗碗筷、洗茶杯、钉纽扣、缝补衣物、晒被褥、洗外衣、叠放衣服、收拾书包、修补图书和整理学习用品等，无论长幼都应将最基本技能熟练掌握。

这类劳动项目重在养成学生自己动手丰衣足食的良好习惯，从而认识劳动光荣，为从事其他各类劳动打下基础。生活性劳动技能可促进自己进行充分的自我服务，更加独立、自主地规划自身的生活，解决学习生活中遇到的各种困难。

拓展知识点

如何清理鞋子上的污渍

在冬天的时候我们都会穿一双好看又保暖的鞋子，但是有时候鞋子穿的时间长了就会容易变脏了，那么你知道鞋子脏了应该如何清洗才好吗？以下是清理鞋子上的污渍的小窍门。

1. 真皮皮革可用头发调理剂

皮靴相对其他鞋子更容易磨损，想要修复它不用去购买鞋油，而是用我们的头发调理剂和一块干净的抹布，轻轻摩擦少量进入皮革。

2. 运动鞋可用海绵

运动鞋也容易脏，我们可以把一块小小的海绵蘸湿然后用它轻缓地擦掉运动鞋上的污迹。

3. 麂皮长筒靴可用橡皮擦

长筒靴有一些划痕或者污渍的时候，我们可以找一个干净未使用过的橡皮擦来轻轻地擦拭污垢，然后我们的鞋子就能崭新如初了。

4. 雨靴可用橄榄油

雨靴常常是最容易弄脏的鞋子，当我们的鞋子产生一些白色印痕时可把一些橄榄油倒在干净的布上，然后以圆周运动摩擦，这样一会儿橡胶雨靴就能崭新到继续反光了。

5. 皮革鞋可用凡士林

皮革鞋脏了后，可将少量凡士林抹在干净的布上，然后用这块布轻轻擦拭污垢。

(三) 自我服务劳动的意义

自我服务劳动是一个学生全面发展、成人成长的最基本条件和最基本要求。一个人，先要从小学会料理自己的生活，长大后才能从事生产劳动。所以，生活性劳动是未来从事其他劳动的基础。日常生活中自我服务方面的劳动也是培养我们劳动能力的必要手段和基本途径，为我们未来成长为合格公民、诚实合法劳动、创造成功生活奠定基础。

1. 有利于劳动能力和劳动习惯的培养

劳动能力即会劳动，掌握劳动的基本技能技巧。爱劳动一直是中华民族的传统美德，会劳动能促使我们爱上劳动、积极参与各种劳动，逐步克服自身惰性。现代戏剧之父易卜生告诉后人：你的最大责任就是把你这块材料铸造成器。而铸成器的过程就是一个不断打磨自己、提升自己的过程，生活性劳动就是一个培养自身劳动能力和劳动习惯的过程。或者说，从事自我服务劳动是培养劳动能力和劳动习惯的重要途径。

大学阶段对于很多学生而言，是全日制在校学习的最后阶段，是一个学生成长的关键时期，在这一时期青年大学生的自我服务劳动就是衣食住行等"自理"。特别对于"衣来伸手、饭来张口"的独生子女来说，培养自我服务劳动能力，积极参与日常劳动十分必要。

2. 有利于提升幸福感和创造力

有教育家说过，个人的才能和天赋的起源在自己的指尖上。形象地说，从我们的手指淌出涓涓细流，汇成创造思想的源泉。换句话说，不动手不利于动脑，不利于聪明才智的发挥。可以说，一个人会生活才会懂生活，才会爱生活，爱生活才会创造生活；同样，一个人会生活才会工作，会工作才会做好工作，才会取得更好的工作业绩。其中，会生活的基础是具备一定的劳动能力，有了劳动能力我们才能用双手去创造我们的幸福生活。

3. 有利于培养对劳动人民的思想感情

一个人只有付出了辛勤劳动，才能懂得珍惜劳动成果。因为付出了劳动，我们就懂得了劳动的艰辛，我们就能够主动换位思考，产生同理心，从而珍惜和爱护他人的劳动成果，也就建立了对劳动人民朴素的思想感情。

4. 有利于促进个人意志品质的形成

生活中的劳动虽然难度不大，却是我们每人的日常，需要我们始终如一、坚持不懈，而坚持的过程也是良好习惯的养成过程、意志品质的形成过程。伟大的品格、丰硕的成果都来自于良好的意志品质，所谓"不以善小而不为""一屋不扫何以扫天下"就是这个道理。

清洗衣物上的笔墨印

对于每个人都会遇到的笔墨印，该如何清洗呢？首先将酒精倒在衣服上有笔墨印的画痕上，每一道画痕上都要均匀地覆盖上酒精，酒精要选用浓度不小于75%的医药用酒精。把衣服上涂了酒精的这一面向上放，尽量不要接触衣服的其他面，否则钢笔或者圆珠笔的印记颜色有可能会染到衣服的其他部分。然后用普通的洗脸盆，准备好大半盆水，接下来将满满两瓶盖的漂白水倒在清水中，注意一定要是满满两瓶盖才行。稍做搅拌，之后再加少许的洗衣粉，这个量可以自己掌握。之后也稍做搅拌，让洗衣粉能充分溶于水中。最后将衣服完全浸泡在水里，时间是二十分钟。时间到了，清洗衣服，笔墨就会消失！

如果是圆珠笔痕迹而且痕迹较重，用上述方法后若尚存遗迹，再用牙膏加肥皂轻轻揉搓，然后用清水冲净。(严禁用开水泡)

(四) 自我服务劳动能力提升的途径和方法

提升自我服务劳动能力是提高生存能力、竞争能力和自我发展能力的基础。很难设想，一味地依赖别人，把自己的命运寄托在他人身上，时时事事靠别人指点才能过日子的人，会有什么大的作为。而且生活不能自理，样样由别人操心代劳，也是懒惰与无能的表现。虽然随着年龄的增长，我们的生活自理能力会有所提高，但自理能力不是自发产生的，它需要我们有意识地加以培养，需要我们从一件件小事上来要求自己去完成，去做到，去实现。

1. 思想上真重视

自我服务劳动是每一个人成长的必备能力，是每一个人立足家庭、立足社会的最基本能力。很多大学生不具备这个基本能力，不是因为难以掌握，是因为思想上不重视，有依赖的心理、有惰性。因此，思想上真重视才能主动学习、主动接受训练。

2. 情感上真尊重

中华传统美德是劳动最光荣，我们要从情感上尊重劳动，劳动没有高低贵贱之分，要摒弃"万般皆下品，唯有读书高"的旧思想；尊重劳动者，是劳动者创造了社会财富，他们是最美的。

3. 行动上肯动手

在生活性劳动中，要多学多做，自己的事情自己做，不能由他人包办代替。生活性劳动随处可见，要勤于动手、主动去做，从小事做起，在不断尝试、反复训练中不断提高劳动兴趣、提升劳动质量、总结劳动经验、掌握劳动技巧、提高劳动能力。

4. 生活中善学习

自我服务劳动具有普遍性，只要愿意，我们可以通过多种渠道进行学习和实践，可以通过学校的教育进行相关劳动项目技能的培训，也可以主动跟家长和同学们等学习一些关于劳动的方法，并要求家长和同学们多给予指导。

遇到生活性劳动方面的问题，要学会"三步走"：第一步，自己想办法解决，锻炼自己处理事务和应对突发情况的能力；第二步，与同学交流，锻炼人际交往能力；第三步，向师长求助。

拓展知识点

个人整理收纳之断舍离

日本杂物管理咨询师山下英子于2013年出版了《断舍离》一书，书中所提及的断舍离的意思是：断＝断绝不需要的东西，不买、不收取不需要的东西；舍＝舍弃多余的废物，处理掉堆放在家里没用的东西；离＝舍弃对物品的迷恋，让自己处于宽敞舒适、自由自主的空间。

断舍离近几年逐渐成为一种生活理念：断掉，舍掉，离掉，物尽其用，认识自己，活在当下。那作为学生的我们该如何断舍离呢？

1. 从时间轴看物品。现在这个东西适合自己吗？在购买的时候也是一样问自己。买了一堆打折没用的东西只是自找麻烦。

2. 舍物原则。扔，赠，毁，卖。把东西送给别人时，"请收下"。当你不想扔掉某样东西，但是用不着，可选择送给需要的人，"这东西在我这里没办法物尽其用，但我觉得你会爱惜使用它的，所以能不能请你收下它呢"。"如果不需要，扔掉或送人"。对于一些有怀念的东西，决定扔，说声"对不起"舍弃。

3. 相称原则。物品是自我的投射，相信自己配得上所选择的物品，不一定越贵越好，也不是便宜就买。不要自我贬低，做自我提升。

5. 七五一法则。看不见的收纳空间放满七成，看得见的收纳空间限量五成，装饰性的给人看的空间放一成。

5. 替换原则。当购置新物时，如果有旧的东西跟新物同类，相应替换掉旧的东西，呈现用的一直都是最好的状态。

第二节　日常生活劳动

名言名句

离开劳动，不可能有真正的教育。

——苏霍姆林斯基

> **案例引学**

现代人不是营养过剩，而是营养不均衡

随着时代的发展，我国已经从计划经济步入到小康社会，曾经限量供应，只能在节日期间吃到的食品变得非常普遍，随时随地都可以吃到。这本是时代进步的标志，但问题是，丰富化和精细化的饮食条件带来的却是令人担忧的营养问题，导致我国肥胖和心脑血管等慢性疾病问题日益严重。

那么，现代人的营养问题究竟出在哪里呢？

事实上，现代人的饮食看上去虽然丰富，却多是甜品、零食、油炸食品等，而这些食物营养极其有限，多数情况下，只能提供脂肪、蛋白质和碳水化合物等三大营养素，人体必需的微量元素和维生素则极度缺乏。脂肪、蛋白质、碳水化合物这三大营养素尽管能为身体提供必要的能量，但是摄入过多的话，就会变成肉肉长到身上，所以嘴不闲着，又好吃以上食品的人很容易体重超标，而过度肥胖又是万病之源。所以现代人遇到的问题，不是营养过剩，而是营养不均衡。

我们都知道20世纪60年代以后的美国，因为汉堡和炸鸡的流行，成为了一个盛产"胖子"的国家，后来他们通过学习东方饮食标准改变了本国的营养问题，现在轮到我们来改变了。营养不均衡给现代人带来了很多慢性疾病困扰，为解决我国营养问题，就需要每个人要学会怎么吃来达到营养均衡。在吃得均衡的同时还需要加强运动锻炼促进新陈代谢和血液循环能力，来帮助每个人保持身体更健康。

思考：你知道在家庭餐制作过程中如何做到膳食平衡吗？

一、营养与膳食科学

人体是由物质组成的，人体要维持生命并保持健康就必须恰当平衡地不断补充消耗掉的物质。营养是生命的源泉、健康的根本。营养是指机体摄取、消化、吸收、代谢和利用食物中的养分，以满足自身生理需要的过程。而营养素是食物所提供的能被吸收及用于增进健康的营养物质。人体必需的营养素有60种左右，一般分为6类，即水、蛋白质、脂肪、碳水化合物（糖）、矿物质（无机盐）、维生素，现在又把膳食纤维称为第7营养素，其中碳水化合物、脂肪、蛋白质被称为"三大营养素"。

对于6岁以上的正常人群，国家卫生部曾给予膳食指南，我们可按照以下十条原则安排我们自己和家人的膳食。

1. 食物多样，粗细搭配

每种食物都有不同的营养素，只有最大限度地增加食物的种类，才能避免营养不良。专家建议每人每天应吃50种以上的食物，这其中包括主食、蔬菜、水果以及各种菜肴佐料。另外，不吃谷类主食就会出现营养不良，影响健康。

粗细搭配不单单是建议经常吃粗杂粮，而且涉及主食的加工方式。例如：稻米、小麦不可碾磨得太精，否则谷粒表层所含的B族维生素、矿物质等营养素和膳食纤维等将会大部分流失于糠麸之中。建议每天最好能吃50g以上的粗粮。

2. 多吃蔬果，不忘薯类

蔬菜水分含量丰富，能量低，富含植物化学物质，是给人体提供微量营养素、膳食纤维和天然抗氧化物的重要来源。成人每天应该摄入300~500g，也就是说每顿饭至少要有1~3份蔬菜，而蔬菜尽量选择深色的。

在保证水果无污染的情况下，尽可能将果皮与果肉一起吃掉。这样可以增加膳食纤维的摄入，有助于肠道健康。同时，吃水果的时间也应该选择在餐前或两个正餐之间的辅餐时间，如上午10点左右或下午3点左右。

除了蔬菜和水果，薯类食品由于膳食纤维含量高、脂肪低，也应该成为餐桌上的常客，应每周吃5次左右，比如红薯，一次可以食用一块，但注意避免油炸。

3. 每天要吃奶类、大豆

奶类营养成分齐全、组成比例适宜、容易消化吸收，奶类除含丰富的优质蛋白质和维生素外，含钙量较高，且利用率也很高，是膳食钙质的极好来源。建议每人每天饮奶300g或相当量的奶制品。

相比其他杂豆，大豆的营养构成有很大的区别。大豆的蛋白质可以达到50%，氨基酸组成也比较平衡合理，大豆含丰富的优质蛋白质、必需脂肪酸、B族维生素、维生素E和膳食纤维等营养素，且含有大豆低聚糖以及异黄酮、植物固醇等多种植物化学物质。建议每人每天摄入30~50g大豆或相当量的大豆制品。

4. 适量进食鱼、禽、蛋、瘦肉

鱼、禽、蛋、瘦肉等动物性食物是优质蛋白质、脂溶性维生素和矿物质的良好来源，如与谷类或豆类食物搭配食用，可以明显发挥蛋白质互补作用。建议每人每天可吃一个鸡蛋，鱼肉或鸡肉50g~100g，猪肉提倡吃瘦肉。

5. 饮食清淡少油、盐

不合理的烹调油摄入量，以及高盐饮食会导致肥胖人群和高血压人群的增长。因此，做菜时尽量清淡。建议烹调油每人每天不超过30克，食盐不超过6克。按一家三口计算，每月家庭吃油不超过半桶（5升装），吃盐1袋（1斤装）。

6. 食不过量，天天运动

吃得过饱、缺乏运动是当前慢性病高发的主要危害因素，因此控制食量、增加运动必不可少。建议每顿吃七八分饱为宜，每天不能少于30分钟的有氧运动。驾车族尽量减少开车机会，能走路就不骑车，能骑车就不开车。

7. 三餐合理，零食适当

按适合个人的健康体重计算出每天所需要的总热量，然后再按早、中、晚三餐各1/

3 的比例摄入热量。也可按早餐 1/5、中餐 2/5、晚餐 2/5 安排一天三餐的进食量。

建议零食可在两餐之间食用，要选择富有营养的食品，如牛奶、酸奶、水果、蛋糕、肉松、牛肉干和干果等。

8. 足量饮水，少喝饮料

在温和气候条件下生活的轻体力活动成年人，每日至少饮水 1200 毫升（约 6 杯），在高温或强体力劳动条件下应适当增加。在水的选择上，建议首选白开水，碳酸类饮料尽量少喝，因为它会给人体增加多余的热量，可选择一些果汁、奶制品，如酸奶等。

9. 饮酒限量，忌空腹喝

成年男性一天饮用酒的酒精量不超过 25 克，相当于白酒 1 两、啤酒 250 毫升、葡萄酒 100 毫升；成年女性一天不超过 15 克。最好不要空腹喝酒，切忌一醉方休或借酒浇愁。

10. 新鲜卫生，少吃剩饭

食物选择首先要新鲜、卫生。据有关调查显示，刚摘下来的蔬菜每过一天，营养素就会减半。所以在选购食物时，要选择外观好，没有泥污、杂质，没有变色、变味并符合卫生标准的食物。每次做饭菜，尽量按量做，避免吃剩菜剩饭，少吃熏制、腌制、酱制食品。

案例

买菜也是一种生活情趣

中国当代作家汪曾祺曾经说："到了一个新地方，有人爱逛百货公司，有人爱逛书店，我宁可去逛逛菜市。看看生鸡活鸭、新鲜水灵的瓜菜、彤红的辣椒，热热闹闹，挨挨挤挤，让人感到一种生之乐趣。"

你知道土豆、番茄、鱼等日常食材的挑选方法吗？

土豆分为黄皮白肉和粉皮黄肉两种，一般白肉较甜，黄肉口感更粉糯一点。它的挑选可从表皮和形状着手。首先看表皮，若表皮干爽无破皮的较好。凡长出芽孢的土豆都已含有毒素，表皮有浅绿或深绿色斑块的，也尽量不要挑选；其次看形状，尽量选圆形土豆，如果土豆变软，有虫蛀孔洞，伴有腐烂气味等，也尽量避免购买。

番茄有两个常见品种：一种是红皮番茄，甜、酸程度都很高，味道浓郁，适合煮汤以及热菜做法；一种是粉红皮番茄，甜酸度都较低，味道相较于大红番茄淡一些，适合生吃。番茄越红越好，颜色越红，说明番茄发育得越成熟，如果颜色变深、表面暗淡，则是储存时间较久的番茄。较红的番茄一般须尽快食用，避免放坏。尽量挑选圆润、皮薄且有弹性、无棱角和斑点的番茄，避免青番茄或是底部青色区域较多的番茄，因它们通常含有较多的番茄苷，食用过多会导致身体不适。另外，有斑点和色泽不均匀的也应尽量避免。

购买鱼时，一般要从外表和内里、气味三方面着手。首先要看外表，鱼鳞应紧密有光泽，无缺损；鱼眼清澈光亮；鳃色鲜红，如果鱼鳃内呈暗红色，说明有些缺氧；如果选择活鱼，则尽量挑选活蹦乱跳的鱼。其次要看内里，选择鱼鳃紧闭、不易打开的鱼，鲜鱼的鱼体表面光滑，鱼肉紧实有弹性，腹部没有鼓胀感，鱼骨和鱼肉紧密贴合。再次要闻气味，鱼要无异味，没有过分的腥臭味。

思考：你知道日常食材中的肉、蛋、青菜、菌菇类如何挑选吗？

二、家常基本菜肴制作

家常菜是指家庭日常制作食用的菜肴，它是中国菜的源头，也是地方风味菜系的组成基础。它是家庭利用现有的调味品就可以炒制出来的菜肴，具有操作简便、用料简单、成本低廉的特点。

（一）常见的食材处理方法

不同的食材有不同的处理方法，我们把一些日常食材的初步处理方法进行了整理，参见表6-1。

表6-1　日常食材初步处理方法

食材名称	初步处理方法
青椒	1. 将青椒洗净后掰开 2. 去除蒂和内部的籽
芹菜	1. 芹菜洗净，择下芹菜叶子 2. 撕去芹菜梗表面的粗丝
黄瓜	1. 黄瓜洗净，加少许盐用清水浸泡 2. 带刺黄瓜要用刷子刷洗
冬瓜	1. 冬瓜用刷子刷洗干净 2. 用削皮刀削去硬皮 3. 去皮冬瓜一切两半 4. 挖去冬瓜瓤
苦瓜	1. 苦瓜用刷子刷干净 2. 顺长剖开 3. 挖去苦瓜瓤
南瓜	1. 南瓜用菜瓜布刷干净 2. 对半剖开 3. 用汤匙将瓤挖出 4. 用菜刀将南瓜皮削去，削时注意菜刀要贴着皮，不要削太厚

续表

食材名称	初步处理方法
甘蓝	1. 甘蓝洗净，根部朝上放在案板上，左手按住，用长水果刀顺根切入2厘米，刀尖朝菜心 2. 将水果刀顺着菜根旋转切一圈 3. 将刀尖向上一手撬，菜根就撬下来了 4. 从根部可以将菜叶完整地剥下来 5. 菜叶放入加少许盐的清水中浸泡，再洗净即可
洋葱	1. 剥去洋葱外层干皮 2. 切去洋葱两头 3. 切圈：洋葱横放在案板上，切出洋葱圈 4. 切丝：洋葱对半切开，切丝
花椰菜	1. 花椰菜先冲洗一下 2. 掰开成小块 3. 放入加了少许盐的清水中浸泡片刻即可
芸豆	1. 芸豆择去两侧筋 2. 清洗干净 备注：用手将芸豆掰成段
豆芽	1. 豆芽择去豆皮 2. 掐去根须 3. 洗净即可
西红柿	1. 西红柿冲洗一下 2. 放入烧开的水中烫一下 3. 取出西红柿，很容易就可将皮剥去
干木耳	1. 干木耳用水冲洗一下 2. 用淘米水泡发干木耳 3. 泡发好的木耳清洗干净 4. 切除未泡发的部分 5. 剪去硬蒂，撕成小朵即可
干香菇	1. 干香菇冲洗一下，用沸水泡至回软（泡发香菇的水营养丰富，过滤后可用于烹调） 2. 捞出泡发好的香菇，用剪刀剪去根部，漂洗掉泥沙杂质
干蘑菇	1. 干蘑菇冲洗一下 2. 用温水泡发蘑菇 3. 蘑菇泡发好后洗净，擦干

续表

食材名称	初步处理方法
笋	1. 用刀从笋尖至笋根划一刀 2. 从开口处把笋壳整个剥掉 3. 靠近笋尖的部分斜切成块 4. 靠近根部的部分横切成片
红枣	1. 红枣用清水洗净 2. 将红枣放在蒸笼上 3. 红枣对准蒸笼孔，用筷子从顶部将红枣核用力推出
莲藕	1. 将莲藕从藕结处切开，切去两头 2. 用削皮刀削去莲藕的表皮 3. 将去皮莲藕用清水清洗干净，如果不马上使用，要用清水浸泡，以防止变黑
猪肉	1. 用清水洗净 2. 剔去猪肉上的筋膜 3. 斜刀切片
牛肉	1. 用清水洗净 2. 横刀切片
羊肉	1. 用清水洗净 2. 剔去羊肉上的筋膜 3. 斜刀切片
鸡肉	1. 新鲜鸡肉洗净 2. 顺着鸡肉纹理切片
鸡翅	1. 鸡翅冲洗干净，擦干，放在火上稍微烤一下 2. 用手搓一搓，鸡翅上大部分的毛就去掉了
鸡腿	1. 用刀在鸡腿侧面剖一刀，露出鸡腿骨 2. 剥离鸡腿肉，用刀背在腿骨靠近末端处拍一下，敲断腿骨 3. 将腿骨周围的肉剥开，将腿骨取出 4. 整个鸡腿肉平摊开，去掉筋膜，肉厚的地方划花刀，再用刀背将肉敲松即可
鲤鱼	1. 鲤鱼放在案板上，用刀从鱼尾向鱼头方向刮鱼鳞，冲洗干净 2. 用刀切去鱼鳍 3. 用手挖去鱼鳃（也可以用剪刀） 4. 将筷子伸入鱼腹中，转动筷子将鱼内脏弄出来 5. 用清水将鱼身内外的黏液和血污洗净即可
黄鱼	1. 按住鱼头，从鱼尾向鱼头方向刮鱼鳞 2. 从鱼头盖一侧切开一点皮，把鱼的头盖皮全部揭下（可去腥味） 3. 用剪刀将鱼鳃剪去 4. 把筷子从鱼嘴插入，用力弄出内脏，把鱼身内外冲洗干净即可

续表

食材名称	初步处理方法
带鱼	1. 轻刮带鱼身上的鱼鳞，不要刮破鱼皮，如果是新鲜带鱼，可不必去鳞 2. 用剪刀沿着鱼背剪去背鳍 3. 切去鱼的尖嘴和细尾，再用剪刀沿着鱼的口部至脐部剖开，剔去内脏和鱼鳃，最后用清水把鱼身冲洗干净即可
墨鱼	1. 从市场买回来的墨鱼，通常已经去掉外皮、内脏，可直接用水冲洗干净 2. 将墨鱼褶皱裙边撕开，剥除皮膜 3. 去除头足部位的脏污 4. 用手剥除头足部位中心最硬的部位 5. 切下头足部位，将眼睛、口等用剪刀剪掉即可
虾	1. 用剪刀剪去虾须 2. 剪去虾足 3. 将牙签从虾背第二节上的壳间穿过 4. 挑出黑色的虾线，洗净虾即可
取虾仁	1. 将牙签从虾背第二节上的壳间穿过 2. 挑出黑色的虾线，洗净虾 3. 择去虾头 4. 剥去虾壳 5. 反复漂洗去除黏液即可
海米	1. 海米用温水洗净 2. 放入沸水中浸泡3~5小时至回软 3. 泡发好海米 4. 泡好的海米杂质洗净，浸泡海米的水过滤后可用于炒菜或做汤时提鲜
鲜蛤蜊	1. 蛤蜊用水冲洗一下，放入盆中 2. 盆中加入清水，放少许食盐、香油 3. 泡3~5小时后蛤蜊把沙子吐得差不多了，再次洗净即可
螃蟹	1. 将螃蟹在清水中浸泡10分钟，用细毛刷将蟹身刷洗干净 2. 揭去蟹壳 3. 除去蟹肺等杂物 4. 掰下蟹脚和蟹钳（从没有钳子的一端到有钳子的一端掰） 5. 再用水冲洗干净即可

（二）常见家常菜肴制作方法

1. 西红柿炒鸡蛋

材料：鸡蛋、西红柿。

调料：盐、白糖、葱花。

做法：

（1）番茄热水烫后去皮切块；鸡蛋打入碗中，加几滴白醋去腥。

（2）锅中热油先把鸡蛋炒熟，然后盛出备用。

（3）锅中加油放入番茄炒出番茄汁。

（4）加盐和白糖调味，然后放入炒好的鸡蛋，炒匀后撒上葱花，出锅即可。

2. 培根金针菇

主料：培根8片，金针菇1把。

调料：生抽、老抽、蚝油、白糖、鸡精、豆瓣酱、大蒜。

做法：

（1）将大蒜切末备用，金针菇洗净切去根部。

（2）用培根将金针菇卷起来，用牙签固定。

（3）调酱汁：1勺生抽、1勺老抽、半勺蚝油、1勺白糖、半勺鸡精、半碗清水，搅拌均匀备用。

（4）锅中放底油，加入豆瓣酱、大蒜炒香，然后加入卷好的金针菇煎1分钟。

（5）倒入酱汁煮1分钟，前后翻面。

（6）淋上湿淀粉收汁即可装盘。

3. 红烧肉焖鹌鹑蛋

主料：五花肉300克、鹌鹑蛋10个。

调料：料酒、冰糖、葱、姜、大料、香叶、桂皮、干红椒、酱油、蚝油、精盐、鸡精。

做法：

（1）将五花肉切块，葱姜切块备用。

（2）将鹌鹑蛋洗净，煮熟，放入凉水泡一会，剥去外皮。

（3）五花肉凉水下锅，加料酒，焯煮几分钟后捞出。

（4）锅内放底油，放入冰糖（注：一定要用冰糖，不可用白糖代替），炒至融化，放入五花肉，加入葱、姜、大料、香叶、桂皮、干红椒、酱油、蚝油、料酒，炒香。再加入适量水、盐、鸡精，然后加入煮好的鹌鹑蛋，煮至入味，大火收汁即可。

4. 尖椒酿肉

主料：绿尖椒2个，猪肉300克。

调料：精盐、生抽、鸡精、白糖、淀粉、葱、姜、蒜。

做法：

（1）尖椒洗干净，去除茎部，并将籽去除。切成2厘米长的段备用。（切尖椒段时要长度一致）

（2）葱姜蒜切末，猪肉切末，加入鸡精、精盐、生抽、蚝油、淀粉，顺着一个方向搅拌均匀。（猪肉可带些肥肉，做出来的菜肴味道更佳）

（3）将调制好的肉馅填入尖椒段中，并在两端扑干淀粉。

（4）锅内放油，将制作好的尖椒放油炸至虎皮色，捞出。

（5）锅内留底油，放入葱姜蒜炒香，并下入生抽、蚝油、鸡精、白糖、老抽、适量的水，最后下入尖椒。待煮至入味后加入湿淀粉勾芡后，装盘即成。

5. 白菜肉卷

主料：娃娃菜 1 棵，猪肉 300 克。

调料：精盐、生抽、鸡精、白糖、淀粉、蚝油、葱、姜、蒜。

做法：

（1）葱姜蒜切末，猪肉切末，加入鸡精、精盐、生抽、蚝油、淀粉，顺着一个方向搅拌均匀。

（2）娃娃菜切除根部，分成片，放入热水锅中焯煮一分钟后捞出，放入凉水中投凉。（娃娃菜叶要热水焯煮一下，软化的菜叶可以更好地包卷，容易操作）

（3）用娃娃菜叶将肉馅包裹紧实，切除多余的菜叶根，码盘备用。

（4）将码好成品的盘子放入蒸锅中蒸煮 10 分钟，蒸熟后将盘内的汁倒入锅内。

（5）在汁中加生抽和湿淀粉，熬制成汤汁，淋在娃娃菜上即可。

三、家常主食做法

在我们的饮食中主食有特别重要的作用，它不仅能让我们填饱肚子，而且也能提供我们许多身体所需要的营养。主食的种类有很多种，我们这里仅学习一下米饭和花卷的基本做法和注意事项。

（一）米饭

电饭锅蒸米饭很简单，两步就可以完成：

第一步，将米洗干净，放入要用来蒸米饭的容器中，加入清水；

第二步，盖上盖后，插上电按下启动按键即可。

蒸米饭的注意事项有以下四点：

一是洗米。记住洗米不要超过 3 次，如果超过 3 次后，米里的营养就会大量流失，这样蒸出来的米饭香味也会减少。

二是泡米。先把米在冷水里浸泡半个小时，这样可以让米粒充分地吸收水分。这样蒸出来米饭会粒粒饱满。

三是米和水的比例。蒸米饭时，米和水的比例应该是 1∶1.2。

四是增香。如果家里的米已经是陈米，没关系，陈米也可以蒸出新米的味道。就是在经过前三道工序后，我们在锅里加入少量的精盐或花生油，记住花生油必须是烧熟的，而且是晾凉的，只要在锅里加入少许就可以。

拓展知识点

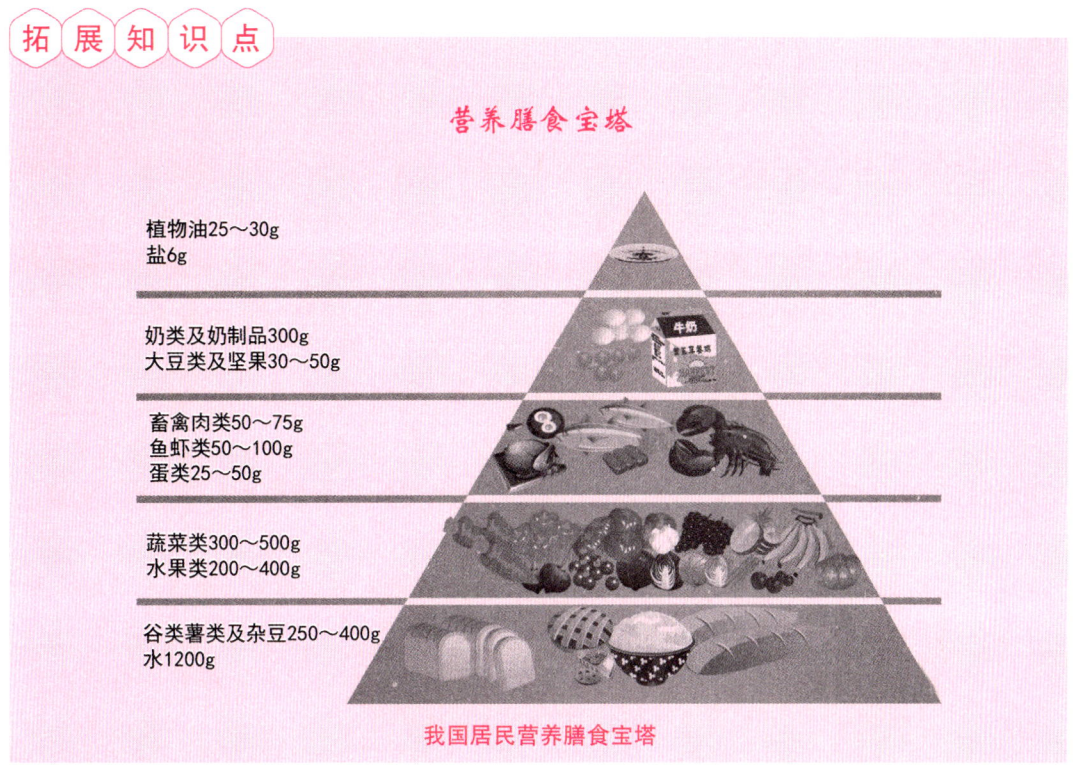

我国居民营养膳食宝塔

（二）葱花卷

花卷是我国南北方都比较常见的主食品种，下面仅以葱花卷为例来学一下做法：

材料：葱花，酵母，面粉，盐。

制作步骤：

（1）用少许温水把酵母调开，然后把它倒到面粉当中。边倒水边揉面，将面揉成面絮状后再揉成表面光滑的面团，然后放一旁发面。发至原来面团2倍左右大小，就说明已经发好。

（2）发面的过程当中把大葱切成葱花备用。

（3）将发好的面团分成若干个小剂子，大小要均匀。

（4）拿一个小剂子用擀面杖将它擀成长条形，然后上面抹上一层葱花，然后撒一些盐，再撒上葱花，将面皮卷起来。

（5）用筷子把它从中间压一下，然后拉长，再把它卷起来，这样一个葱花卷就做好了。

（6）其他小剂子按照这个步骤全部做好，然后把它们放到蒸笼上面去蒸，20分钟左右就可以了。

花卷的制作方法还有很多种，按照这个基本做法，同学们可以尝试做一下豆沙花卷、枣泥花卷等。

拓展知识点

帮助家人养成5个健康饮食习惯

如何健康饮食,如今是人们关注的焦点问题。随着日常食物的极大丰富,我们不仅要吃得好,而且更要吃得对!下面5个健康饮食习惯,值得每个人养成。

晚餐早比晚好。因人体排钙高峰期是餐后4~5小时,晚餐吃得太晚,不仅影响睡眠、囤积热量,而且容易引起尿路结石。老年人晚餐的最佳时间最好在下午六七点,而且应不吃或少吃夜宵。

冷水洗肉、温水洗菜。用温水或热水洗肉,不但容易使肉变质、腐败,做出来的肉口感也会受影响。最重要的是,会加速肉中蛋白质、氨基酸和B族维生素的流失。与之相反,洗各类果蔬时用温水更好,因温水比凉水更容易去除果蔬表面的农药残留。

凉菜汁蘸着吃。很多人去饭店都喜欢点盘大拌菜或蔬果沙拉,觉得这样能补充维生素。其实,这些菜中的酱汁反而会给原本健康的菜带来不少热量。最好把调好的酱汁放在一个小碗里,用切好的菜蘸着吃,这样,你需要的酱汁只是原来的1/6。

生吃洋葱。洋葱含有大量保护心脏的类黄酮,每天生吃半个可增加心脏病人约30%的"好胆固醇"。尤其在吃烤肉这样不怎么健康的食物时,里面的洋葱就像你的"救命草"。

餐前喝两杯水。饭前喝两小杯水能减少饥饿感和食物摄入量,比节食减肥的效果更明显,餐前饮水的人一天能少摄入近300卡热量。

思考:你还了解哪些健康饮食习惯?为帮助家人或朋友养成这些好习惯,你计划付出哪些劳动?

四、日常清洁、整理技术

(一)家具清洁

工具:干净的半干抹布、护理用品

步骤:

第一步,清洁或拭去表面灰尘。一定要用干净的半干抹布,注意一般朝同一方向擦拭。

第二步,选择正确的护理产品。一般地,家具护理喷蜡,主要针对各种木质、聚酯、防火胶板等材质的家具;清洁保养剂适用于各种实木、玻璃、合成木或美耐板等材质的家具,特别适用混合材质的家具;另外,带有布料材质的家具,如布艺沙发、休闲靠垫,一般使用清洁地毯的清洁保养剂即可。

第三步,正确操作,做好保养。护理喷蜡和清洁保养剂使用前,最好先将其摇匀,然后直握喷雾罐，呈 45°角，让罐内的液体成分能在不失压力的状态下被完全释放出来。之后对着干抹布在距离约 15 厘米的地方轻轻喷一下，如此再来擦拭家具，便能起到很好的清洁保养效果。布质材料清洁保养要先用吸尘器将灰尘吸除，再将地毯清洁剂少量喷在湿布上擦拭即可。

（二）家电清洁养护

1. 电视

工具：柔软不掉屑的布、玻璃清洁剂

养护重点：

一是液晶屏是养护重点，清洁时使用柔软的布沾少许玻璃清洁剂轻轻擦拭，避免硬物及尖物划伤屏幕表面。

二是平时不看电视时尽量关闭 LCD 屏。

三是注意环境干燥，远离化学药品。

2. 电冰箱清洁与养护

电冰箱外部清洁注意卫生，内部注意储藏食物不要过满，做好除霜。

日常养护要注意：

一是电冰箱需安排单独电源线路和使用专用插座，不与多个电器合用同一插座，保证用电安全。

二是正确安放电冰箱，远离暖气片等热源，同时应避免阳光直接照射，利于散热；远离潮湿，保持通风良好。

三是冰箱背部应离墙 10 厘米以上，顶部应有 30 厘米以上的空间，四周、上下不放置过多的杂物。

四是应摆放在地面平稳的地方，否则当压缩机启动时会产生振动并发出很大的噪声，长期如此会缩短电冰箱的使用寿命。

3. 洗衣机清洁与养护

一般新买的洗衣机在使用半年后，每隔三个月都应用洗衣机专用洗洁剂清洗一次。

清洁洗衣机时，要先往一条干毛巾上倒上 200mL 的米醋；然后把沾满米醋的毛巾放到洗衣机里；盖上洗衣机的盖子，按下电源键，调成甩干，再按下启动键。一会儿桶的内部会均匀地沾上米醋，保留 1 个小时，这样可以软化污垢；倒半袋小苏打，往小苏打里倒入适量的清水，把小苏打溶解一下；洗衣机里加满水，把小苏打液倒进洗衣机里，泡 2 个小时；2 个小时以后，盖上洗衣机盖子需要漂洗两次。

养护重点：

一是及时清洁；二是平时不用洗衣机的时候，最好经常打开洗衣机的盖子，让洗衣机内部保持干燥状态。

4. 空调清洁与养护

工具：软布、中性洗涤剂、清水。

清洁：一是空调清洗时可用柔软的布醮少量的中性洗涤剂擦拭空调器，而且清洗时水温应低于40℃；

二是室内进风过滤网应每隔20天清洗一次，室外机组也应定期除尘。

养护重点：一是定期清洁；二是忌与其他电器共用插座；三是忌在运行中改变热泵型空调的运行状态。

（三）居室日常清洁

居室是我们生活的地方，要常常清洁、定期大扫除，保持居室的洁净。按照居室清洁的顺序，可以进行如下清洁：

1. 房屋清洁

主要是墙面除去浮尘，门窗清洁，做到窗明几净。一般墙面用掸子，窗框用湿抹布，玻璃可用擦窗器或软布软纸；纱窗可水洗晾干后安装；门框要用湿抹布上下左右全面擦拭，门把手要着重擦拭。

2. 功能区清洁

卧室、客厅、餐厅、书房、阳台：主要包括开关、插座、供暖设施、柜体、家具表面清洁。

厨房：依次清洁顶面、墙面、附属设施、橱柜内部、橱柜外部、台面、地面等。

卫生间：依次清洁顶面、附属设施、墙面、台面、洁具等。

3. 地面清洁

主要清洁踢脚线、地面。

4. 清场

将影响清洁作业的家具、工具、材料、用品等集中分类放置到合适位置。

垃圾清扫后转移到室外或倒进室内垃圾桶。

（四）室内空气净化

室内是人们生活工作的主要场所，如果室内长期空气质量差，不但影响人们的工作效率和生活质量，还对健康和寿命有负面影响，因此越来越多的人喜欢使用空气净化器，但我们也可做一些力所能及的净化工作。

（1）空气需要流动才能保持清新，平时室内有异味或是憋闷了，就要适当打开门窗通风换气。如果窗户和门设在背风面，往往自然通风能力差，最好安装一个排气扇或是鼓风机。

（2）适当地开门窗能通风换气，但有时也会导致室内空气变差。室外烟尘或是有异味，就要关闭门窗，防止污染室内空气。梅雨天气回潮厉害，也要关闭门窗，防止室外的潮湿空气流入室内，导致室内空气霉味浓烈。

（3）每天打开窗帘。因阳光中有紫外线，具有一定的杀菌能力，所以为了绿色环保杀菌，最好每天打开窗帘让室内晒一会太阳。

（4）安装紫外灯。假如室内完全无法接受阳光照射，可以安装紫外灯，人员不在室内的时候，定期开灯进行杀菌，对室内空气净化也有好处的。

（5）放置水盆和加湿器来增加空气湿度。如果室内空气非常干燥，不但容易起尘，还可能导致室内静电累积和传导，对居住者和精密电子设备都有害。

（6）放置生石灰或干燥剂。如果室内湿度过大，会容易导致物品霉烂，还容易滋生细菌，所以，此时要降低室内空气湿度，可以在室内用敞口容器放置一些生石灰，或是放置一些其他无腐蚀性干燥剂（最好选择那种可以循环回收使用的干燥剂），它们的强吸水性可防止空气潮湿。

（7）凡事从细节做起，在日常生活中养成良好习惯。大小便都要及时冲水，坐式马桶不用时要盖上盖子；卫生间和厨房有异味要开通风机，做饭炒菜要开抽油烟机；卫生间和厨房要定期清洁消毒杀菌，防止滋生细菌有霉味；卫生间和厨房的门窗在卧室和厅堂一侧要尽量关闭，防止厨卫废气污染其他房间；厨卫的向阳门窗要尽量定期打开，晒一下太阳，自然杀菌。

（8）偶尔可以使用空气清新剂来除味。长期来说，不建议使用空气清新剂，长期使用可能有副作用。

（9）室内要经常打扫卫生，进行除尘。如果没有吸尘器，就用除尘拖把。

（10）防止室内污染。像汽油、柴油、油漆溶剂等挥发性物质，尽量不要在生活居室内存储，以防止挥发到空气里产生污染，也不安全。

（11）种植绿色植物。可以在室内养诸如滴水观音、吊兰、绿萝、海芋、橡皮树等吸附灰尘和有毒气体能力比较强的绿色植物，选取的植物要容易种植，这样不用费心。

五、家庭栽培技术

随着人们生活水平的不断提高，对美的追求体现在各个方面、各个领域，尤其重视家庭栽培的人越来越多。学会家庭栽培，种花养花，能够放松身心、陶冶情操；能够增长知识，开阔视野，它既是一种劳动实践，同时也是一种精神修养。在这里，我们就以君子兰为例，学习一下花卉的实用栽培技术。

君子兰，深受大家喜爱，属于中国十大名花。君子兰是多年生草本植物，花期1—5月，四季常青，叶、花、果均有较高观赏性，而以观叶为主。叶片光合作用其放氧量是其他花卉的几十倍，光照时间每天4~6个小时就足够，所以它是室内绿化、美化之王。

君子兰原产于南非那塔尔省丛林中，扎根于多年腐熟的落叶腐质土中。因此君子兰生长条件要求光线不强，土质疏松，养分充足，温度适宜，排水、通风好。由此可决定养好君子兰对于肥料、基质（土）、水、光、温度的要求。

（一）基质

多年来，君子兰栽培所用基质已走上了无土栽培的道路，常用基质有以下几种。

（1）腐熟柞树叶、松针、河沙（直径3~5mm）配合使用，比例为6∶2∶2。

（2）腐熟柞树叶、松针、炉渣（直径3~5mm）配合使用，比例为6∶2∶2。

（3）腐熟柞树叶、河沙配合使用，比例为7.5∶2.5或8∶2。

（4）腐熟柞树叶、稻壳（炭化处理）、河沙配合使用，比例为6∶2∶2。

（5）腐熟柞树叶、稻壳（炭化处理）、炉渣配合使用，比例为6∶2∶2。

（6）腐熟柞树叶。

（7）松针。

（8）粗锯末（电刨花）与炉渣（河沙）配合使用，比例为8∶2。

（9）河沙、稻壳（炭化处理）配合使用，比例为2∶8。

（10）炉渣、稻壳（炭化处理）配合使用，比例为2∶8。

（11）珍珠岩、河沙配合使用，2∶8。

（12）珍珠岩、炉渣配合使用，2∶8。

前六种基质的配比中，熟叶实质是肥料，由于其易于腐烂，半年基本成泥，所以一年需倒盆换"土"。而且需要使用透气性较好的泥制花盆，这对于君子兰走进千家万户不利，更何况腐叶资源有限，所以从发展趋势上来讲，应当改变。第（8）、（9）、（10）三种基质取材方便，废物利用，应是发展方向。第（11）、（12）两种因珍珠岩易粉碎，透气性差，而且其pH在7以上，偏碱性，而君子兰喜偏酸性基质，所以不宜采用。稻壳pH为6.6。

（二）肥料

君子兰是喜肥花卉，常用肥主要有以下几种：

1. 有机肥

（1）麻籽、葵花子等油料作物种子经炒熟或煮熟埋于花盆底部或花盆上部周边处，表面埋基质2cm左右。不要使肥料直接接触，以免发酵时烧根。如已经发酵好了的肥料可拌在基质里混合使用。

（2）芝麻、大豆、淡水鱼、烂水果用水沤制发酵用作追肥。施用时用水稀释。水、肥比在10倍以上，以勤施、淡施为好。

2. 无机肥

尿素、磷酸二氢铵、磷酸二氢钾等。无机肥主要用做追肥。以600~1000倍稀释液施用。若叶面喷施，则以1500~2000倍稀释液使用。叶面喷施主要适用于铁、锰、铜、锌、硼等为宜。氮磷钾含量均衡的控释肥和君子兰营养液则最适合家庭种植君子兰使用。液态追肥每 10 天左右施一次为宜，固态有机肥每 2 个月埋一次。

若气温高于 30℃ 或低于 10℃ 时，则停止施肥。因为此时君子兰生长缓慢，需肥量小，不停止施肥会造成基质中肥料浓度过大而烧根，造成肥害。新栽种的君子兰则要在一个月后施液态肥为宜。

（三）水

君子兰适宜在偏酸性基质中生长，所以水的 pH 最好在 7 以下。如果使用的水 pH 大于 7，则可用复合有机酸加以中和，使得水的 pH 在 5.5 到 7 之间。

浇水量的大小和间隔时间，根据基质、花盆的透气性不同以及空气的温度和湿度不同而灵活掌握。

气温低，湿度大，花盆和基质透气性小的情况下，则 10 天左右浇透一次水为宜。反之，则 5 天左右为宜。在气温高时，2 年生以下小苗于早晚淋浮水。浇透水最好在施肥前一天进行。

（四）光

君子兰不喜强光，且光照时间要求不长。所以，一年四季遮光时间达 8 个月左右。每年只有 11 月到 2 月可以不遮光，3 月到 5 月需用 30% 遮光网遮光，6 月到 8 月需用 70% 遮光网遮光，9 月到 10 月需用 30% 遮光网遮光。家庭居室或阳台内可依照上述原则酌情处理。

（五）温度

君子兰理想的生长温度在 15~25℃ 之间，一般在 10~30℃ 之间可正常生长，0~10℃ 之间生长缓慢，30℃ 以上则进入休眠状态。而且 30℃ 以上再加上湿度较大的情况下，各种菌类会大量繁殖引起君子兰病害。

冬季保暖要求最低温度在 10℃ 即可。夏季降温则要求在 30℃ 以下为好。夏季降温除了利用密度较高的遮光网之外，还要加强室内通风，早晚淋浮水。

（六）花盆

君子兰需要透水、透气性好的花盆，所以目前多数采用黄泥烧制的花盆。盆壁越薄越好。如果选用栽培的基质透水、透气性极佳，如粗锯末、电刨花、稻壳与炉渣及河沙配制，则可选用造型美观的瓷盆和紫砂盆。大量种植则以泥盆为主。花盆的大小要根据君子兰的花龄及根系的发达程度选用。

（七）繁殖

君子兰通过有性繁殖和无性繁殖来产生后代。

有性繁殖是成龄君子兰开花后采用自花或异花授粉的方式进行。君子兰开花第三天到第四天是最佳授粉时间，此时雌蕊柱头分泌出油性黏液。选择品级较高的君子兰雄蕊做父本，将花粉点在母本君子兰的柱头上。每天早晨 8 点到 10 点之间授粉最好，下午 3 点到 4 点左右可再点一次。这样可提高授粉率。通过异花授粉的杂交可能选育出高于其父本、母本品级的后代。品级高的君子兰若选不到合适的父本则自花授粉为好。

无性繁殖就是在多年母株的根茎上生长出芽子。等到芽子底部生出几条根之后便可分株。用手掰下即可。然后栽种于粗锯末、电刨花、松针和河沙中。一个月左右即可生出新根。分株时的伤口可用甲基拖布津药粉涂抹，晾干后栽种。芽子的性状基本与母株相同，产生异变的可能性很小。

（八）育苗

君子兰果 7 个月就可摘下育苗。但其果实真正成熟应该在果皮的颜色由绿变红、紫红或紫檀色，大约需要 10 个月时间。君子兰果的观赏价值就在这里。而且果实越成熟饱满，出苗越壮。

经多年的实践表明，育苗的基质用粗锯末和电刨花最好。采用浅花盆或 4 寸花盆将用水浸泡过的基质放入盆中，表面铺平。将种子的芽眼侧向摆放，然后盖上 5mm 到 10mm 厚的基质。温度保持在 23℃最佳。将盆放在阳光下保持基质潮湿即可。一般 20 天左右即可发芽。如果温度过低，发芽率会明显降低。

小苗叶长到 1~2cm 时移植入配制好的基质栽培。一年生以上的苗及成龄君子兰在栽种时必须将根系之间塞满基质，否则会产生病害。

（九）主要病虫害及防治

红癍病：君子兰红癍病主要由真菌或病毒引起。主要症状表现为叶片表面和背面出现黄色或红色的小圆点，并逐渐扩大。初发病时，甲基拖布津或百菌清粉剂加 500 倍左右水制成溶液喷洒叶面。严重时则用此药液灌根，也可将可杀得（可杀得使用前用水兑成浆状）涂于患处。

软腐病：君子兰软腐病主要由细菌浸染引起，症状表现为初发病时叶片基部产生黑褐色水渍状病癍，且很快扩展到整个叶片。严重时，则造成心部叶片腐烂而导致整个君子兰"抹头"。

初发病时用甲基拖布津、熟石灰粉末涂撒于发病叶片两侧叶腋中，并用卫生纸将此叶片与相邻叶片隔开。病重时则将全部叶片清除，保住心部叶片不受感染。伤口晾干并撒上甲基拖布津粉末，并用农用链霉素或甲基拖布津加 500 倍水制成药液灌根。如果根部有问题则需换盆并更换新基质重栽。

烂根病。君子兰烂根病主要由施肥过量及各种菌类浸染造成。

轻者用百菌清灌根。重者将烂根清除晾干后换盆并更换新基质重栽。如果根全部烂掉，只要根茎没有全部腐烂，则将根茎患病处用刀刮净，涂上多菌灵晾干后栽种于砂砾或者松针中，一个月左右便可发出新芽。

君子兰的病害多数由于温度高、湿度大，各种菌类大量繁殖，加之虫害及人为或机械损伤，使君子兰受菌类浸染而发病。所以，给君子兰营造一个温度不超过30℃、湿度在70%以下，通风的环境中是防治的有效办法。另外，每年4月份高温天气到来之前，用农用链霉素、特效杀菌王及杜邦万灵（杀虫剂）加800倍水制成药液对君子兰整株进行全面喷洒，每10天喷一次，喷3次为宜。这样可起到预防的作用。

虫害及防治。

介壳虫：成虫体长3mm左右，白色或红褐色，椭圆形。介壳虫利用它细长的针状口器刺入君子兰叶片组织中吸食营养造成伤害。受害部位形成黄白色斑点，并可引发各种菌类浸染。

对于少量虫害用酒精擦拭即可，虫害严重则用氧化乐果按说明加水喷洒君子兰叶面，背面及叶鞘间隙内。每10天喷洒一次，喷洒2~3次即可。

蜗牛：成虫贝壳圆形，直径在5mm左右，壳质坚固。有两对触角。由于其以君子兰的叶、花、茎为食，不仅影响君子兰的美观，而且它所造成的伤口易使各种菌类浸染，引发君子兰更大危害的病状。防治方法主要用灭蜗灵或蜗克星颗粒撒于盆土表面，用杜邦万灵按照说明兑水制成药液喷洒。

蛞蝓。软体，头部像蜗牛，有一对触角，大成虫身长可达到5cm以上。软体可收缩，周身有黏液。蛞蝓的危害及防治与蜗牛基本相同。

潮虫。潮虫学名鼠妇。灰褐色，椭圆形，有两对触角。由于其啃咬君子兰的根茎而使根茎溃烂，轻者使君子兰数条根与茎部脱落，重者使君子兰全部根与茎部脱落分离，造成君子兰整株倒下。防治方法是用杜邦万灵按使用说明兑水制成药液喷洒于花盆和植株上。

六、紧急救护与家庭护理

（一）紧急救护

紧急救护，顾名思义，是在紧急状态下知道如何自救与互救。了解正确的急救措施，能增强自信，当家里人或亲朋好友在日常生活中出现意外时，在救护车和医务人员到现场之前，不茫然等待，积极施救，挽救生命，防止伤残，减轻伤痛。同时也能通过学习，增强学生社会责任感，学以致用，在遇到突发急症或意外伤害时，能及时伸出双手正确施救，并能把学到的理论知识和操作技能向身边更多的人传播、分享。

1. 救护用具和材料

（1）纱布、绷带、三角巾。见图6-2。

图 6-2　救护用具和材料

（2）夹板。见图 6-3。

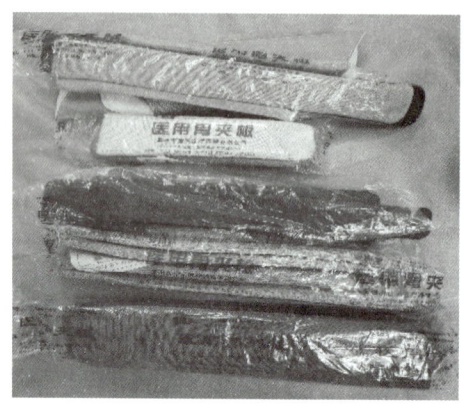

图 6-3　骨折固定专用夹板

（3）模拟道具。见图 6-4。

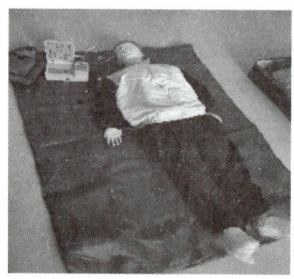

图 6-4　模拟道具

（4）电源插排。

（5）呼吸面膜。见图 6-5。

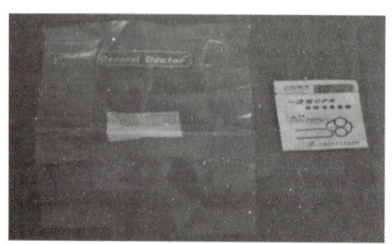

图 6-5　呼吸面膜

（6）铲式担架。见图6-6。

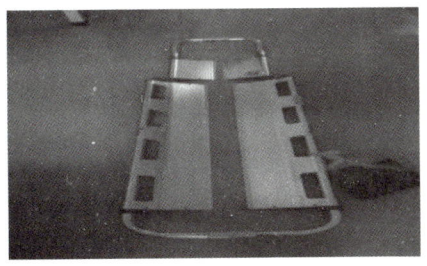
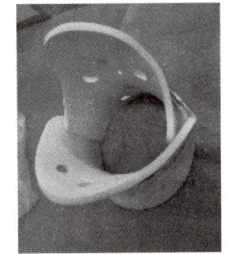

图6-6 铲式担架

（7）除颤仪。见图6-7。

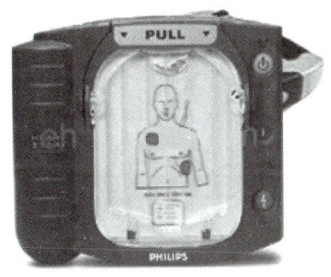
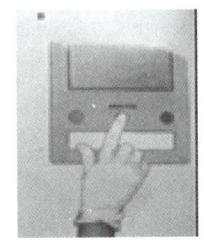

图6-7 除颤仪

2. 救护方法

（1）（纱布）绷带包扎。见图6-8。

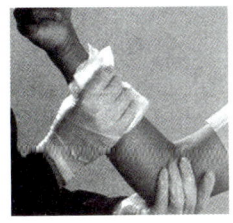
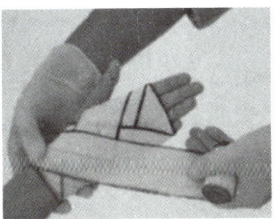
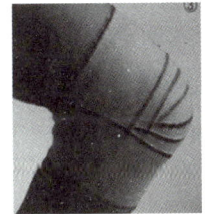

图6-8 绷带包扎

（2）三角巾的包扎。见图6-9。

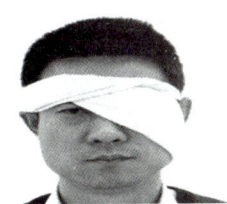
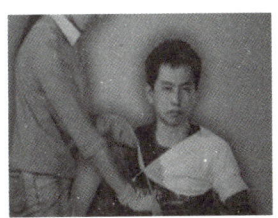

图6-9 三角巾包扎

(3) 骨折固定（夹板）。

图 6-10　骨折固定（夹板）

(4) 颈托、铲式担架的使用。

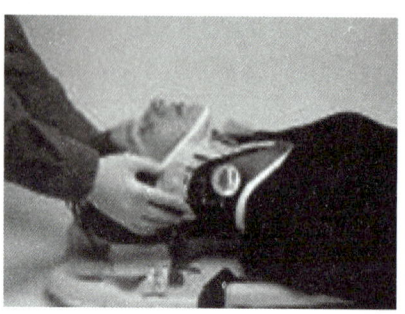

图 6-11　颈托、铲式担架的使用

(5) 胸外按压。见图 6-12。

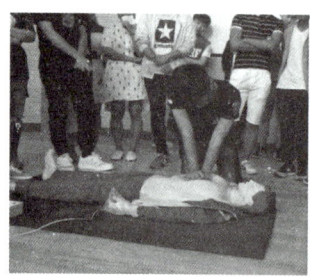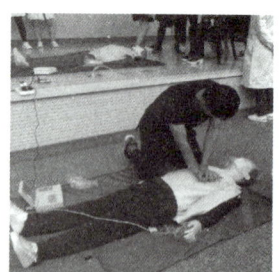

图 6-12　胸外按压

(6) 人工呼吸。见图 6-13。

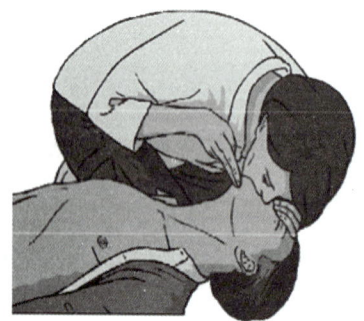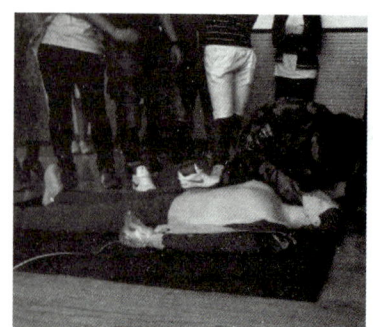

图 6-13　人工呼吸

（二）家庭护理常识

1. 生命体征测量

生命体征包括体温、脉搏、呼吸、血压，它是标志生命活动存在与质量的重要征象，是评估身体状况的重要项目之一。我们可以掌握基础的生命体征测量方法：

（1）测量体温

协助被测人解开衣物，如腋下有汗应擦干，将体温计水银端放置于其腋窝深处贴紧皮肤、屈臂过胸夹紧，过 10 分钟以后取出体温计。腋下体温正常值是 36.2~37.2℃，如果≥37.3℃就是发热了。

（2）测量脉搏

协助被测人手臂放松，要求其手臂向上，然后我们将自己的食指、中指、无名指的指端放在其桡动脉表面进行计数。正常成人 60~100 次/分，老年人一般 55~75 次/分。

（3）测量呼吸

测量脉搏后仍然把手按在被测人的手腕上，观察其腹部或胸部的起伏，一呼一吸为一次，计数为 30 秒。

（4）测量血压

协助被测人取坐位或仰卧位均可，受测的手臂应放在与右心房同一水平（坐时手臂应与第四肋软骨同一水平上，卧时则放在腋中线水平），并外展45°。将衣袖上卷至腋窝，或脱掉一侧衣袖。气袋中部对着肘窝的肱动脉，袖带下缘距肘窝 2~3 厘米，袖带捆扎松紧适度开始测量。血压变化较常见，不同人的血压范围也有区别，平时要了解家人的血压情况，一般 135/85mmHg 为正常阈值。

2. 换药

换药是指对创伤后、手术后的伤口及其他伤口进行敷料更换，促使伤口愈合和防止并发症的方法，主要目的是清除或引流伤口分泌物，除去坏死组织，促进伤口愈合。换药步骤如下：

（1）要进行无菌操作，原则上要戴口罩、帽子，用肥皂及流水洗净双手。

（2）区分所需换药伤口的种类，准备所用物品。

（3）采取合适的体位，铺治疗巾。

（4）去除伤口原有的敷料。撕胶布时要由外向内，顺着毛发生长方向，外层敷料用手揭去后，内层用无菌镊除去，顺着伤口的长轴方向。

（5）伤口清洁、消毒、处理后根据伤口的种类使用不同的换药方法。

（6）敷料覆盖伤口后再视情况进行包扎。

（三）家庭照护

家庭照护指对患有严重疾病、身体功能失调、慢性精神功能障碍等患者提供的照护。

家庭照护是老年人照护的首要形式，它的服务内容包括基本的医疗护理服务、个人照料、情感和社会支持等。

孝与感恩是中华民族传统美德的基本元素，是中国人传统美德形成的基础，也是政治道德、社会公德、职业道德、家庭美德，个人品德建设的基本元素。我国孝道文化包括敬养父母、生育后代、推恩及人、忠孝两全、缅怀先祖等，是一个由个体到整体，修身、齐家、治国、平天下的延展攀高的多元文化体系。它强调幼敬长、下尊上，要求晚辈尊敬老人，子女孝敬父母，爱护、照顾、赡养老人，使老人们颐养天年，享受天伦之乐，这种精神无论过去、现在，还是将来，都具有普遍的社会意义。

为了更好地照料家中老人，我们需要从以下几方面来协助满足老年人的基本需要：

（1）食物的需要：注意老人的膳食营养，为不能自理的家中老人喂食和喂水。

（2）排泄的需要：帮助不能自理的老人进行排便、排尿，及时清除排泄物。

（3）舒适的需要：营造安静、清洁、温度适宜的休养环境。

（4）活动和休息的需要：帮助老人适当活动，并尽可能促进老人的正常睡眠。

（5）安全的需要：防止老年人跌倒、噎食、误吸、损伤，保持皮肤的完整性。

（6）爱和归属的需要：营造良好的休养环境和人际环境，促进老人的人际交往，帮助老人及时与家人联系与沟通，并给予精神上的关心。

（7）尊重的需要：运用沟通技巧，维护老年人的自尊，保护老年人的隐私。

（8）审美的需要：协助老年人的容貌、衣着修饰，使其保持良好的精神状态。

在协助满足老年人的基本需要时，我们还需要为老人提供以下生活照料服务：

（1）个人清洁卫生服务。它包括洗脸、洗手、洗头、洗脚，协助整理个人物品、清洁平整床铺、更换床单等。

（2）衣着服务。它包括协助穿脱衣裤，帮助扣扣子、更换衣裤、整理衣物等。

（3）修饰服务。它包括梳头、化妆、剪指甲和协助理发、修面等。

（4）膳食服务。它包括协助用膳、饮水，或喂饭、喂水、管饲等。

（5）如厕服务。它包括定时提醒老人上厕、协助如厕、使用便盆、尿壶等。

（6）口腔清洁护理服务。它包括协助清洁口腔和义齿等。

（7）皮肤清洁护理服务。它包括擦浴、沐浴等。

（8）压疮预防服务。它包括保持床单干燥、清洁、平整；定时翻身更换卧位，防局部受压过久，按摩受压部位增进血液循环；保持皮肤干燥、清洁，预防皮肤受伤等。

（9）便溺护理服务。它包括清洗、更换尿布等。

（四）家人住院陪护

家人生病需要住院，作为学生的我们可以提供一些力所能及的服务为家人分忧解难，如承担部分陪护工作。若想成为一名合格的陪护者，需要了解一些陪护常识和日常起居照料内容。

（1）现在医院一般都提供住宿的常用物品，如床单、被褥、热水瓶等，病人和陪伴家属只需准备个人用品即可。建议携带以下用品：衣物、水杯、洗漱用品（肥皂、牙刷、牙膏、脸盆、毛巾）、日常餐具、纸巾、拖鞋等。

（2）病人需先到门诊或病房开住院证，然后缴纳一定的费用。凭住院证，到所住科室的护理站办理住院手续，测量体温、脉搏、呼吸、血压等，听取护士介绍病区情况及住院注意事项，并领取住院所用物品，交纳物品押金。

（3）我们要积极了解所住科室和医院的基本情况。要熟悉病区药房、交费处、查账处、洗澡间、消防通道等位置的布局；同时，要知道自己住院家人的管床医生、护士以及主管医生，并同他们建立联系。

（4）医院属于公共场所，人员很杂，一定要妥善保管好贵重物品。

（5）每家医院都有自己的"入院须知"，应认真浏览。

（6）医生为明确诊断会做一些检查，多在住院当天或第二天完成。

（7）一般住院3天后，医院会给出一个诊断和治疗的初步意见，并对治疗效果做初步判断。住院期间每一位病人都有固定的管床医生和责任护士为其提供诊治服务，当病情有变化时，可向他们反映，晚间可向值班的医生、护士反映。

（8）为保证正常的治疗秩序，医院大多规定上午时间谢绝探视，探视时间大多定在下午和晚上。

（9）病人一般行走不便、情绪不稳，陪伴时注意防止病人跌倒或出现意外。

（10）治疗期间可在医院设立的查询柜台查询费用。发现疑问时，可积极向病区护士反映。

（11）管床医生每天查房，做体检，告知病人各项检查结果，为病人制订治疗方案并解释病情。

（12）如有不满意可向医院医务处、科主任、科护士长投诉。

（13）手术后积极地治疗和护理，妥善认真地管理伤口，对治疗效果至关重要。全麻的病人未清醒时，应平卧，不垫枕头，头偏向一侧，以防唾液或呕吐物吸入呼吸道，引起呼吸道感染。硬膜外麻醉或腰麻的病人，术后要平卧6~12小时，以防术后头痛的发生。胸部手术之后，多采取半坐或半卧位。脊柱手术后的病人，要睡硬板床。四肢手术后的患者，须抬高手术的肢体或进行牵引。

（14）术后要早点活动。根据手术的大小和术后的病情，在经过医生准许的条件下，争取早点下床活动。如腹部手术，麻醉清醒后即可下床活动或作床上活动，以防止腹胀和肠粘连。肥胖病人应多活动四肢，防止静脉血栓形成。

（15）我们可协助医护人员观察体温、脉搏、面色、呼吸、血压和小便等。如病人感觉不适，发热和心跳加快等，应向医生、护士报告。

（16）一般的手术，术后6小时可进食；腹部手术的病人，要腹部通气后方可进食流质。

（17）出院前应请主管医生写好出院小结，小结里一般详细记载了本次住院的重要检查结果和治疗手段，对病人的康复和进一步治疗至关重要。如需要出院带药，也要向医生说明。

课后训练

一、理论知识掌握

1. 什么是自我服务劳动？自我服务劳动能力培养的意义是什么？
2. 简述自我服务性劳动能力提升的途径和方法。
3. 简述家庭营养膳食的原则。
4. 参与家庭日常生活劳动对大学生有哪些影响？

二、能力素质训练

1. 试着用21天时间养成良好的房间打扫清洁的习惯。
2. 精心为家人准备一道热菜并把制作过程录制后编辑为90~120秒的短视频，短视频中要说明（文字/语音）：选择这道热菜的动机、遵循的营养膳食原则、菜品的制作关键。
3. 为宿舍的同学进行体征指标测量。
4. 你有过照护病人的经历吗？你认为照护病人应注意哪些方面的问题？

第七章

社会性劳动实践

导读导学

社会性劳动是大学生劳动精神培养、劳动品格塑造、劳动情怀提升的关键环节，是提高大学生实践能力和综合素质的重要途径。大学生在专业学习与实践之外参与社会性劳动，是大学生认识社会、服务社会的一个重要实践内容。通过走进社区、走进厂矿、走进乡村，通过社会调查、志愿服务、义务劳动等多种实践方式，大学生能够融入社会，接触生活，通过参与、体验与感悟，增强对社会的认识和理解，培养批判性思维，增强学生的社会责任感。

本章内容对大学生社会性劳动进行了全面阐述，并对大学生参加较多的社会调查、义务劳动、社区服务、志愿服务、勤工助学进行了讲解，为大学生在校期间了解和掌握社会性劳动，更好地投身于社会实践劳动之中，提前做好相关准备。

大学生劳动教育教程

第一节 社会性劳动概述

名言名句

只有人们的社会实践,才是人们对于外界认识的真理性的标准。真理的标准只能是社会的实践。

——毛泽东

案例引学

五味杂陈的支教日子

农村教育是我国国民教育中极为重要的环节。小张是教育类专业高校学生,她与几名同学相约开展"义教"活动,意在为农村的孩子们带去新知识,开阔他们的视野,提高他们的学习兴趣。可是上课时却遇到了种种难题,这其中的酸甜苦辣,回味无穷。可能是因为参加支教的学生年龄不大,也不严厉,所以刚开始课堂控制比较困难。孩子们会问奇奇怪怪的问题,上课时学生也总想站起来或是在教室里走动。十多天的日子在不知不觉间就过去了,看着那些孩子的进步,小张第一次有了欣慰的感觉。这些天的实践体验在她的心里已是沉甸甸的回忆,丰富了大学生活,更是为漫漫人生旅程增添了一抹绚丽的色彩。第一次站上讲台的激动仍记忆犹新,经过这次支教,她深切地体会到当老师的不易,也决心扎实提高教学基本功。

思考: 支教很苦也很累,却成为很多大学生成长过程中难忘的一页,你愿意去支教吗?为什么?

一、社会性劳动内涵、类型和意义

(一)社会性劳动的内涵

1. 社会性劳动的概念

社会性劳动即社会实践类劳动,是培养学生创新精神和实践能力、提升学生综合素质的良好载体,是实施素质教育的有效途径。哲学上,社会实践是指人类认识世界、改造世界的各种活动的总和,即全人类、大多数人从事的各种活动,包括认识世界、利用世界、享受世界和改造世界等。社会性劳动是学生从象牙塔走向社会的一个重要的锻炼环节，也是高等教育与实践相结合的具体体现。学生参加社会性劳动，是大学生参加专业学习和课堂教育的延续。社会性劳动是高等院校人才培养的重要组成部分，主要以学生个人主动参与及体验为主，是巩固所学知识、吸收新知识、发展智力才能的重要途径，它不受专业、课程、学时的限制，学生可以在社会这个广阔的课堂里自由驰骋，用自己的眼睛去发现问题，用自己的脚步去丈量世界，用自己的思考去开拓创新，用自己的双手去改变世界。

2. 社会性劳动的特点

社会性劳动具有实践性、开放性、生成性和自主性等特点，对学生综合素质的提升，特别是创新精神和实践能力的培养，提供了广阔的空间。对于高等院校而言，教育教学的最终目的是培养德智体美劳全面发展的社会主义建设者和接班人。作为未来建设者和接班人的当代大学生在进行知识储备的同时，一方面要在社会实际生产、生活中去检验、应用，达到学以致用知行合一；另一方面也要了解社会，了解社会发展和社会需求，来促进知识的学习和研究。这个双向了解的过程，对学生提高自己的知识应用能力、实践动手能力、服务社会能力都是很好的促进，对大学生日后融入社会生活是必要的铺垫和准备。

3. 社会性劳动的原则

大学生社会性劳动实践活动的总体要求是：全面贯彻党的教育方针，遵循大学生成长规律和教育规律，以了解社会、服务社会为主要内容，以形式多样的活动为载体，以稳定的实践基地为依托，以建立长效机制为保障，引导大学生走出校门、深入基层、深入群众、深入实际，开展教学实践、专业实习、军政训练、社会调查、生产劳动、志愿服务、公益活动、科技发明和勤工助学等，在实践中受教育、长才干、做贡献，树立正确的世界观、人生观和价值观，努力成长为中国特色社会主义事业的合格建设者和可靠接班人。

工作原则是：一是坚持育人为本，牢固树立实践育人的思想，把立德树人作为首要任务。二是坚持理论联系实际，提高社会性劳动的针对性、实效性和吸引力、感染力。三是坚持课内与课外相结合、集中与分散相结合，确保每一个大学生都能参加社会性实践劳动。四是坚持受教育、长才干、做贡献，保证大学生社会性劳动实践活动长期健康发展。五是坚持整合资源，调动校内外各方面积极性，努力形成全社会支持大学生社会性劳动的良好局面。

4. 社会性劳动实践存在的问题

第一，社会性劳动时间较短，内容缺乏创新。有调查显示，超过80%的学生在大学阶段每年都会参加社会性劳动实践活动；其中54.2%的团队实践时间不到一周，30%的团队实践会持续两到四周，只有16%的团队实践会持续超过一个月。

第二，学校和社会缺乏对社会性劳动实践活动的指导及保障机制。目前高等教育进入大众化普及阶段，高校在校生普遍规模较大，同时社会实践类劳动虽列入人才培养过程，但缺乏考核和评价的标准，加之该类活动多在假期进行，涉及的社会领域又比较宽泛，因此在指导和保障机制上显得不足。

第三,大学生的认识高度不足,与预定的育人目标存在差距。大学生习惯了按教学组织完成既定的学习任务,尽管社会性劳动实践在学生的成长成才中起着重要的作用,但因其自主性强、监督性弱,大学生在认识上往往不足,在育人目标达成上也就存在着一定的差距。

第四,家长及社会支持度不高。社会性劳动实践因其开放性、自主性的特点,家长往往认为该种劳动实践是学生就业能力和毕业条件的选做题,可有可无;而社会各界在承担人才培养的社会责任方面认识不足,尚未形成全社会共同支持大学生社会性劳动实践的良好局面。

(二)社会性劳动的类型

1. 以校内服务为主的岗位劳动实践

这类社会性劳动实践活动是学校根据各类工作岗位需求的实际情况,提供给广大学生的校内岗位锻炼,从而提高学生认识社会、融入社会的能力。如图书管理、实验室仪器设备整理、简单的设备维修,还可以是公益卫生打扫、食堂帮厨、特定岗位帮工等。通过校内岗位劳动,可以帮助学生感受教辅、后勤等各类工作人员工作的艰辛,从而尊重劳动、学会换位思考。

2. 以调查研究为主的劳动实践

调查研究能力是大学生必备的通用能力之一,无关文理无关专业。毛泽东同志曾经有两句名言我们耳熟能详:"没有调查,就没有发言权。""不做正确的调查同样没有发言权。"说的就是调查研究的重要性。对于当代大学生而言,生活在信息爆炸时代,具有分析判断能力、思考解决问题能力十分重要,调查研究就是最好的途径。学生在老师的指引下,针对某一社会现象、热点问题等进行资料查询、专家走访、实地考察,提出这一现象出现的缘由、目前的现状、解决的办法等,进而形成调查研究报告。在这一过程中,学生从选题、调查的过程到形成报告,都需要认真地思索,不但要开动脑筋充分运用所学的知识,而且充分锻炼学生的资料收集能力、分析问题能力、观察能力、与人交往能力、写作能力等。

3. 以社区服务为主的劳动实践

社区是城市社会的基本构成单元,是构建和谐社会的基础,是每一个人生活的家园。大学生作为即将步入社会的青年群体,应走出教室,进入真实社会情境,直接参与和亲身经历各种社会活动,开展各种力所能及的社区服务性、公益性、体验性的学习与实践,以获取直接经验,提高实践能力,增强社会责任感。大学生可以了解自己生活的社区,参与社区的相关劳动,如垃圾分类、清除非法广告、帮助孤残老人和儿童、慰问军属烈属等活动,在具体的劳动实践中进一步了解作为城市社会最基本单元的社区的运行情况,了解不同阶层人们的生活,在社区服务劳动中增强社会责任感。

4. 以社会公益为主的实践活动

公益活动就是有利于社会、他人的各种活动，大致可以分为环保、节能、教育、助学、扶贫、救灾、心理健康等种类。大学生可以利用节假日，走上街头，进行公益宣传，提高公众对某一社会现象的关注，增强公众的科学意识；可以走进乡村支农支教；可以参与慈善捐助，帮贫扶困……大学生参加社会公益活动，对提高大学生助人为乐的高贵品质、激发关心公益的积极性、提高勇于承担的社会责任感、培养为社会无私奉献的精神都有着积极的作用。

5. 以勤工助学为主的实践活动

勤工助学是学生在课余时间，通过劳动取得合法报酬，用于改善学习和生活条件的社会实践活动。随着经济社会的发展和大学生思想认识水平的提升，勤工助学活动已经从过去的"济困"为主的阶段逐步过渡到"济困与成长相结合"的社会实践阶段。勤工助学引导带动学生从课堂到课外，从学校到企业，从学生到职员，从兼职到就业创业，开阔了视野。同时学生通过劳动取得合法报酬，在改善学习生活条件的同时，也深刻体会到劳动的艰辛、锤炼了劳动品格，促进了学生综合素质的全面提升。

（三）社会性劳动的意义

对于大学生而言，参与社会性劳动是其成长成才的重要过程，其意义体现在以下几个方面：

1. 增强社会责任意识

社会性劳动对大学生而言，直接来看可能无关于专业能力提高，却与大学生的社会归属、责任意识提升关系紧密。大学生进行社区服务、义务劳动、助残扶弱、支农支教的过程就是一个接受思想教育、精神洗礼的过程，只有真实地参与到社会性劳动之中，才会懂得社会各领域、各阶层、各群体的真实状态，才会真正懂得换位思考，珍惜他人的劳动成果、珍惜美好的大学生活，从而提高学习的主动性、积极性，进一步增强社会责任意识。

2. 激发对社会问题的思考

社会性劳动，让青年学生从大学的象牙塔中走出来，离开书本，离开熟悉的校园环境，近距离与社会进行亲密接触，有助于大学生融入社会、贴近自然、感触生活，增加对社会的认识与理解、体验与感悟。大学生参与社会性劳动，在真实的社会服务过程中会以他们的视角发现问题，并在调查分析、发现问题、追根溯源解决问题的过程中，深刻反思社会现象，发展批评思考能力，并站在他们的立场上探寻解决的办法。

3. 促进个人成长

大学生社会性劳动是利用课余时间，主动步入社会，进行社会实践，发挥自己的聪明才智以求和社会有更大的接触，对社会做出贡献的活动。大学生通过参与、动手、思考、解决问题等过程，将所学的书本知识内化为自己的能力，全面提升自身的思想素质、求真精神和务实的品质；同时在社会实践的过程中，通过服务社会、帮助他人的过程也激发大学生努力学习、丰富知识，进一步提升自己的知识和能力水平，提高服务社会的能力，促进个人的全面快速成长。

拓展知识点

暑期"三下乡"

三下乡是指文化、科技、卫生"三下乡"。大学生在文化下乡中发挥了重大的作用，通过实践活动既促进了先进生产力的发展，又帮助和引导大学生按先进生产力发展要求成长成才；既传播了先进文化，又帮助和引导大学生接受先进文化的哺育；既服务了人民群众的根本利益，又服务了大学生的全面发展。大学生了解民情体察农村生活的艰辛。从而培养了大学生对农民的感情，只有对农民和农村有了感情，才能让大学生和农民的心贴得更紧，才能真切感受到耕耘的艰辛和收获的喜悦，才能真正地树立为"三农"服务的意识，才能更好地参与社会主义新农村建设，才能真正实现社会的和谐。

二、社会性劳动的过程安排

大学生的社会性劳动具有很强的实践性和自主性，而对于一直生活在校园里的很多青年学生而言却对社会一无所知，很多大学生满腔热情投入到社会劳动实践中，却虎头蛇尾草草收场。究其原因，主要是对劳动实践活动缺乏整体规划。

大家知道，对于同一活动，由于其方法、时机、对象、目标的不同，其效果是截然不同的。大学生社会性劳动实践活动从筹划、实施到完成是一个过程。因此，在组织过程中，要想达到最佳效果，必须重视过程优化。一般而言，大学生参加社会性劳动实践活动主要包括调适、抉择、实施、总结四个环节，过程优化的重点就是上述四个环节的整体优化。

（一）调适

大学生进行社会性劳动实践意味着大学生愿意走出自己的舒适区，去面对一个未知的领域。因此，在步入社会之前要首先做好应对各种书本上未曾遇到过的难题的准备，从心理上、思想上、能力上、知识上进行必要的准备。长期生活在"象牙塔"下的大学生，一旦步入社会，展现在面前的将是一幅五彩缤纷的社会画面，赤、橙、黄、绿、青、蓝、紫，五光十色，令人目不暇接。只有做好必要的准备，才能做好应对。

1. 知识调适

参加社会性劳动实践的过程，既是接触工农、了解社会、认识国情、提高觉悟的过程，也是运用知识、理论联系实际、服务社会的过程。因此，大学生自身合理的知识结构，直接影响社会性劳动实践活动的效果。所谓合理的知识结构，是指一个人知识体系的构成状况与组合方式。就大学生个体而言，无论在知识容量上，还是在知识构成上都是有限的，因此要按照社会性劳动的需要，从实际出发、从劳动实践的需要出发，快速补上短板，提高适应能力。

2. 能力调适

知识不等于能力。歌德曾尖锐指出："单学知识的人仍然是蠢人。"建立合理的能力结构，是提高劳动实践有效性的关键之一。任何的社会性实践活动都涉及自我融入社会的过程，不能融入就无法开展实践；都离不开与人打交道，都离不开与各类人的沟通，只有沟通顺畅才会事半功倍。可以说，大学生在社会性劳动实践活动中最关键、最重要的能力是社会适应能力、实践动手能力、语言表达能力、组织管理能力和分析观察能力等。因此，有针对性地做好能力调适十分重要。

3. 心理调适

从大学校园到社会的距离不只是简单到复杂的距离，而是从 1 到 X 的距离，很多未知、很多不同，诸多难题会一下子摆在同学们面前：一是生活难题，衣、食、住、行都要自理，这对自理能力较差的一些学生而言是一大难关；二是行动难题，与学校各类工作的有序、可控不同，社会性劳动实践会涉及陌生人员、陌生工作，遇到的问题和发展情势不可控等很多问题，一旦碰到，就会无所适从，给实际行动带来不可想象的困难。因此，大学生社会性劳动实践活动就是帮助大学生提前演练，适应社会的过程，提前做好心理调适会有助于各类问题的解决。

（二）抉择

抉择即选择，指从众多方案中挑选最佳方案的过程。大学生可以参加的社会性劳动实践有很多种，能否在众多的可行活动中找到更适合自己、更能提升自己的最佳方案，直接影响到社会性劳动实践活动的实际效果。因此，首先要从自身的实际能力出发，量力而行，目标不宜太低，但也不宜太高；其次要从校内学习安排的紧张程度出发，合理安排，并要坚持就近、就便的原则。

（三）实施

社会性劳动实践的实施就是具体进行活动的过程。由于社会性劳动实践是高校教育教学体系中的一个重要内容，从实际实施来看，一般有两种形式，一种是由学校组织的统一活动形式，一种是学生自发参与的形式。对于前一种形式，大学生应在教师的指导下，做好全面策划，应当根据社会性实践劳动需实现的目标和具体要求，确定能够实现或反映目标要求的具体内容、形式等，要贴近生活、贴近群众，使社会性劳动实践活动符合群众和社会的需求，并在推动实施中起到锻炼学生、感悟社会、提升情怀、增长才干的作用。对于后一种形式，大学生自身也要做好策划，在参与相关活动的过程中做好前期的相关准备和相关计划，并在实施中主动融入社会、提升自我、增长才干。

（四）总结

大学生社会性劳动实践的根本目的是在社会实践中育人。因此，要使社会性劳动实践的效果达到最佳，就一定要从教书育人的规律出发，要有总结、反思，要有升华。所谓升华，就是要使我们自身的思想觉悟、知识能力等诸方面在社会性劳动实践中得到提高和精炼。通过总结和反思，大学生应能够从劳动实践中总结收获、总结经验，反思自己思想、知识、能力的不足，从而树立远大目标，不断提升自我，砥砺前行，实现思想上的新飞跃，为成为新时代的建设者和接班人积极做好准备。

第二节　社会性劳动实践

名言名句

人的生命是有限的，可是，为人民服务是无限的，我要把有限的生命，投入到无限的为人民服务之中。

——雷锋

案例引学

最美快递员汪勇，平凡人中的英雄

汪勇是湖北顺丰在武汉的一名普通快递小哥。新冠肺炎疫情暴发后，汪勇牵头建起了医护服务群，从调配医疗物品、保障医护人员日常出行、协调1.5万份盒饭，再到给医护人员修眼镜、买拖鞋……一个多月来，汪勇成了医护人员的"大管家"。汪勇和他的志愿者团队将温暖聚拢，守护着冬日里逆行的医务英雄。"我做了力所能及的事，我不后悔。"汪勇说。

汪勇的事迹让许多人为之泪目，也让更多人感受到一名普通"80后"快递小哥的无私与无畏、担当与奉献。汪勇和他的志愿者团队就像一团火，在这个寒冷的冬季给人们带来温暖和希望，鼓舞人们奋勇战胜疫情。

汪勇的优秀表现也激励和带动着更多顺丰员工积极投身抗疫工作。湖北顺丰相关负责人介绍说，战"疫"期间，湖北顺丰有超过4000名快递小哥勇冲一线，为保障物资运送做出贡献。近日，湖北顺丰对25名在疫情期间奋勇拼搏、彰显担当的优秀员工予以火线

提拔，其中汪勇更是被跨等级提拔为硚口分公司经理。

思考：汪勇在疫情期间主动投身没有硝烟的战场，你是如何看待他的行为的？

大学生的社会性劳动实践有多种形式，按照大学生实际参与实践的情况，主要包括社会调查、义务劳动、社区服务、志愿服务、勤工助学五个方面。

一、社会调查

调查研究不仅是一项劳动技能，而且调查研究的成果也是社会性劳动实践活动的重要参考资料。大学生可以根据专业、兴趣和特长，进行有计划有目的的调研，一方面开阔眼界，另一方面也具备行业参考价值，不仅是学生提升个人价值的重要途径，而且还是以能力回报社会的初创成果。

（一）社会调查的概念和类型

社会调查是社会"调查"和"研究"的简称，是人们有目的有意识地通过对社会现象的考察、了解和分析、研究，来了解社会真实情况、认识社会生活本质及其发展规律，探索改造社会、建设社会的道路或方法的一种自觉认识活动。它包含了四层意思：一是社会调查是一种自觉认识活动；二是社会调查的对象是社会现象；三是社会调查要使用一定方法；四是社会调查要有一定目的。

社会调查根据标准不同有不同的类型：根据调查分析单位的不同，可分为宏观调查（如对国家、省、县或人口普查等大范围或大规模的调查）和微观调查（一般包括两三人或数人的小群体的调查）；根据调查内容和功能的不同，可分为研究性的调查（为解决理论性或政策性的问题而进行）和工作性的调查（为解决当前实际工作中的问题而进行）两类。

（二）社会调查的步骤

作为一种科学的研究活动，社会调查研究也必须遵循科学的程序和原则。从社会调查研究的内在逻辑来看，一项社会调查研究一般分为五个阶段：一是选题阶段，二是准备阶段，三是调查阶段，四是分析阶段，五是总结阶段。

第一阶段：选题阶段

本阶段的重点即确定调查主题。选好研究课题是社会调查研究的起点。对一项社会调查研究的选题加以评判的主要标准包括：选题的价值、时效性、前瞻性、可操作性以及可行性等。大学生根据当前国家经济形势和相关的方针政策，以及自己的专业、兴趣和学识，并结合社会调查的要素特征，选定一个值得研究的问题，并通过查阅必要的文献资料、咨询相关老师等方法最终确定调查主题。

第二阶段：准备阶段

本阶段的重点是明确调查内容、调查对象、调查工具。

（1）制订计划，明确调查内容。要紧扣选定的主题，参照相关资料，提出不同层次的问题，并确定系统的调查项目，同时对所有提出的问题和项目加以精选，分轻重缓急，使系统完整，并用提纲的形式最终将调查内容确定下来。

（2）设计指标，确定调查对象。调查对象，指接受调查的社会现象的总体。调查对象由性质相同的各个调查单位和个人组成。指标就是用一定的数量和单位来描述调查对象，要用各种数量指标和质量指标从各方面完整地揭示调查对象的本质特征，保证其纵向和横向的可比性。

（3）选择工具，确定适当的调查方式和方法。常用的调查方式有普遍调查（对调查对象的每个部分每个分子毫无遗漏地逐个调查）；典型调查（选择一个或若干个具代表性的单位做全面、系统、周密的调查）；个案调查（对社会的某个个人、某个人群，或某个事件、某个单位所做的调查）。常用的调查方法有：问卷法（合理设计问卷，采用开放式、封闭式或混合式问卷收集信息）；文献法（通过书面材料、统计数据等文献对研究对象进行间接调查）；访问法（通过交谈获得资料）；观察法（现场观察，凭借感觉及印象搜集数据资料）。

（4）培训与准备。请有关专家对参与调查的人员进行必要的培训，包括调查态度和调查技能的培训。此外，还应该注意筹备必要的资金和物质条件，做好与被调查单位的接洽工作，并争取有关单位的支持，保证调查工作的顺利开展。

第三阶段：调查阶段

本阶段的重点是搜集资料实施调查。

资料搜集过程，也就是调查实施的过程。调查研究实施的效果，直接取决于所选择的调查方式是否适当。研究者经常采用的调查方式包括邮寄、面访、电话问卷调查、网络调查等。网络调查成本低，执行便利，调查范围广，然而，网络的虚拟性会影响到信息的真实性，而且样本的代表性也经常会受到质疑。

第四阶段：分析阶段

本阶段的工作重点是审核、整理、统计、分析调查搜集的资料。

通过调查所获得的数据资料往往并不能直接为研究者提供有效的信息，这时就需要借助于统计方法和技术，对调查资料进行整理与分析。从统计方法的具体应用而言，对社会调查数据的分析可以从两个层面进行，即描述统计和推断统计。如果仅就某次调查的数据进行整理、概括，对该组数据的分布特征加以描述，或者对变量之间的关系加以探讨，则称之为描述统计。推断统计是根据样本所提供的信息，运用概率的理论对总体的分布特征和变量关系进行估计、推测。社会调查研究在运用推断统计时，主要是对总体参数进行估计和对研究假设进行检验。描述统计是推断统计的基础，推断统计通过样本的描述统计信息来估计、推测总体，从已知情况推测、估计未来情况。

第五阶段：总结阶段

本阶段重点是撰写调查报告。

对于大学生而言，调查的过程和结论要通过完整的调查报告呈现出来。因此，调查报告也是衡量一个调查研究整体水平的重要考核依据。根据研究目的的不同，社会调查研究报告可以分为规范的学术报告和决策建议报告。规范的学术研究报告一般包括引言、研究方法、结果分析、对策建议、小结、参考文献等部分。社会调查研究报告的文字与写作风格要尽量采用客观的表述，语言要准确、朴实、简洁、生动，可以采用必要的图表和数字说明问题。

（三）社会调查的意义

社会调查对大学生的成长成才意义重大。

首先，社会调查有助于大学生认识社会生活的真实情况和因果联系，揭示社会现象的本质及其规律。研究问题、制定政策、推进工作，刻舟求剑不行，闭门造车不行，异想天开更不行，必须进行全面深入的调查研究。

其次，社会调查有助于培养大学生积极向上的人生态度。任何的社会现象和问题都是社会发展大趋势下及特定历史环境下的产物，拨开现象看本质、积极研究解决发展中的问题对于大学生而言就是培养积极的人生态度、树立坚定的理想方向的过程。

再次，社会调查有助于培养大学生对人民群众的深厚感情。调查的过程，离不开与人民群众的深入沟通，调查本身就是大学生深刻了解群众的需求、愿望的过程；而思考解决问题的过程，就是追求满足人民群众美好幸福生活目标的体悟过程、创造过程。

最后，社会调查有助于对大学生参与社会心态的调整。首先是求益的态度，力求促进社会进步，解决社会问题，增进人民幸福；其次是求实的态度，尊重客观事实，不"唯上"，不"唯书"；再次是求教的态度，眼睛向下，虚心向群众学习与求教。这种心态的调整对大学生未来走入社会影响意义深远。

二、义务劳动

（一）义务劳动概念

义务劳动，也称志愿劳动，是指不计定额、不要报酬、自觉自愿地为社会劳动。义务劳动，虽然只比劳动多了义务二字，但蕴含了更大的能量与意义。《劳动法》第六条是国家对劳动者提倡、鼓励行为的规定。其中首句就是："国家提倡劳动者参加社会义务劳动。"《现代汉语词典》对"义务劳动"一词的解释是："自愿参加的无报酬的劳动。"而"社会义务劳动"是指社会公益活动，具体一点，就是有关卫生环境、抢险救灾、帮贫扶弱等群众性福利事业的义务劳动。与劳动者在劳动关系范围内的法定劳动义务不同，义务劳动是完全建立在劳动者的主动性、自觉性基础上，体现的是劳动者崇高的社会责任感和高尚的品德。由于义务劳动在《劳动法》也只是提倡，并没有强制性要求，因此，作为劳动者而言，是否参与义务劳动取决于劳动者本人的思想境界的高低。

（二）义务劳动的意义

义务劳动涉及方方面面，大至国家，小至家庭。中华民族的伟大复兴以及中国梦的实现需要义务奉献牺牲精神；新时代目标任务的实现需要义务奉献牺牲精神；社会和经济发展需要全体人民发扬义务奉献牺牲精神；做一个品德高尚的人需要义务奉献牺牲精神。义务劳动，主要目的并不是为了创造物质财富，而是为了提升精神境界和道德情操，因而其在大学生的成长成才中具有重要的意义。

1. 义务劳动增强大学生社会责任意识

义务劳动并不狭义地指体力劳动、志愿服务或直接的生产劳动，而是基于志愿服务、体力劳动与物质生产劳动的实践活动。同时，义务劳动，其主要目的并不是为了创造物质财富，而是为了提升精神境界和道德情操。一个国家，需要人民自主自发的奉献，需要人民自愿地为国家劳动。对大学生而言，义务劳动在社会生活中体现为丰富多样的为社会做出应有贡献的公益性活动，无论哪种形式的义务劳动都是奉献自己的聪明才智为社会做贡献，都是主动承担社会责任的主人翁意识的体现。

2. 义务劳动是大学生德育实践的重要形式之一

义务劳动并非只是简单的脑力、体力的付出，更是一种教育，因义务劳动不是刻意、强制的观念和行为，而是依存于自觉意识、自觉追求和自觉行为过程中的，因此其潜移默化的教育可以渗透到生活、学习、工作的各个环节之中，使之成为青年学生的一种行动自觉。因此，大学生参与义务劳动的过程也是高等院校贯彻党的教育方针，对大学生进行德育教育实践的重要形式之一。

3. 义务劳动提升劳动者素质

面对日趋激烈的国际竞争，一个国家的发展能否抢占先机、赢得主动，越来越取决于国民素质特别是广大劳动者素质。素质是立身之基，技能是立业之本。参加义务劳动，可以提高大学生的文明素质和道德水平，培育"民生在勤，勤则不匮"精神和责任意识，促进正确的人生观、价值观和世界观的树立，从而提升劳动者的综合素质。

4. 义务劳动促进个人全面发展

义务劳动能使我们的肌体充满活力，促进我们的身体发育；义务劳动，不论是体力劳动还是脑力劳动，都要做出努力、耗费精力，要取得劳动成果，需要有顽强的意志和毅力，因而可以培养我们的自信心、责任心、情感和意志等思想品质。同时，义务劳动能够培养尊重劳动、热爱劳动、尊重劳动人民的品质，有利于培养我们的创造意识和创新精神，因而在促进大学生的全面发展方面意义重大。

总之，义务劳动能够促进大学生的体力发展和智力发展，培养创新精神和实践能力，树立正确的人生观、价值观，提升主人翁意识和社会责任感。因此，很多做过义务劳动的人都有这样一种感觉：与其说奉献是为他人而做，不如说是为我们自己而做。

三、社区服务

(一) 社区与社区服务

1. 社区定义

社区是若干社会群体或社会组织聚集在某一个领域里所形成的一个生活上相互关联的大集体,是社会有机体最基本的内容,是宏观社会的缩影。社区是具有某种互动关系和共同文化维系力的、在一定领域内相互关联的人群形成的共同体及其活动区域。

作为城市社会的最基本单元,社区具有一定的地理区域、有一定数量的人口、居民之间有共同的意识和利益及较密切的社会交往等特点。

2. 社区服务

社区服务,就是指政府、社区居委会以及数字社区等其他各方面力量为满足其成员物质生活与精神生活需要而进行的社会性福利服务活动。随着我国经济发展,生活方式、社会组织形式和就业形式的日益多样化,越来越多的"单位人"转为"社会人",大量退休人员、下岗失业人员和流动人员进入社区,社区居民群众的物质、文化、生活需求日益呈现出多样化、多层次的趋势。经济社会的发展和居民群众的多方面需要给社区服务提出了新的更高的要求。

3. 社区服务的内容及特征

根据社区服务需求的方向,社区服务的内容可以概括为"四个面向",即:一是面向社区老年人、残疾人、孤儿、妇女、社区贫困户、优抚对象的社会救助、社会福利和优抚保障服务;二是面向社区居民的便民利民服务;三是面向社区单位的社会化服务;四是面向下岗职工的再就业服务和社会保障社会化服务。

社区服务也表现为以下三个特征:

(1) 社区服务不只是一些社会自发性和志愿性的服务活动,而是有指导、有组织、有系统的服务体系;

(2) 社区服务不是一般的社会服务产业,它与经营性的社会服务业是有区别的;

(3) 社区服务不是仅由少数人参与的为其他人提供服务的社会活动,它是以社区全体居民的参与为基础,以自助与互助相结合的社会公益活动。

(二) 社区服务的作用

(1) 社区服务对社区物质文明与精神文明建设有着很大的推动作用;

(2) 社区服务可以使社区成员拥有更多的公共服务、社会福利和闲暇时间,让人们从繁重的家务劳动中解放出来,提高人们的生活质量;

(3) 社区服务可以使人们更集中精力从事生产劳动和其他社会活动,创造出更多社会财富;

（4）社区服务通过广泛群众参与，能够培养高尚的社会道德与社会风气；

（5）社区服务有利于人们的主体意识、协作意识、法纪意识和文化意识的建立和形成，有利于提高人的素质。

（二）大学生参加社区服务的方式

大学生可以参与的社区服务有各种不同的方式，总结起来，主要有以下方面：

1. 社会服务方面

立足于具体社区人民群众开展活动，为广大群众的精神文明建设和生活劳动建设服务，可以开展以下服务项目：

（1）为社区打扫部分街道卫生的实践活动；

（2）开展敬老助残、救助弱势群体的实践活动；

（3）开展爱心家教等有益社区儿童的志愿活动；

（4）宣传志愿者精神及其他综合活动等。

2. 绿色服务

针对当前社会最为关注的环境问题，主要开展以下几个方面的社区服务活动：

（1）开展植树造林的实践活动；

（2）开展垃圾分类的实践活动；

（3）开展清理白色垃圾的实践活动；

（4）开展动物保护的宣传活动；

（5）开展对环保方面的宣传活动等。

3. 健康服务

宣传健康及公共卫生知识，提高全民对健康及公共卫生的重视程度，可以配合社区及公共卫生部门开展以下几个活动：

（1）参与献血、捐献骨髓等服务活动；

（2）开展关于健康方面的公益演出；

（3）编制健康知识、公共卫生知识宣传小手册，并向社区群众发放。

4. 文艺宣传

开展文艺活动，主要有节目主持、声乐、器乐、戏剧、相声、小品等，对本地的风土人情、风俗习惯、传统文化等进行宣传。

5. 赛会服务

负责为社区组织的各种大赛活动服务，服务内容有以下几个方面：

（1）外语翻译；

（2）微机操作；

（3）礼仪服务；

（4）安全保卫；

（5）体力服务等。

 **案例**

社区服务中的困境

　　大学生志愿者是青年志愿者的主力军，志愿者参与社区服务是当代中国高校顺应社会经济体制转型发展的迫切需要。小夏就是顺应大潮的一名共青团员，在某高职学校的健康管理专业学习两年后，按照学校安排进入了社区一家养老院做志愿服务。随着人口老龄化问题的逐渐加剧，面对养老服务人才短缺的困境，引导培育大学生参与养老志愿服务具有重要意义。但是，小夏面临了一系列的问题。首先是养老院里的老人脾气特别大，总是埋怨小夏干活不利落；其次是老人们嗓门大，说话基本在吼，搞得小夏异常疲惫；第三是自己的专业技能始终没有顺畅发挥出来。另外，养老院用人的高峰时间恰巧与学业时间冲突。心灰意冷的小夏，已经没有了当初报名志愿服务的那股子热情了。通过社区服务，他希望提升"奉献、友爱、互助、进步"精神，但是现实状况并未尽如人意。

　　问题：你参加过哪类社区服务？你认为怎样才能提高大学生参加社区服务的效果？

6. 公益服务

主要针对于各类社会福利机构，如为福利院、敬老院、慈善机构、红十字会、纪念馆、医院、图书馆、博物馆等提供服务。

7. 一对一服务

志愿者可与区内帮扶对象一对一定点服务，根据需要的不同、志愿者能力的特点，针对不同形式的需要开展社会服务。服务对象包括孤寡老人、残疾人、生活困难的人、离退休人员、下岗员工、特困未成年人、教育行业的弱势群体等。大学生志愿者及团队可以根据服务对象的不同制定不同的实施方案，为他们提供帮助，例如：扶贫帮困、文化教育、法律援助、文体娱乐、生活家政、医疗卫生、环境保护等。

四、志愿服务

（一）志愿服务的概念

　　志愿服务，是志愿者组织、志愿者服务社会公众生产生活和促进社会发展进步的行为。或者说，志愿服务泛指利用自己的时间、技能、资源、善心为邻居、社区、社会提供非营利、无偿、非职业化援助的行为。志愿服务是指任何人志愿贡献个人的时间及精力，在不为任何物质报酬的情况下，为改善社会，促进社会进步而提供的服务。志愿服务的范围主要包括扶贫开发、社区建设、环境保护、大型赛会、应急救助、海外服务等。志愿服务的功能有：社会动员、社会保障、社会整合、社会教化、促进社会和谐、促进社会进步。

（二）志愿服务的内涵

志愿服务是现代社会文明进步的重要标志，是加强精神文明建设、培育和践行社会主义核心价值观的重要内容。志愿服务组织是以开展志愿服务为宗旨的非营利性社会组织，是汇聚社会资源、传递社会关爱、弘扬社会正气的重要载体，是形成向上向善、诚信互助社会风尚的重要力量。伴随着中国特色社会主义历史进程，我国志愿服务事业快速发展，志愿服务组织不断涌现，对促进志愿服务活动广泛开展、推进精神文明建设、推动社会治理创新、维护社会和谐稳定发挥了重要作用。

拓展知识点

志愿者日

1971年，联合国志愿人员组织正式成立，它的宗旨是动员具有献身精神并有一技之长的志愿人员，帮助发展中国家尽快实现其发展目标。

1985年，第40届联合国代表大会确定从1986年起把每年的12月5日规定为国际志愿者日（IVD）。它是联合国法定的国际志愿者日（国际志愿人员日），中国的港、台和东南亚等地称作国际义工日。

2000年，共青团中央确定每年的3月5日为中国青年志愿者服务日，各地团委、中国青年志愿者协会组织青年集中开展内容丰富、形式多样的志愿服务活动。

（三）志愿服务的特征

志愿服务为实现中华民族伟大复兴的中国梦提供了强大精神动力和道德支撑。党的十八大报告指出，全面提高公民道德素质的举措之一，就是要深化群众性精神文明创建活动，广泛开展志愿服务，要深入开展城乡社会志愿服务活动，大力发展与政府服务、市场服务衔接的社会志愿服务体系。党的十八大以来广大志愿者、志愿服务组织、志愿服务工作者为他人送温暖、为社会做贡献，充分彰显了理想信念、爱心善意、责任担当，成为人民有信仰、国家有力量、民族有希望的生动体现。

志愿服务精神是"奉献、友爱、互助、进步"。其中，进步精神是志愿服务精神的重要组成部分，意指志愿者通过参与志愿服务，使自己的能力得到提高，同时促进了社会进步和社会和谐。

（四）志愿服务的原则

大学生参加志愿服务，一定要坚持自愿参加、量力而行、讲求实效、持之以恒的原则。

（1）"自愿参加"主要是强调参加志愿服务的自觉性。自愿参加是志愿服务的主要特征和前提。只有"自愿"才能称其为"志愿者",只有"自愿"才能持久。对于大学生志愿者而言,其参加活动的魅力就在于它变"要我参加"为"我要参加",充分尊重青年的主体地位,注重调动青年自身的积极性、主动性。

(2)"量力而行"就是要根据自己人力、物力、财力条件允许的程度来开展工作。现实生活中服务需求是多方面和多层次的,志愿服务一定要从青年学生的实际出发,从各地、各条战线、各个行业的实际出发,从社会需求的实际出发,把主观愿望和客观实际结合起来,把社会需求和服务能力结合起来,实事求是,量力而行。

(3)"讲求实效"就是指志愿服务要注重办实事、抓落实、求实效。首先要办实事,这是志愿服务行动的出发点和立足点;其次是要抓落实,志愿服务只有落实到基层,落实到具体人、具体事,才有生命力和发展前途;再次是求实效,就是在实践中使社会和群众体验和享受到志愿服务的成效。

(4)"持之以恒"就是指志愿服务要做到经常化、长期化。对高等院校而言,青年志愿者行动是一项跨世纪事业,必须以办事业的精神和方法来推进。开展志愿服务活动必须与建立多层次社会保障体系结合起来,必须着眼于建立有中国特色的青年志愿服务体系,必须建立必要的机制以保障青年志愿者行动经常化、长期化、规范化、制度化。要健全组织,稳定队伍,建立基金,制定规章,形成机制,坚持长久,同时要保持工作和人员的相对稳定性和连续性。

拓展知识点

《中国注册志愿者管理办法》有关规定

《中国注册志愿者管理办法》规定:团组织、志愿者组织根据服务对象的需求,向注册志愿者发布服务信息、提供服务岗位,志愿者按照相关要求开展志愿服务。注册志愿者也可按照相关规定自行开展志愿服务。提倡具有相同服务意向和志趣爱好的注册志愿者在团组织、志愿者组织指导下结成志愿服务团队开展服务。各级团组织、志愿者组织可依托服务需求相对集中的社会公益机构,通过签订协议、命名挂牌等形式创建志愿服务基地,探索建立志愿者经常性、就近就便开展志愿服务的有效机制。

(五)志愿服务的技能与技巧

1. 志愿服务者应具备多种服务技能

随着社会的进步,人们对志愿服务的形式、内容、质量都提出了更高的要求。在针对志愿者的调查中,研究结果有超过半数的志愿者认为"自身知识水平以及社会性实践劳动能力的欠缺"制约了志愿服务的进一步开展,越来越多的志愿者也已经开始注意从事志愿服务所需技能的问题。深入农村的志愿者必须参加组织培训与学习，了解农村的有关法律、法规、习俗和农业知识；到边远地区支教的志愿者必须学习教学方法、沟通技巧，掌握除专业之外的广泛的知识和技能；走入社区提供社区服务的志愿者，不能将自己的服务定格在具体的形式和具体的内容上，必须创造出丰富多彩的服务以满足社区不同人员的需求；向社会弱势群体伸出援手的志愿者，必须了解并熟悉当地的孤儿院、敬老院的情况，到伤残人士、军烈属、生活有困难的人家中去，必须想其所想，运用自己所掌握的服务技能提供最贴心的服务。可见，无论从事哪一种志愿服务，都必须掌握起码的专业技能。只有认识到这一点，志愿服务工作做起来才能得心应手。

2. 志愿服务专业化

在高校青年志愿者组织下设立专门的专业项目队，除了开展日常志愿服务活动外，还可以让专业团队的活动实施项目化管理，提高专项志愿服务的针对性和实效性，打造品牌性专业志愿者服务项目。高校需要在健全学校志愿者组织的同时，大力加强对志愿者基层组织与专业服务队的扶助和指导。高校成立志愿者专业服务队，再配备上高年级骨干志愿者，这种项目团队式组织模式运作起来既可以细化职能分工，强化服务功能，又能提升专业服务水平和组织效能。同时，作为专业化青年志愿服务组织，需要在服务的过程中以更加积极、更加专业的志愿服务精神投入自己的服务中，这就需要志愿者树立专业化的志愿服务精神。对于庞大的志愿者群体，要想紧紧地将志愿者凝聚在一起，需要的是志愿者精神的内驱力，激发志愿者的认同感及作为志愿者的自豪感、归属感、使命感。

3. 志愿服务突发事件应对技能

当代高校学生志愿报务已由刚开始的公益劳动、敬老爱幼、帮残助残等志愿活动，扩展到依托重大活动赛事开展志愿服务活动，新一代的大学生越来越多地参与到志愿服务中，成为青年志愿者的中坚力量。高校学生志愿服务工作越来越多地面向社会，对志愿服务工作的要求也越来越高，因此要系统地对志愿者进行培训和专业的应急救护技能培训，使其掌握志愿服务的方式方法和应对突发事件的技能。

五、勤工助学

（一）勤工助学概念

勤工助学是指学生在学校的组织下利用课余时间，通过劳动取得合法报酬，用于改善学习和生活条件的社会实践活动。在我国，勤工助学是贯彻教育与生产劳动相结合的一种教育活动，勤工助学对于推动学生素质教育，构建新的人才培养模式，促进学生成长成才有着重要意义。

（二）勤工助学的内涵

勤工助学源于"济困"，通过俭学来达到完成学业的目的，随着社会进步和对人才需求标准的提升，我国大中专学校的勤工助学工作已由"济困"为主的阶段过渡到"济困与成才相结合的"社会实践阶段，越来越多的学生把勤工助学作为主动适应社会、参与社会实践、提升自身综合素质和能力的有效手段，勤工助学的内涵也越来越丰富、充实，完成了从纯粹"经济功能"到"人的全面发展教育功能"的转化。

1. 功能上由单纯解困向助困育人发展

如今，随着市场经济的发展和高等教育体制的改革，社会对复合型人才的需求不断扩大，学生价值观念和社会取向也在发生变化，成才意识日渐增强，勤工助学活动作为一项特殊的社会实践活动，其功能、内涵和作用不断得以拓展和延伸，育人功能更加突出。

2. 对象上由家庭贫困学生向全体学生发展

随着勤工助学活动的深入发展，学生们对勤工助学活动的多重功能有了更深入的理解，逐渐被学生群体广泛认同，一些非贫困学生从实践锻炼的角度出发，主动加入勤工助学活动。因此，参加勤工助学的学生群体也逐渐由贫困学生和非贫困学生共同组成。

3. 类型上由普通型向专业型发展

学校在开展勤工助学活动的过程中，更加注重开发学生智力，发挥专业特色和优势，提高人才培养质量，学生参加勤工助学活动由主要从事劳务型、服务型、事务型工作岗位逐渐向从事专业型、技术型、管理型工作岗位转变，实现了专业学习、能力培养和经济资助三者的有机统一。

4. 形式上由个体自发向集体组织发展

过去学生参加勤工助学往往呈现自发性、分散性特点，存在一定的安全隐患，合法权益容易受到侵害。目前高等院校普遍建立了统一的管理和服务机构，制定了详细的管理规定和运行机制，同时注重勤工助学基地建设，积极拓展勤工助学市场，使勤工助学有了更加广阔的发展空间，为大学生创造了良好的勤工助学环境。

拓展知识点

勤工助学的相关政策要求及权益保护

1. 活动管理

学生在学有余力的前提下，向学校提出勤工助学的申请，接受必要的勤工助学岗前培训和安全教育，再由学校统一安排到校内或校外的岗位上进行勤工助学活动。学校不得安排学生参加有毒、有害和危险的生产作业以及超过身体承受能力、有碍健康的劳动。任何单位和个人未经学校同意，不得聘用在校学生打工。

2. 时间安排

学生参加勤工助学不应当影响学业，原则上每周不超过 8 小时，每月不超过 40 小时。

3. 劳动报酬

学生参加校内固定岗位的勤工助学，其劳动报酬由学校按月计算。每月40个工时的酬金原则上不低于当地政府或有关部门制定的最低工资标准或居民最低生活保障标准，可以适当上下浮动。学生参加校内临时岗位的勤工助学，其劳动报酬由学校按小时计算。每小时酬金原则上不低于8元人民币。学生参加校外勤工助学的酬金标准不低于学校所在地政府或有关部门规定的最低工资标准，具体数额由用人单位、学校与学生协商确定，并写进聘用协议。

4. 权益保护

学生在开始勤工助学活动前应当与有关单位签订协议，保护自身的合法权益。学生在进行校内勤工助学前，应当与学校的学生勤工助学管理服务组织签订具有法律效力的协议书。学生在进行校外勤工助学前，应当与代表学校的学生勤工助学管理服务组织、用人单位签订具有法律效力的三方协议书。协议书应当明确学校、用人单位和学生三方的权利和义务，意外伤害事故的处理办法以及争议解决方法。

（三）勤工助学的意义

1. 勤工助学实现了"济困"的功能

目前学校中很大一部分时间是由学生自由支配的，勤工助学能够让学生在业余时间展示其价值，通过自己的劳动来获取报酬，缓解经济压力，同时勤工助学能帮助贫困学生改善学习和生活条件，已成为学校实现"济困"的重要手段。

2. 勤工助学锻炼了当代学生的思想品格

当下，"90后"、"00后"大学生普遍害怕吃苦，缺乏服务精神和团队意识，责任意识不强。因此，通过勤工助学实践活动能够让学生感受到生活的艰辛，懂得什么是责任和担当，明白什么是感恩和奉献，有利于他们树立自信心，形成劳动光荣的观念，有利于他们树立正确的人生观、世界观和价值观。在团队中学会面对激烈的竞争，提高他们的心理承受能力，培养危机意识。同时，在长期的勤工助学实践中，能够培养学生的自我约束力、劳动意识和职业道德，这些都将成为他们以后人生路上的宝贵财富。

3. 勤工助学提高了学生综合能力和素质

通过勤工助学实践活动，学生的学习能力、社会能力及内省能力都得到了进一步提高。从校内岗位到校外岗位，从懵懂跟从到独立选择，从忐忑上岗到独当一面，学生们的实践能力、创新意识和独立分析问题解决问题能力等明显提升，学生提前接触社会，了解社会规则，调整自己的预期，改进自身不足，契合社会需求，团队意识、自律能力、心理素质明显提升，社会适应能力显著提高。另外，通过勤工助学，学生的学习能力和专业素质也得到了增强，学生把学到的专业知识很好地运用到实践中去，边学习边实践，不仅可以让自己的专业知识更扎实与稳健，同时还可以从专业出发去扩展专业相应的特长，增加个人能力。

4. 勤工助学增强了学生创新创业能力

勤工助学引导带动学生从课堂到课外，从学校到企业，从学生到职员，从兼职到就业创业，开阔了视野。学生在自己熟悉的领域经过长期实践已趋于理性，从创新的角度重新审视身边的各种资源，寻求资源的更佳配置，谋求更大的发展。学生在勤工助学过程中容易迸发出创新想法和创业激情，结合团队管理、项目运作、人际管理、目标管理等，进入一个融会贯通、将所学所思转化为所想所为的新境界，创新创业能力大大提升。

5. 勤工助学促进了学生就业

勤工助学能够不断提升学生的管理组织能力和为人处世能力，使学生的职业素质和职业能力全方位提升，帮助他们储备优质就业和自主创业所需要的身心素质和技能。

一、理论知识掌握

1. 简述社会性劳动的概念及大学生参加社会性劳动的意义。
2. 当前大学生参与社会性劳动存在哪些问题？
3. 要提升社会性劳动的参与效果，大学生应做好哪些工作？
4. 简述社会调查的步骤。
5. 简述义务劳动的概念及大学生参加义务劳动的意义。
6. 什么是社区服务？社区服务的内容一般有哪些？
7. 简述志愿服务的概念及原则。

二、能力素质训练

1. 你愿意在业余时间参加社会性劳动吗？你想通过参加劳动实现怎样的锻炼目标？
2. 组织一个小团队，尝试选择一个你们关心的社会热点问题，并按照社会调查的步骤在老师的指导下完成一个完整的社会调查。
3. 案例分析

雷锋精神永放光芒

郭明义，1958年12月生，辽宁鞍山人，1977年参军，1980年入党，1992年复员到齐大山铁矿工作。多年来，先后获部队学雷锋标兵、鞍钢市劳动模范、鞍山市特等劳动模范、全国无偿献血奉献奖金奖、中央企业优秀共产党员、全国五一劳动奖章等荣誉，鞍山市无偿献血形象代言人，中共十八届中央候补委员，中华全国总工会兼职副主席，被中央精神文明建设指导委员会授予"当代雷锋"荣誉称号。

郭明义从身边的点滴小事做起，从服务社区开始，让志愿服务成为一种习惯、一份责任、一种担当，让雷锋精神融入他的血脉中，成为发自内心的思想自觉。郭明义积极参与社会公益事业，被人民群众亲切地誉为"爱心使者"和"雷锋传人"。

希望大家从"赠人玫瑰，手有余香"中感受善的力量，以实际行动书写新时代的雷锋故事，为实现中国梦贡献自己的力量。

思考：

1. 你是如何理解新时代雷锋精神的？
2. 试分析新时代雷锋精神在社会性劳动实践中如何贯彻落实。

第八章

职业性劳动实践

导读导学

职业性劳动实践是学生走出校园、走进职场重要的过渡性实践活动。每个成长在校园里的大学生都对围墙外的职场充满了无限憧憬。但校园与职场是截然不同的环境和文化，大学生如何做好角色转换，顺利度过职业适应期，将是摆在每一个大学生面前的现实问题。职业性劳动实践就是通过诸如顶岗实习等准职场劳动实践活动，帮助大学生从专业角度出发，提前做好相关准备，积极参加职业性劳动，提前做好学生角色到职业角色的转换，提高职业适应性的最有效的实践活动。

本章主要对职业性劳动特点、大学生职业角色转换、进入职场需要的相关准备进行了学习，并对大学生参与准职场劳动的三种类型，如工业生产、农业生产、商业服务领域的职业劳动实践进行了讲解。通过学习，提高同学们对职业性劳动实践的认识，积极投入到职业劳动中去，开阔视野、增长见识，主动适应职场、认识社会，努力提升自己的专业能力、职场适应能力，为未来顺利走向职场打下坚实的基础。

第一节 大学生职业性劳动实践概述

名言名句

我们在我们的劳动过程中学习思考,劳动的结果,我们认识了世界的奥妙,于是我们就真正来改变生活了。

——苏联作家高尔基

案例引学

一项令人意外的调查结果

中国社会调查针对社会对大学生的评价和大学生进入社会后的自我感觉进行了调查,结果让人很吃惊:在工作精神方面,67%的企业认为毕业生不够踏实、缺乏实干精神;而71%的毕业生认为自己是能够吃苦耐劳的。在团队合作方面,52%的企业认为毕业生团队合作精神较差,以自我为中心情况严重;而76%的学生认为自己具备与团队共进退的精神。在薪资方面,61%的企业认为毕业生的薪金要求较高,不切合实际,用这些钱可以聘用到经验更为丰富的人;而79%的学生认为,他们的薪金要求是合适的,与他们的学历、能力相吻合。

以上数字相差不是很大,但我们从中可得出一个大相径庭的信息,即用人单位对毕业生在工作中的表现,特别是团队合作方面,评价不是很高,而毕业生却大多自我感觉良好,认为自己是物有所值,对得住单位付给自己的薪水。

思考:你怎样看待用人单位的评价与大学生的自我认知之间的矛盾?

千千万万种劳动共同创造了我们的美好生活,社会上的每个人都在不同的岗位上服务他人,贡献社会。大学生作为"一只脚踏入社会"的特殊群体,正在完成从家庭化向社会化的转变。大学生作为一个有独立行为能力的成年人,也要开始独自面对复杂的社会环境并承担起对自己和家庭、社会的责任,将迅速成为我国工业、农业、服务业等各个领域发展建设的中坚力量。

跨出校门,迈向社会,走进职场,开启人生新篇章,是许多大学生憧憬的生活。但校园与职场是截然不同的环境和文化,如何适应这一转变,顺利度过职业适应期,将是摆在每一个大学生面前的现实问题。为了提高自己的职业适应性,需要我们在校期间提前做好相关准备，积极参加职业性劳动，提前做好学生角色到职业角色的转换，为将来进入职场后能得心应手地展开工作做好相关准备。

一、职业性劳动概述

职业性劳动是大学生以专业为基础，根据掌握的专业知识和能力在职场相关工作岗位上进行的劳动实践活动。对于大学生而言，职业性劳动实践是其熟悉未来职场环境、深入了解行业企业生产运行及管理实际的重要实践活动；也是其诊断自己所学的专业知识、掌握的专业能力，找到差距，积极学习补齐短板的重要过程。

职业性劳动实践的途径一般有两种：

一是顶岗实习。顶岗实习是高等院校进行专业教学、实施素质教育的重要途径，是人才培养的重要组成部分，是高校专业教育教学过程的延伸，是贯彻理论联系实际教学原则的具体体现，是提高学生职业能力、培养高素质应用型人才的重要环节。顶岗实习旨在开阔学生的视野，使学生提前了解社会，增强岗位意识和岗位责任感，提高学生对专业的认识，培养学生适应岗位的能力和创新能力，特别是提高学生的实践动手能力，为学生"零距离"就业打下坚实的基础。顶岗实习多由学校统一组织安排，到工业、农业、商业服务业等企业进行顶岗实践锻炼。

二是学生利用假期和业余时间在具体职业岗位进行工作的劳动实践。一些学生充分利用自己的寒暑假和毕业实习机会，积极投入到行业企业进行岗位自主实践锻炼。同时，随着大数据、人工智能、云计算、移动互联网、物联网技术的快速发展，一些企业弹性时间、弹性地点的远程服务、设计开发等岗位越来越多地向大学生倾斜，也给大学生提供了更多职业性劳动实践的空间。

无论哪种形式的职业性劳动，大学生都需牢记，所有的职业劳动实践锻炼都应在安全的基础上进行，安全是生命的基石，是一切活动的前提，同时安全也是人生最大的智慧，这个最大的人生智慧并非与生俱来，它需要我们不停学习和演练最新的安全知识，并能在"知"的基础上"会"保障自己与他人的安全。职业性劳动实践作为一种准职场劳动，需要我们能相对独立参与实际的工作，只有自我安全保护意识和技能提高了，才能顺利完成实习实践任务，达到实践的目的，缩短由学生转换成社会人的过渡期。

二、职业性劳动的特点

职业性劳动实践是学生参与到具体工业、农业、商业服务业等行业的具体工作岗位进行的劳动实践，因其要承担具体岗位工作、岗位责任，掌握具体的岗位技能，因此与社会性劳动实践相比，职业性劳动实践具有以下四个特点：

一是专业性强。大学生无论从事哪一行业，做什么样的职业，都面临着职业化、专业化的问题。社会性劳动实践中我们可以凭兴趣、爱好去选择具体的领域和活动形式，但职业性劳动实践受岗位职责所限，则更多地要求大学生的专业能力、专业适应性。在这里我们能够深刻体会什么是"隔行如隔山""术业有专攻"。因此，大学生的职业性劳动往往从所学专业出发，从事与专业匹配程度高的岗位进行劳动锻炼。

二是实践性强。大学生通过多年的书本学习掌握了丰富的理论知识，而在职业性劳动实践中需要大学生把刻板的理论知识根据遇到的实际问题进行重组、消化，并转化成解决问题的工具，要真刀真枪地解决职业岗位遇到的各类问题。大学生过去的 20 年，核心的生活内容是"学"，为考而学；而在职业性劳动实践中核心内容是"做"，在做中学。

三是复杂程度高。大学生在校期间也进行过校内的各种实验、模拟实训，但在职业性劳动实践中会面临环境的多变性、变化的不确定性。无论哪一种行业，都是社会大环境的一个微小单元，社会宏观环境、行业微观环境、企业内部环境中任何一个小的环境要素的变化都可能带来企业发展方向和趋势的变化、岗位工作内容的变化；再加之人际关系、沟通协调、工作绩效等纷至沓来，可以说，岗位工作中的高度复杂性，使大学生职业性劳动实践面临着很大的挑战。

四是要背负责任。职业活动中一个重要的特征就是每个岗位都有其明确的岗位职责，都要承担一定的责任。对于大学生而言，多年的学习生活承担的责任主要是学得好不好、考得好不好的责任，可以说其影响范围最大也仅限于家庭内部，其他成长中的责任都由学校和家长背负。而在职业劳动中，大学生需要作为责任主体承担所从事岗位的工作职责、岗位责任。承担责任也是大学生由学生角色向职业角色转变中一个重要的内容。

三、职业角色转换

对于长期生活在校园的青年学生而言，职业性劳动实践对大学生而言最重要的是角色转换。角色转换就是在社会关系中个体地位的动态描述。大学生职业角色转换也就是从学生角色到职业人角色的转换。这是每一个大学生必须经历的过程，也是我们人生中最重要的一次转折。

（一）学生角色与职业角色的区别

学生角色和职业角色在其角色特征方面存在着很大差别，具体表现为：

作为学生角色，其特征表现为：接受任务、储备知识、培养能力，经济无法完全独立，一直生活在家长和学校的庇护下，社会经验缺乏，人际交往较为简单。

而作为职业角色，其特征则表现为：工作目的性明确，家庭经济压力大，环境变化大，工作负荷量大，更强的社会责任感，承担各类风险，生活独立，与同事心灵沟通较少，生活较为单一，人际关系复杂。

从以上对比中可以看出，学生角色与职业角色区别较大（见表 8-1）。因此，职业劳动实践对大学生的角色转换意义重大。

拓展知识点

表 8-1 学生角色与职业角色区别

	学生角色	职业角色
社会责任不同	大学生是以学习、探索为主要任务,整个角色过程是接受教育、储备知识、锻炼能力的过程。学好科学文化知识,掌握为人民服务的本领,使自己德、智、体全面发展是其主要社会责任	职业人是以其特定的身份去履行职责,依靠自己的本领或技能为社会和他人服务,完成工作来体现。职业人必须适应社会、服从管理,在工作中犯了错误,必须承担成本和风险,以及相应的社会责任
社会规范不同	《高等学校学生行为准则》规范学生学习、做人和发展。学生是受教育者,在其违反角色规范时,惩罚是辅助手段,以教育帮助为主	对职业角色的规范因职业的不同而各不相同,一旦违背其社会规范,就要承担严肃的责任,甚至是法律责任
社会权利不同	学生的主要活动是学习,因此,学生角色强调对知识的输入、吸收与接纳,对知识的输出和运用强调较少。	依法行使职权,开展工作,运用自己的知识和能力,向外界提供自己的劳动,即运用和输出、应用与创造性地发挥自己的知识和才能,向外界提供专业的服务。要求结合实际创造性地发挥水平,并在履行义务的同时取得报酬
面对的环境不同	寝室—教室—食堂三点一线的简单而安静的生活方式,单纯而简单的校园文化气氛。学习时间可弹性安排,有较长的节假休息日,教学大纲提供清晰的学习目标,学术上多鼓励师生讨论甚至争论;规定的时间完成布置作业或工作即可	面临的社会环境是快速的生活节奏、紧张的工作和加班,在单位里,规定上下班时间,不能迟到早退,经常加班加点,节假日很少,工作任务急又重;老板通常对讨论不感兴趣,多数老板比较独断;对待职工不一定很公平;一切以经济利益为导向;要完成上司或老板交给一件件的具体的实实在在的工作任务等
自我管理的要求不同	学校的生活是一种集体生活,实行统一的作息制度,对学生提出统一的行为规范,学生违反了纪律要受到惩罚,因此许多学生对学校管理形成了依赖心理。此外,学生在校的生活来源主要依赖家庭支持	单位只在工作时间对员工提出要求,其他时间主要由员工自行支配,没有统一严格的方式来管理约束。经济开始独立,家庭和社会期望毕业生不仅在经济上独立,而且在心理及其他方面也能独立。因此,职业角色对毕业生的独立性与自我管理能力提出了更高的要求
人际关系不同	学生的主要任务是掌握科学文化知识,提高自身的素质和能力,这主要取决于学生本身,竞争只是促进学习的手段,并未从根本上影响学生的利益,由此决定学生的人际关系是比较简单的	成为职业人员后,竞争是不可避免的,竞争的胜败直接关系到利益的分配,由此决定了职业人员间的关系是相对复杂的

（二）大学生角色转换的内容

大学生从学生角色向职业角色转换，要做好以下五个方面：

1. 从"情感导向"转向"职业导向"

大学生进入职场后应按照职业操守行事，即使认为自己非常有能力，也要遵章办事，而不是书生意气，任由自己的性情和喜好待人接物、处理岗位工作。

2. 从"思维导向"转向"行动导向"

大学生要脚踏实地、兢兢业业地工作。很多大学生在参加工作之前都很有自己的想法，说起事情来也头头是道，但是到了岗位上却出现诸如眼高手低、说的比做的好、提出的解决问题方案不具有可行性等问题。因此，大学生在角色转换过程中一定要变思想为行动，少说多做、少高谈阔论多弯下腰实干。

3. 从"知识导向"转向"任务导向"

学习是终身的事情，即使走出大学进入职场也要不断学习，但角色的转变使学习的出发点和路径都发生了改变。大学生在校园里更多的是掌握书本知识，面对的是一门门课、一本本书，学得好不好的标准更多的是知识掌握得好不好，学得深不深、透不透。而在职场中，主要的工作是完成一个个工作任务，解决一个个工作问题，学得好不好的标准是任务工作完成得怎么样，问题有没有妥善解决。

4. 从"个体导向"转向"团队导向"

职场最为看重的就是员工的绩效，只有努力工作多多付出，才会等价地得到更多回报。当代大学生大多都有一个明显的特点就是个性化强，自我意识强，团队和集体意识淡薄。但工作不同于读书，企业也不同于校园，更需要的是与他人的配合和团队精神。因此，角色转换也包括团队意识的转变。

5. 从"兴趣导向"转向"责任导向"

这是我们进入社会后非常重要的角色转变。大多数大学生比较明显的特点是凭兴趣做事，比较注重自我的感受。进入职场后，作为成年人、职业人、社会人，我们就必须学会承担各方面的责任，为家庭、为公司，也为社会。

四、参加职业性劳动的相关准备

（一）全面了解新环境

1. 主动了解入职企业的基本情况

正所谓"知己知彼，百战不殆"，我们在正式进入企业就职之前，应该通过各种途径搜集企业信息，全面了解就业单位情况，包括企业的建制沿革、发展现状、企业文化、组织架构、工作流程、规章制度、薪资福利等，可以减少自己心理上的不适应感，尽快进入工作角色，为今后正式就职融入团队打下好的基础。

2. 了解入职企业的企业文化

企业文化是文化现象在企业中的体现，是在一定社会历史环境下，企业及其成员在长期生产经营活动中形成的文化观念和文化形式的总和，是企业员工共同的价值取向、经营哲学、行为规范、共同信念和凝聚力的价值观念体系。对于新员工而言，熟悉本企业文化是了解本企业的关键环节。只有了解和体会企业文化，才能迅速理解企业的精神和宗旨，使自己的行为符合公司或企业的总体目标，适应企业发展的步伐，使自己迅速融入公司这一大家庭。

（二）塑造良好的职业形象

职业形象是社会公众对职业人的感受和评价，职业人从事职业活动时的形象就是职业形象。一个职业人的职业形象是公众对他的着装、气质、言谈、举止能力、敬业精神、乐观自信等外在形象和内在涵养的综合印象。

良好的职业形象不仅能够提升个人品牌价值，而且还能提高自己的职业自信心。职业形象也是维护职业声誉的重要组成部分，是企业文化和社会文明的重要组成内容。得体的职业形象会给初次见面的人以良好的第一印象。

（三）建立良好的人际关系

1. 尊重他人，和平相处

"敬人者，人恒敬之。"同事之间交往，应该彼此相互尊重，人和人之间的关系是平等的，不因职业高低、收入多少而改变，相互尊重、平等待人是建立良好人际关系的前提。

2. 律己宽人，包容有爱

我们在与他人的交往过程中，要努力做到严于律己，宽以待人，以责人之心责己，以恕己之心恕人。遇到事情能进行换位思考，不要斤斤计较，做到谦让大度，宽容守礼，这是建立良好人际关系的润滑剂，能赢得更多同事和朋友的信任和喜爱。

3. 诚实守信，进退有度

君子重诺，诚信乃立身之本。在日常生活、工作中要养成良好的习惯，做到诚实守信。同时，与人交往时还要注意进退有度，保持合适的距离，不给他人造成困扰和误会。

（四）快速适应职业劳动环境

很多大学生走上岗位后都会产生对新环境的诸多不适应，主要表现在心理上、生活上、工作上、人际关系上和工作技能上，那么，怎样尽快适应新环境呢？

1. 心理适应

我们要发挥自身健康的心理机能——整体协作意识、独立工作意识、创造意识,要克服以下五种"心理":对学生角色的依恋心理、观望等待的依赖心理、消极退缩的自卑心理、苦闷压抑的孤独心理、见异思迁的浮躁心理。

一般而言,新人进入职场需要从基层做起。俗话说,"良好的开端是成功的一半"。作为职场新人,青年学生要从以下几个方面做起:

一是要学会心理适应,学会适应艰苦、紧张而又有节奏的基层生活。由于缺少基层生活经历,可能会不习惯一些制度、做法,这时千万不要用自己的习惯去改变环境,而要学会入乡随俗,适应新的环境。

二要自信。虽然在刚开始的时候我们可能会做错无数事情,但只要能够吸取经验,在同事和前辈们的帮助下,自己的整体协作意识、独立工作意识就会逐步养成。

三要有耐性。我们要充分发挥自己的主观能动性和创造性,凡事要进行具体分析、具体对待,然后脚踏实地地工作。在一个行业准备好从底层做起,不断积累经验提升能力,就能为今后的职业发展打下一个良好基础,形成一个有延续性的职业发展历程。

四要在工作中培养自己的整体协作意识、独立工作意识和创造意识。

总之,职业劳动实践之初,我们从相对简单的学生角色转变到较为复杂的职业角色,理想与现实之间总有差距,面临困难和挑战是情理之中。我们要完成从学生角色到职业角色的转换,就要充分认识和认真对待这些矛盾和冲突,只有大胆面对现实,立足岗位努力学习,不断提高和完善自我,才能顺利实现角色的转换。

2. 生理适应

大学生步入了职场,就从一个学生转换成了一个职业人。原来的许多生活习惯就需要改变。如在学校的时候,上课迟到也许不会带来什么严重的后果,但在工作期间,如果迟到旷工,耽误的是整个团队的业绩,随时有被开除的可能。如果工作失误,会造成重大的经济损失,甚至没有挽回的机会。所以为了自己的职业前途,我们需要及时调整生活规律,加强自我管理,遵守职场的规则,快速适应职场生活。

3. 岗位适应

多年简单的校园生活,使大学生容易看事情简单化、理想化,在跨出校门前,都对未来充满憧憬。一些初出校门的学生不能适应新环境,大多与事先对新岗位估计不足、不切实际有关。当这些职场新人按照过高的目标接触现实环境时,许多所谓的"现实所迫"会让他们在初入职场时就走了弯路,以至于碰了壁还莫名其妙、不知所措,甚至产生失落感、挫败感。因此,在初入职场时,大学生要学会根据现实的环境调整自己的期望值和目标,设定合适的目标,找准自己的位置,提升自己的职业能力,不断学习,尽快度过职场适应期。

4. 知识技能适应

初入职场的大学生可能文凭比单位里一些前辈要高，知识也丰富，却存在着经验匮乏、工作无从下手的实际问题。因为在学校里比较注重的是学习理论知识，而在职场上更注重的是动手能力和经验的积累。因此，青年学生要主动投入到再学习中，学习尽快适应工作的新知识新技能新方法，并在应用中不断积累经验，不断向同事、上级、客户和竞争对手学习。同时大学生要保持学习的热情，正所谓，干到老，学到老。职场竞争在加剧，学习不但是一种心态，更应该是我们的一种生活方式。为适应社会发展和实现个体发展的需要，每个职场人都需要培养主动的、不断探索的、自我更新的、学以致用的和优化知识的良好习惯，使自己的职业岗位能力不断提高。

5. 人际关系适应

与象牙塔里单纯的人际关系不同，踏入了职场，人际关系也相应的复杂了起来。刚进入职场的青年学生最容易犯的毛病是过于高傲，应把姿态放低一点，恰当的礼貌往往会赢得好感。无论对领导还是同事，无论喜欢还是讨厌，都要彬彬有礼。同时努力工作，适当表现自己，最大限度地得到老板和同事的认可，赢得职场人缘。总之，在职场生活中，当面对复杂情形或困境时，我们要仔细观察，用心揣摩，注意自己的言谈举止，有意识地提升职场情商，就会明显改善自己在职场中的生存环境，进入良性和快速发展轨道。

五、融入工作团队的方法

大学生在职业性劳动过程中，遇到的一个重要且普遍的问题就是难以融入职场团队。产生该问题的原因，既有大学生个人性格、经验的问题，也有能力、方法的问题。因此，为更好地融入职场工作团队，大学生需了解几个融入工作团队的方法：

（一）加强对班组的理解和认识

班组是生产经营活动的基本单位，是最基本的生产单位，也是企业的最基层管理单位，是团队的一种形式。班组一般分为服务性班组和生产性班组两大类。企业的生产活动都在班组中进行，班组工作的好坏直接关系着企业经营的成败。班组直接面对每一个员工，企业的文化、规章制度和精神风貌最终是要通过班组这种团队贯彻到每个员工。

（二）提升挫折耐受能力

挫折耐受力指个体在遭遇挫折情境时，经得起打击和压力，可以摆脱和解除困境而使自己避免心理与行为问题的能力，这反映了一个人的心理素质水平。今天的青年学生从小遇到的困难和挫折较少，自身独立能力差，承受挫折的能力比较弱，所以提升挫折耐受能力对于初入职场的大学生们来说非常重要。

 **案例**

勤学善思的新人

韦天亮第一天上班就感觉到新人的一点小尴尬。他首先接到的任务是看文档，以及给写好的程序改 bug。由于接触的是偏技术工作，他有时候找遍手头的资料还是拿不出解决方案，需要问同事，但是总问同事也是会打扰对方的，但这也锻炼了他沟通的技巧，死磕的次数多了，反而渐渐和同事熟络起来。他仔细琢磨了入职手册，他意识到公司喜欢有创造力的员工，于是他开始在改 bug 的间隙也写上几行代码，有几次同事觉得他的思路不错，还增补到源文件中。韦天亮把这些文档保存下来，在试用期结束的时候随自我评价一起交给上司。最后他顺利转正，工资还提高了一档。

问题：职场新人如何提高岗位适应力？

（三）提高学习自主性

自主学习能力是工作团队对其成员的基本要求，也是工作团队成员的核心素质体现。在崇尚提高团队创新力、构建创新型团队的社会，自主学习能力是非常重要的。

（四）加强自我管理能力

自我管理能力不仅是企事业单位提高运营效率的有效手段，也是团队成员从业和发展个人能力的基本要求，所以国内众多企事业单位和其他组织机构都把自我管理能力作为对高素质人才的基本要求。

 案例

频繁跳槽为哪般

麦可思研究显示，2018 届本科生毕业半年后离职率为 23%，高职高专生毕业半年后离职率为 42%。数据分析发现，"个人发展空间不够""薪资福利偏低""想改变职业或行业"是大学生毕业半年内选择主动离职最重要的三个因素。而对 2014—2018 届大学生毕业半年内主动离职原因进行分析，其中增长明显的一个离职原因是"工作要求高，压力大"，也就是初入职场无法适应岗位的要求。

问题：你认为大学生频繁跳槽的深层次原因是什么？

第二节　职业性劳动实践

> **名言名句**
>
> 一个人，只有在实践中运用能力，才能知道自己的能力。
>
> ——古罗马哲学家小塞涅卡

> **案例引学**
>
> **智慧餐厅实现突围**
>
> 　　海底捞首家智慧餐厅在北京经营业绩增长迅猛。海底捞在解决食品安全问题的同时，用技术手段降低成本，提升了运营效率。该餐厅呈现出6个不同的主题，消费者通过点餐Pad下单后，与前台点餐系统连接的自动出菜机就通过机械臂从菜品仓库中开始配菜，并通过传送带把菜品送至传菜口，再由传菜机器人或服务员将菜品送至相应的餐桌，店内的送餐机器人共有6台。为满足不同客人的需求，海底捞还打造了"千人千味配锅机"，顾客提交定制化锅底的需求后，系统会自动记录下这些需求，将"好吃"标准化。
>
> 　　思考：现代商业文明和技术文明的协同发展对你未来的职业选择及发展有什么影响？

　　大学生的职业性劳动以顶岗实习为主，但最终要落实到农业生产、工业生产和商业服务中去，只有在各领域的具体岗位上才能够使职业性劳动实践发挥"专业+职业"的实践作用。为此，大学生既需要对顶岗实习有充分的认识和准备，又需要对所实践的行业领域工作有深入的了解。

一、农业生产劳动

（一）农业文明与常见农作物

1. 农业文明

　　今天我们所享受的所有文明皆起源于农耕文明，稼穑是社会发展的根基，更是人生不可或缺的一环，有稼穑经历和体验的人生更扎实也更丰富。《尚书·无逸篇》说："不知稼穑之艰难，乃逸乃谚。"意思是没体验过"面朝黄土背朝天"的艰辛滋味，就会变得放纵、荒唐。这句3000年前周公告诫子孙的至理名言，到了今天更具现实意义。

　　现代农业文明带给当代人类的不仅仅是一种新能源，更是继工业革命之后的又一次经济形态转型的新革命。中国农业精神来自于中国传统农业，体现和贯彻中国传统的天时、地利、人和以及自然界各种物质与事物之间相生相克关系的阴阳五行思想，精耕细作，轮种套种，是它的典型工作生产模式。随着中国农业的发展，越来越需要有文化、懂技术、会经营，有较强市场意识、有较高生产技能、有一定管理能力的新型农民。

2. 认识常见农作物

我国农作物主要分为七大类：粮食作物、经济作物、蔬菜作物、果类、野生果类、饲料作物、药用作物。粮食作物：以小麦、水稻、玉米、大豆、薯类为主要作物。经济作物：以油籽、蔓青、大芥、花生、胡麻、大麻、向日葵等为主。蔬菜作物：主要有萝卜、白菜、芹菜、韭菜、蒜、葱、胡萝卜、菜瓜、莲花菜、莴笋、黄花、辣椒、黄瓜、西红柿、香菜等。果类：有梨、青梅、苹果、桃、杏、核桃、李子、樱桃、草莓、沙果、红枣等。野生果类：有酸梨、野杏、毛桃、山枣、山樱桃、沙棘等。饲料作物：如玉米、紫云英等。药用作物：有人参、当归、金银花、薄荷、艾蒿等。

粮食作物是人类主要的食物来源，同时也是牲畜的精饲料。经济作物一般指为工业，特别是为轻工业提供原料的作物。按其用途分为：纤维作物（棉花、麻类、蚕桑等）；油料作物（花生、油菜、芝麻、大豆、向日葵、橄榄等）；糖料作物（甜菜、甘蔗等）；饮料作物（茶叶、咖啡、可可等）；嗜好作物（烟叶等）；药用作物（人参、灵芝等）；热带作物（橡胶、椰子、油棕、剑麻等）。

拓展知识点

二十四节气歌

春雨惊春清谷天，夏满芒夏暑相连。秋处露秋寒霜降，冬雪雪冬小大寒。

每月两节不变更，最多相差一两天。上半年来六廿一，下半年是八廿三。

节气的交节时间，是天体运动的自然结果。它基本概括了一年中四季交替的准确时间以及大自然中一些物候等自然现象发生的规律。一年四季由"四立"开始，所谓"立"即开始的意思，立春、立夏、立秋、立冬。四季在一年中交替出现，"四立"标示着四季轮换，反映了物候、气候等多方面变化，如春生、夏长、秋收、冬藏，以及日照、降雨、气温等的变化规律。

（二）种植技能、畜牧技能和采摘技能

1. 农作物种植技能

在种子没有问题的前提下，植物要想生根发芽就必须满足4个条件：温度，水分，空气，肥料。例如，大蒜发芽比较适宜的温度是20℃左右，超过这个温度就会抑制大蒜发芽速度。农作物在生长发育过程中，需要碳、氢、氧、钙、镁、硫、氮、磷、钾、硼、铝、锌、锰、铁、铜、氯等16种元素，其中碳、氢、氧可以从水和空气中取得，其他大多数是从土壤取得，当土壤不能满足时，必须通过施肥来解决。影响农作物生产的主要因素有气候、土壤和人为措施。气候是影响农作物生产的一个因素，有的农作物需要长光照，有

的农作物所需要的积温少，有的农作物需要的积温多，小麦全生育期需要2300℃左右，棉花则需要3000℃左右。水是农作物的生命，农作物需水量很大。土质的好坏直接影响产量，改良土壤提高土壤的肥活度十分重要。合理施肥是提高农作物产量的一项重要措施，不同的农作物所需的肥量是不同的。我们需要知道同一种农作物在各生长期中需水、施肥的多少，以及适应的气候，我们才能为农作物提供良好的生长条件。

农作物栽培步骤：精细整地，抢墒覆膜。土壤耕作是根据植物对土壤的要求和土壤特性，采用机械、非机械方法改善土壤耕层结构和理化性状，以达到提高肥力、消灭病虫杂草的目的而采取的一系列耕作措施，包括切茬、开沟、喷药、施肥、播种、覆土等多道工序。覆膜栽培关系到土壤的结构。施足底肥，谨防早衰。重施有机肥，增施磷、钾肥，适当施氮肥，以便增强树势，这是提高果实品质、促进着色的基础。改善光照，合理整形修剪，打开光路。出苗时，中耕除草并施人畜粪水。

2. 畜牧技能

畜牧业主要包括牛、马、驴、骡、骆驼、猪、羊、鸡、鸭、鹅、兔、蜂等家畜家禽饲养业和鹿、貂、水獭、麝等野生经济动物驯养业。畜牧业与种植业并列为农业生产的两大支柱。发展畜牧业必须根据各地的自然经济条件，因地制宜，发挥优势。畜牧业养殖技术包括生猪养殖技术、家畜养殖技术、水产动物养殖技术、特种养殖技术等几大类。

3. 采摘技能

农作物采摘的关键是参照节气和植物生长规律。做到正确合理，适时采收，能多产优质，实现增产增收。采摘时间要掌握合适成熟度，太嫩影响产量、太老影响质量。一般采收合适期为七八分熟时。这时蔬菜嫩脆，纤维少、品质优，每天具体采收时间以上午9时前、下午6时后为宜。采收时，要用中指顶住花梗，然后用食指和拇指捏住，轻轻地掰下来，不要强拉硬扯，不要折断，不要采半截，要有顺序地从上到下、从外到内依次采摘粗细、长短、成熟度一致的，不能漏采和强采。另外，随着科技发展，农业机器人也可以担当采摘重任，它以农产品为操作对象，兼有人类部分信息感知和四肢行动功能。

拓展知识点

水果采摘技巧

采摘水果，为了不伤及果树，不要硬拉硬拽，条件允许的话准备好相关工具，比如说剪刀等，这样采摘起来更轻松。剪短指甲并戴好手套，因很多水果的表皮都是非常脆弱的，尖利的指甲很可能会划伤表皮，不仅影响果实美观，还会使得水果出现伤口，容易氧化而腐烂，大大缩短其保存时间。要挑成熟的进行采摘，必要时可以先摘一个进行品尝，符合要求之后再进行采摘。采摘时做好防晒以及防蚊虫、防过敏工作，尤其是对于易过敏体质。采摘的顺序是先上后下，先外后里，这样能够避免碰掉果实，还能防止碰伤树枝。采摘水果时切忌爬树采摘，以防跌落摔伤。

二、工业生产劳动

(一) 中国工业现状

中国已从一个落后的农业大国转变为一个工业大国,但"大而不强"是中国的最基本国情;中国工业化进程已从初期阶段快速发展到工业化后期阶段。在世人瞩目的经济增速背后,是一个世界性的实体经济大国崛起,或者更为具体地说是工业大国的崛起。

(二) 一般工业技能

1. 金工实习

金工实习是为了培养学生现代化工程素质,启迪学生创新意识。它包括铸造、锻压、焊接、切削加工基础知识,车工、铣工、刨工、磨工、钳工、数控加工、特种加工等内容。普通高校的机械、电气等工学类专业都会开设金工实习类实践课程,学生不仅要掌握车、钳、铣、刨、磨等操作技术和方法,还需掌握、具备工业生产具体岗位的初级、中级工作能力。

技能标准是按不同工种、不同等级制定的,包括"应知""应会"和"工作实例"三部分。我国的技术等级标准,按照工种的技术复杂程序分成不同的等级系列,其中,7~8级为高级工。例如钳工:切削加工、机械装配和修理作业中的手工作业,因常在钳工台上用虎钳夹持工件操作而得名。钳工作业主要包括錾削、锉削、锯切、画线、钻削、铰削、攻丝和套丝、刮削、研磨、矫正、弯曲和铆接等。钳工是机械制造中最古老的金属加工技术。在机械制造过程中钳工仍是广泛应用的基本技术,至今尚无适当的机械化设备可以全部代替它。

表8-2 初级钳工职业要求

职业功能	工作内容	技能要求	相关知识
作业前准备	作业环境准备和安全检查	1. 能对作业环境进行选择和整理; 2. 能对常用设备、工具进行安全检查; 3. 能正确使用劳动保护用品。	1. 工具钳工主要作业方法和对环境的要求; 2. 工具钳工常用设备、工具的使用、维护方法和安全操作规程; 3. 劳动保护用品的作用和使用规定。
	技术准备(图样、工艺、标准)	1. 能读懂工具钳工常见的零件图及简单工艺装配图; 2. 能读懂简单工艺文件及相关技术标准。	1. 常见零件及简单装配图的识读知识; 2. 典型零件的计算知识; 3. 简单零件加工工艺知识。
	物质准备(设备、工具、量具)	1. 能正确选用加工设备; 2. 能正确选择、合理使用工具、夹具、量具。	1. 工具钳工常用设备的使用、维护、保养知识; 2. 工具钳工常用工具、夹具、量具的使用和保养知识。

续表

职业功能	工作内容	技能要求	相关知识
作业项目实施	零件的画线、加工、精整、测量	1. 能进行一般零件的平面画线及简单铸件的立体划画线，并能合理借料； 2. 能进行锯、錾、锉、钻、绞攻螺纹、套螺纹、刮研、铆接、粘接及简单弯形和矫正； 3. 能制作燕尾块、半燕尾块及多角样板等，并按图样进行检测及精整； 4. 能正确使用和刃磨工具钳工常用刀具。	1. 一般零件的画线知识； 2. 铸件画线及合理借料知识； 3. 刮削及研磨知识； 4. 铆接、粘接、弯形和矫正知识； 5. 样板的制作知识； 6. 刀具的刃磨及砂轮知识。
	工艺装备的组装	能进行简单工具、量具、刀具、模具、夹具等工艺装备的组装、修整及调试	1. 机械装配基本知识； 2. 简单工艺装备组装、修整、调试知识； 3. 砂轮机、分度头等设备及工具的基本结构、工作原理和使用方法及维护知识； 4. 起重设备的使用方法及其安全操作规程。
	工艺装备的检查	能按图样、技术标准及工艺文件对所组装的工艺装备进行检查	量具的选用及测量方法
作业后验证	工艺装备的验证	能参加一般工艺装备的现场验证和鉴定	工艺装备验证和鉴定的步骤及要求

2. 电子装配

电子装配主要是电子产品的部件的元件安装、焊接、拼装、包装。它要求我们有一定的学习能力，有较强的空间感和计算能力，有准确的分析、推理、判断能力，此外手指、手臂要灵活。

表8-3　初级电子装配工职业要求

职业功能	工作内容	技能要求	相关知识
装配前的准备	（一）学习并理解图样及技术资料	1. 能看懂一般的零部件图和简单的电气原理图； 2. 能看懂装配流程卡； 3. 能识别电气原理图中常用元器件的名称、规格、型号、用途。	1. 辨认所应用的零部件（元器件）的知识； 2. 三视图知识。
	（二）选择和检查工具、设备及必备材料	1. 能分选出合格零件与不合格零件； 2. 能判断常用元器件的质量； 3. 能清点及正确摆放各种工具； 4. 能按工艺要求准备并调整好工具和工艺装备。	1. 岗位职责与作业规范； 2. 常用工具的名称、规格、用途； 3. 元器件的原理及应用知识； 4. 工艺装备的类别、用途及维护知识； 5. 万用表的使用要求。

续表

职业功能	工作内容	技能要求	相关知识
一般部件的装配	（一）零部件的清理和预处理	1. 按工艺要求选择合理的清理、清洗零部件的方法； 2. 能按要求完成对零部件的清理和清洗； 3. 能按工艺要求对零部件进行预处理。	1. 常用紧固件的种类、代号、规格； 2. 常用黏合剂的名称、代号与性能； 3. 焊剂、焊料及化工试剂的使用方法及防护知识。
	（二）装配	1. 能核对装配位置是否合格； 2. 能使用相应的工具、材料、辅料，通过焊接、螺纹连接、粘接、铆接、销连接等装配手段完成装配工作； 3. 能用卡尺、万用表等计量器具进行检测。	1. 计量器具的使用、维护与管理程序； 2. 零部件识图知识。

三、商业服务劳动

（一）商业文明

16—18世纪的中国商业革命是由国内大宗商品的远距离贸易和海外贸易扩张来推动的，国内大宗商品的远距离贸易在不同经济区之间，由具有地方特点的商帮进行，著名的商帮有徽商、晋商、粤商、闽商、江右商、洞庭商、京商等。千百年来，京商文化穿越了历史长河，汇聚了不同文化因子，是我国地域型商业文化的典型代表。它是前店搞经营，专管应酬买主，招揽顾客，后场搞生产，负责加工定货，"炮制虽繁必不敢省人工，品味虽贵必不敢减物力"。这种商业文明彰显了精益求精和顾客至上。

（二）服务业从业精神

服务业最重要的传承是"动脑、动手和用心"三方面的结合，动脑是理论与批判性思维的培养，动手是实操技能的训练，用心是对行业和做人的态度培养。同时，在服务领域保障艺术性和科学性的平衡。服务业的主要从业精神如下：

1. 换位思考

服务精神是指为某种事业、集体、他人工作的思想意识和心理状态。具有服务精神的人有帮助或服务客户的愿望以满足他们的要求，即专注于如何发现并满足客户的需求。换位思考应该落到实际行动，如追踪客户的要求、需求、抱怨；让客户对最新项目进展有所了解；与顾客在彼此的期望方面保持沟通，监督客户满意度的执行；给客户提供有益信息，以及友善和开心的帮助；对更正客户服务问题采取亲自负责的态度，及时地、不袒护自己地解决问题；特别在客户碰到关键问题时，主动使自己能随时被顾客找到。

2. 服务意识

服务意识是指企业全体员工在与一切企业利益相关的人或企业的交往中所体现的为其提供热情、周到、主动的服务的欲望和意识，即自觉主动做好服务工作的一种观念和愿望，它是发自服务人员的内心的。具有服务意识的人，能够把自己利益的实现建立在服务别人的基础之上，能够把利己和利他行为有机协调起来，常常表现出"以别人为中心"的倾向。因为他们知道，只有首先以别人为中心，服务别人，才能体现出自己存在的价值，才能得到别人对自己的服务。

3. 顾客至上

服务行业的企业文化是以服务为导向、以顾客为中心的服务文化。服务业在人类现代文明和社会经济发展中的地位正日益显现，现代服务业是社会经济链条中的重要一环，上游可创造产品和效率，下游可创造市场和需求。进入 21 世纪，人类进入了知识经济时代，现代服务业集聚了一大批受过良好教育、拥有现代文化素养、受过专业训练的人力资源。服务和产品的营销原则基本相同，但也有一些差异，与实际产品相比，服务更难以通过客观指标来描述，因此消费者可能在服务选择和购买方面有更多选择。此外，服务有效性更多地取决于服务员工的质量，而不仅仅是品牌保证。由于与"人"相关的诸多因素，服务业通常被认为是非标准产品。

拓展知识点

徽州商训

徽商很爱读书，他们有白天经商、晚上读书的习惯。爱读书给徽商带来了三个方面的影响：一是提高了徽商的文化素养、文化品位。这样，较高的文化素质就成为他们与官僚士大夫交往的"黏合剂"，同时也给徽商的商业经营带来了许多便利；二是由于读书，使得徽商善于从历史上汲取丰富的商业经验、智慧，促进自身商业的发展；三是增强了经商的理性认识，即他们能够以所谓的"儒道经商"，从而形成良好的商业道德。徽商对商业的执着和专注，在中国商业史上可以说是相当罕见的。儒学教育自然就成为他们立身行事、从商业贾奉守不渝的指南。

斯商：不以见利为利，以诚为利；

斯业：不以富贵为贵，以和为贵；

斯买：不以压价为价，以衡为价；

斯卖：不以赚赢为赢，以信为赢；

斯货：不以奇货为货，以需为货；

斯财：不以敛财为财，以均为财；

斯诺：不以应答为答，以真为答。

(三）营销策划实习

营销，指企业发现或发掘准消费者需求，让消费者了解该产品进而购买该产品的过程。市场营销是在创造、沟通、传播和交换产品中，为顾客、客户、合作伙伴以及整个社会带来经济价值的活动、过程和体系。商业最看重的是营销，谋营销就是谋发展。营销是一种职业，也是一种思维、一种能力。

1. 4P 理论

4P 理论概括了营销四要素——产品（product）、价格（price）、渠道（place）、促销（promotion）。4P 理论是营销策略的基础。产品主要包括产品的实体、服务、品牌、包装，它是指企业提供给目标市场的货物、服务的集合，包括产品的效用、质量、外观、式样、品牌、包装和规格，还包括服务和保证等因素。价格主要包括基本价格、折扣价格、付款时间、借贷条件等，它是指企业出售产品所追求的经济回报。渠道主要包括分销渠道、储存设施、运输设施、存货控制，它代表企业为使其产品进入和达到目标市场所组织、实施的各种活动，包括途径、环节、场所、仓储和运输等。促销是指企业利用各种信息载体与目标市场进行沟通的传播活动，包括广告、人员推销、营业推广与公共关系等。以上 4P（产品、价格、渠道、促销）是市场营销过程中可以控制的因素，也是企业进行市场营销活动的主要手段，对它们的具体运用，形成了企业的市场营销战略。

2. 销售核心 5 要素

成功的销售人员，要掌握 5 个核心要素——产品知识、销售技巧、落实执行、做事态度和借助外力。销售核心 5 要素与 4P 理论相互支撑，旨在人员层面夯实关键技能。

3. 精准营销

（1）精准的市场定位。市场营销中有一个著名的 20/80 法则，它充分说明了不同的客户会给企业带来不同的价值。因此，当我们准备将产品推向市场时，必须先找到准确的市场定位，然后集中公司的优势资源，才有可能获得市场战略和营销活动的成功。产品要得到用户的青睐，必须能够在恰当的时间，提供恰当的产品，用恰当的方式，送达到恰当的顾客手中。而这"恰当"到一定程度，即称之为"精准"。

（2）巧妙的推广策略。精准营销正是借助数据库的筛选，寻找到目标客户，实施有效的推广策略，实现精准销售，从而大大降低营销费用。当前方兴未艾的新媒体营销就是基于大数据和互联网技术开展的精准推广。

（3）更高的客户体验。在以市场为导向、消费者为中心的营销新时代，我们要想获得收益，就必须关注客户价值。客户价值的实现才可能给企业带来丰厚的利润和回报。当然，只有当客户的需求转化为公司价值时，我们才是真正满足了客户需求。由此可见，以消费为导向、关注消费个体体验就是精准营销中要实现更高的客户体验的真谛。

第八章 职业性劳动实践

课后训练

一、理论知识掌握

1. 大学生的职业性劳动实践一般有哪些形式？
2. 简述大学生职业性劳动实践的特点。
3. 简述大学生参加职业性劳动实践需要做好哪些准备。
4. 简述大学生融入职业团队的一般方法。
5. 学生角色与职业角色的区别是什么？

二、能力素质训练

1. 查阅资料，了解所学专业领域企业对从业者的要求，以便提前进行相关准备。
2. 案例分析：

从钳工到发明家

从普通钳工到发明家，沈卫军走过了23年。这23年，沈卫军辗转各个车间，他对机器也从单纯的兴趣上升为对职业的热爱。靠着一股子钻研劲，一些奇思妙想不断在他脑中涌现，并因此他获得了5项国家授权专利，以及"全国机械工业劳动模范""上海市十大工人发明家"等荣誉称号。

1993年，年仅19岁的沈卫军进入振华重工成为一名钳工，跟一位老师傅学技术。三年的学徒时间，沈卫军在车间里从钻、铣、车、刨、磨、画线等基本功学起。有一次画完线后，沈卫军随手把尺放在地上。师傅见状，立马变脸，厉声说道："你不知道量具是标准吗？标准都被你破坏了，还谈什么质量和精度！"这让沈卫军对所从事的工种有了更加深刻的认识："量具长久放在地上会有磨损，影响后道工序，师傅这一课教会我，做任何事都要严谨。"在师傅的指点下，他掌握了正确的方法，锉刀、锯弓也就成了自己手中的利器，工作起来得心应手。由于工件结构原因，精细到毫厘的修理只能用手工来做。

沈卫军以饱满的工作热情、踏实的工作作风，在平凡岗位上抒写着钳工人的别样风采，并且在工作中发现了创新发明的机遇。

问题：职业劳动实践的意义是什么？我们应该如何做好职业劳动实践？本案例给你的启示是什么？

第九章

创新性劳动实践

导读导学

当今之世,一个国家走在世界发展前列,根本靠创新;一个民族屹立于世界民族之林,根本靠创新。创新是历史进步的动力、时代发展的关键。而创新的核心要素是人才的创新,或者说创新驱动实质上是人才驱动。

高等教育的目标是培养社会主义建设者和接班人,就要将创新能力培养贯穿于大学人才培养的全过程,创新性劳动实践是培养创新性人才的重要途径。

本章阐述了创新性劳动实践的特点、分类、意义,对大学生创新性实践常见的科技活动、创新创业两个部分进行了介绍,并对大学生参加较多、兴趣较大的创新技能培训项目中具有代表性的一些通用型项目进行了讲解,帮助大学生全面了解创新性劳动,积极投身于各类创新性劳动实践,努力提高自己的创新能力和劳动水平。

第九章　创新性劳动实践

第一节　创新性劳动概述

名言名句

创新就是创造性地破坏。

——美国政治经济学家熊彼特

案例引学

善于发明的创新型劳动者

多年来，通过不懈努力，他先后荣获"鞍山市劳动模范""辽宁省劳动模范""全国一级焊接技师""全国五一劳动奖章""辽宁工匠"等荣誉。他就是中国三冶机装公司南方分公司电焊班班长、高级技师吕成刚。

作为国有企业生产一线的电焊工，吕成刚深知提升企业科技水平的必要性和发明专利技术对冶建行业技术创新的重要性。在本钢 6 万立制氧工程中，使用传统方法完成塔复合需要 15 天，400 t 吊车 15 个台班。面对这种复杂而又耗时的困难，吕成刚主动请缨，提出采用新式分馏塔复合方法，提前算出塔周长及错变量，分 36 等份一次性焊接成型 200 mm 长，焊接后即可摘钩。此方法可提高塔复合工作效率 50%，并节省吊车台班费 20 万元。由于焊接手法创新，本钢 6 万立制氧工程获得了全国优秀焊接工程奖。随后，他又使用这种塔复合方法先后在凌源 3 万立制氧工程、莱芜 6 万立制氧工程中再次复制成功，为之后的塔复合工作开创了全新的工作模式，而通过这种方法所节省的经济成本更是不可估量。此外，由他潜心研究、探索总结的"双人双枪对焊"焊接方式，使分馏塔复合焊口达到一次施焊成功，为企业节省资金 50 余万元；他提出的可熔衬环代替管道充氩保护，既提高了焊接效率，又降低了焊接成本，填补了冶金行业领域里的空白，为企业创造了又一核心技术。

2015 年 5 月，中国三冶机装公司以吕成刚的名字冠名建立劳模创新工作室，作为吕成刚传帮带"一对一"教学阵地，几年来，工作室汇聚团队智慧创新实践、科技攻关，不断激发广大职工的劳动热情和创新活力，成绩斐然，实现技术创新 12 项，实用新型专利 64 个，发明专利 5 个，创造经济效益 500 万元，进行技术技能培训 400 余人次，"导师带徒"培养各类技术技能人才 34 人。2019 年，吕成刚劳模创新工作室被市总工会命名为鞍山市"劳模创新工作室"。

（资料来源：鞍山日报，2020-05-03。）

思考：创新在劳动中的价值和作用是什么？

劳动是人类社会存在和发展的最基本条件，是人维持自我生存和自我发展的唯一手段。而创新是以新思维、新发明和新描述为特征的概念化过程，是劳动的基本形式，是劳动实践的阶段性发展。在人类社会发展历程中，当石器被青铜器所替代，又被工业机械所替代；当木版印刷术被铅字印刷术所取代，又被计算机胶印印刷术所替代；等等，这些现象表明：创新劳动在人类社会发展中具有重要的价值和意义。社会的发展，科技的进步，让今天的每一个大学生都真切地感受到"大、智、云、移、物"科技创新给社会生产生活带来的巨大改变。社会各阶层的劳动者都有能力从事创新劳动，他们的创新劳动对社会的经济发展产生着重要影响。可以说，人类社会在劳动中通过经验积累与物质准备来创造社会财富，在创新劳动中得到发展，在创新劳动中走向未来。

一、创新性劳动的概念

简单说，创新性劳动就是创造性地劳动，即通过人的脑力劳动萌发出技术、知识、思维的革新，从而高效提升劳动效率、产生出超值社会财富或成果的劳动。

创新劳动的表现形式是技术、知识、思维的革新。通常我们所讲的人们的自主劳动、高科技含量劳动和成果回归等劳动，都应该属于创新劳动的范畴。如今的中国，已经进入了追求技巧劳动、脑力劳动、知识劳动等创造性劳动带来人类进步与发展的时代，创新劳动的价值得到了充分的尊重和弘扬。而一些劳动形式和内容的进步与变化，也表明了创新性劳动在时代发展中的进步价值。社会在发展，劳动方式在变化，创新劳动所体现出的社会价值及内涵会更加深刻。

新中国成立 70 多年来，创新劳动的价值得到了党和国家的充分重视，也得到了社会的广泛尊重：倪志福以创造"三尖七刃麻花钻"闻名遐迩，"张百发青年突击队"创造了一专多能的"多面手"快速施工经验，李瑞环以创造"放大样"改革了传统木工工艺的新工作法，王选"汉字印刷术的第二次发明"，王建军的"用脑子干活法"，等等，都展示着工人阶级的伟大创造力量，折射出创新劳动的时代精神，激励着人们建设国家走向幸福的动力。

创新性劳动实践相比于一般重复性劳动具有以下四个特点：

一是具有挑战性。创新就意味着挑战，创新就是"想别人不敢想"地突破旧的技术、知识、生产的过程，其本身就是对一般性重复劳动的挑战。

二是具有风险性。挑战就意味着风险调整的不确定性使创新劳动从一开始就意味着荆棘丛生、充满风险。

三是具有革命性。创新的基础是继承，是对已有事物改革和革新，是从思想到方法的变革，具有革命性的特征。

四是产品具有无形性。创新性劳动生产的商品是知识商品，这些知识商品表现为新的理论、新的观念、新的创意、新的技能等，具有无形性的特点。

二、创新性劳动的意义

首先,创新性劳动是社会进步和社会文明的标志。创新性劳动实现了社会财富的快速增长。劳动形式和内容的进步与变化是社会进步和社会文明的重要标志,表明了创新性劳动在时代发展中的进步价值。

其次,创新性劳动推动了社会生产力的发展。工业经济时代,社会财富以算术级数增加;知识经济时代,社会财富以几何级数增加。知识经济时代,知识成了生产力发展的主要、直接的推动力,其动力源泉在于创新劳动推动了知识的加速更新和新知识的运用,进而推动了生产力的更大发展。

再次,创新性劳动促进了劳动者自我素质的提升。创新性劳动能够创造满足人们新型需要的使用价值,促进了整体社会生产力的进步,也促进了劳动者自我素质的全面提升。同时,新时代劳动价值的体现标准,正在从传统"出大力,流大汗""苦干加实干",向"知识型、技术型、创新型",并能为国家创造社会效益、经济效益方向转变,对劳动者素质也提出了更高的要求。

最后,创新性劳动是创新型人才培养的重要途径。创新是一个具备独立思考能力的人在好奇心的驱使下完成的创造,因此,独立思考能力是创新型人才的关键能力。创新型人才培养是高等教育的重要目标,通过创新性劳动实践过程培养受教育者独立思考能力,不仅满足了创新型人才培养的需要,更是还原教育目的本身。大学生在高校学习期间接受各种形式的创新性劳动教育,参加各种创新性劳动实践就是不断提高自己的技术能力、知识能力、思维能力,从而提高创新能力的过程。

三、创新性劳动的分类

创新性劳动可以有多种类型,一般可以分为以下四种:

一是科学创新劳动。这种劳动是为进一步认识客观事物而获得新知识的创造性劳动。

二是技术创新劳动。这种劳动是为节约时间和空间,节约体力和精力,节约资源和能源而探索更简便的思想、方法和手段的创造性劳动。

三是产品创新劳动。这种劳动是为满足社会与个人的新需要而设计与创造新的使用价值的创造性劳动。

四是人力创新劳动。这种劳动是发展人自身的劳动,主要包括学习和相关教育劳动。

案例

杨家埠年画

在农村，每到腊月二十三，家家户户都会在锅灶旁的墙上贴上一张"老爷爷"的画，画的上面写着"富贵满堂"，左右两列写着"上天言好事，下界保平安"。在袅袅炊烟中，"老爷爷"陪伴一家人一整年。那画上的"老爷爷"就是灶王爷，这个画就是杨家埠的木版年画。

杨家埠木版年画是一种主要流传于山东省潍坊市杨家埠的传统民间版画，有四百多年的历史，以其制作方法简便、工艺精湛、色彩鲜艳、内容丰富著称于世，与天津的杨柳青年画、苏州的桃花坞年画并称中国三大木刻版画。2006年5月20日，杨家埠木版年画经国务院批准列入第一批国家级非物质文化遗产名录。

随着科学技术的进步，印刷技术得以长足发展，快速批量生产得以实现，但是杨家埠年画依然需要匠人们手工制作。

杨家埠年画的制作工艺别具特色，匠人们首先用柳枝木炭条、香灰作画，名为朽稿，在朽稿基础上再完成正稿，描出线稿，反贴在梨木版上供雕刻，分别雕出线版和色版。再经过调色、夹纸、兑版、处理跑色等，手工印刷。年画印出来后，还要再手工补点上各种颜色进行简单描绘，以使年画显得自然生动。

杨家埠木版年画的制作者都是有血有肉的职业人，他们是平凡生活中的平凡人，运用自己在木版年画制作上的专门知识来制作一幅幅年画，让人们一代代地传承中国文化。大历史，小工匠；择一事，终一生，在平凡的岗位上做着不平凡的工作。

（资料来源：https://baike.baidu.com/item/）

思考： 杨家埠木版年画创作与其他工农业岗位劳动相比有什么特点？

第二节 大学生创新性劳动实践

 名言名句

人之可贵在于能创造性地思维。

——华罗庚

第九章 创新性劳动实践

一、大学生的创新性活动

（一）科技活动

1. 科技活动概念

科技活动指所有与各科学技术领域（自然科学、工程和技术、医学、农业科学、社会科学及人文科学）中科技知识的产生、发展、传播和应用密切相关的系统的活动。它包含两个方面的含义：第一是具有科学技术活动的性质，即这些活动必须集中于或密切关系到科技知识的产生、发展、传播和应用；第二是所涉及的领域，即这些活动是在自然科学、工程与技术、医学、农业科学、社会科学及人文科学领域内进行的。

大学生要积极参与科技活动，培养自身科技创新精神和创新能力，培养主动学习、不断追求新知识的精神和善于独立思考问题、科学思维的习惯，提高勇于实践、勇于创新的能力。

2. 科技活动分类

科技活动分为三类：研究与试验发展、研究与试验发展成果应用和技术推广与科技服务。

（1）研究与试验发展活动

指为增加知识的总量（包括人类、文化和社会方面的知识），以及运用这些知识去创造新的应用而进行的系统的、创造性的工作。研究与试验发展的基本要素是：①具有创造性；②具有新颖性；③运用科学方法；④产生新的知识或创造新的应用。只有同时具备这四个条件，才是研究与试验发展。

在上述条件中，创造性和新颖性是研究与试验发展的决定因素，产生新的知识或创造新的应用是创造性的具体体现，运用科学方法则是所有科学技术活动的基本特点。

（2）研究与试验发展成果应用活动

指为使试验发展阶段产生的新产品、材料和装置，建立的新工艺、系统和服务以及做实质性改进后的上述各项能够投入生产或在实际中运用，解决所存在的技术问题而进行的系统的活动。研究与试验发展成果应用这一分类只用于自然科学、工程和技术、医学和农业科学领域，其特点是：①为使试验发展的成果用于实际解决有关技术问题；②运用已有知识和技术，不具有创新成分；③成果形式是可供生产和实际使用的带有技术、工艺参数规范的图纸、技术标准、操作规范等。

研究与试验发展成果应用不包括建筑、邮电、线路等方面的常规性设计工作，但包括为达到生产目的而进行的定型设计和试制以及为扩大新产品的生产规模和新工艺、新方法、新技术的应用领域而进行的适应性试验。

（3）技术推广与科技服务活动

是指与研究与实验发展活动相关并有助于科学技术知识的产生、传播和应用的活动。

包括：为扩大科技成果的适用范围而进行的示范推广工作；为用户提供信息和文献服务的系统性工作；为用户提供可行性报告、技术方案、建议及进行技术论证等技术咨询工作；自然、生物现象的日常观测、监测，资源的考察和勘探；有关社会、人文、经济现象的通用资料的收集，如统计、市场调查等，以及这些资料的常规分析与整理；对社会和公众的科学普及；为社会和公众提供的测试、标准化、计量、质量控制和专利服务，但不包括企业为进行正常生产而开展的这类活动。

拓展知识点

人工智能在日常生活中的应用

当你听到有关人工智能（AI）的新闻时，多数情况下的第一反应就是，根本与你无关，但事实真的如此吗？因为很多人都是将人工智能视为大型科技巨头们才会关注的东西，而且不会对自己现在的生活带来影响的。可是实际上呢，人工智能迟早会出现于人们生活的方方面面，只不过是时间的问题。当下日常生活中应用人工智能（AI）领域宽泛，具体如下。

1. 使用面部识别码打开手机

当代人们所使用的手机多为智能手机，因此对于这样的智能设备所采取的解锁方式就是生物识别技术，如人脸识别。换言之，也就是每天大家都是在利用人工智能技术来启用该功能。举例来讲，苹果手机的 Face ID 可以 3D 显示，它照亮你的脸并在脸上放置 30 000 个不可见的红外点，以此捕获脸部图像信息。然后，它使用机器学习算法将脸部扫描与脸部扫描存储的内容进行比较，以确定试图解锁手机的人是否为本人。苹果表示，欺骗 Face ID 的机会是百万分之一。

2. 社交媒体

人工智能不仅在幕后工作，使得你能在订阅源中看到个性化的内容（因为它基于过去的历史了解了哪些类型的帖子最能引起您的共鸣），还可以找出朋友的建议，识别和过滤虚假新闻，利用机器学习的方式正在努力防止网络欺凌。

3. 发送电子邮件或消息

如今这个社会中，人们对于消息的传递方式有多种，相对比较正式一点就应该是邮件传送了，举例来讲，多数人的生活工作中，几乎每天都会需要发送一封电子邮件，而撰写的过程中，多会出现一些错别字，所以在这个时候就需要激活诸如语法检查和拼写检查之类的工具，以帮助检查邮件中的书写错误问题。而这些工具使用人工智能和自然语言处理。除此之外，对于垃圾邮件的过滤也是应用了人工智能技术，更重要的是，防病毒软件也是使用机器学习来保护你的电子邮件账户。

4. 搜索引擎

当人们遇到不懂的知识点时，最为常见的做法就应该是利用百度等类似的搜索引擎，来进行相关问题答案的寻找。不过，在这里需要注意的是，若是没有人工智能的帮助，搜索引擎无法扫描整个互联网并提供你想要的东西。同时，对于网页中那些实时出现的广告，同样也是有人工智能来进行启动的，只不过这些广告多数基于你自己的搜索历史记录，从而能进行"个性化"推送，目的是让你认为，算法能将你看重的项目放于眼前。

5. 智能导航

人工智能对于我们日常生活中的一大体现就应该是支持旅行辅助工具，而在这里不仅包括地图和其他旅行应用程序等通过人工智能技术进行交通状况的实时监控，同时还可以提供实时的天气情况等，从而能更好地规划出行路线。尤其是对于现在的上班族而言，最为害怕的就是遇到"堵车"的情况，所以实时了解交通道路信息就显得尤为关键。

6. 银行业务

在如今的银行系统中可以采用多种方式部署人工智能，而也正是通过它对我们交易中的安全性和检测欺诈行为都是有着很大的帮助。举例说明，若是你通过手机进行扫描来存入支票，收到余额不足的警报时，就可以登录到你的网上银行账户进行查询，这里就是 AI 会在幕后起作用。如果你在午餐时间去商店购物并购买新的裤子，人工智能将验证这次的交易行为，以确定这是一个"正常"的交易，以免有未经授权的人使用你的信用卡。

如此，如果没有 AI 的帮助，很难想象我们的日常生活和工作会变得怎么样。

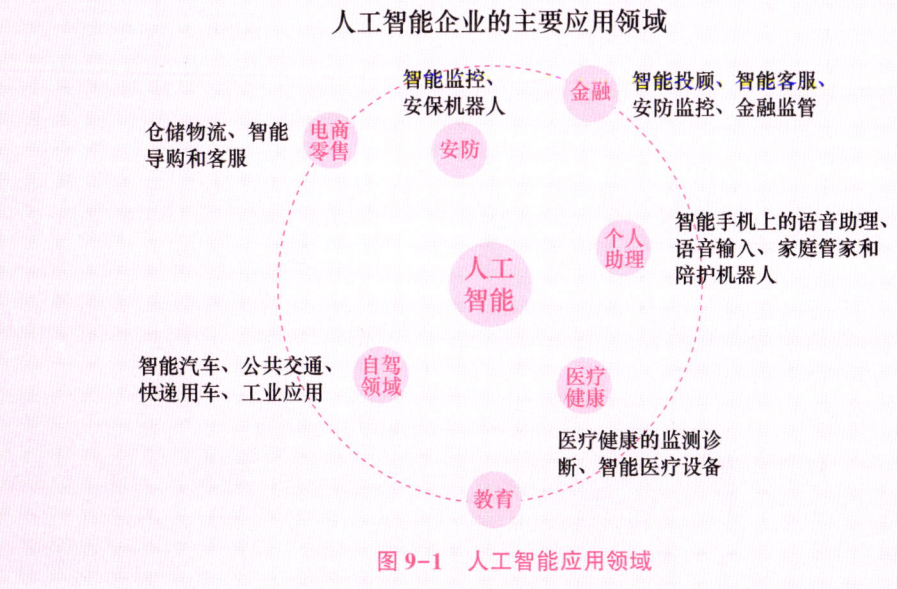

图 9-1 人工智能应用领域

3. 学校的科技活动

科技活动是科技教育的一种重要形式，是每一个学生都应该体验和经历的学习方式，是打通学科界限，给学生运用所学知识解决问题的最好实践机会，是学生的知识存贮方式得以发生变化的最好方式。它面向全体学生，能够更好地激发和培养学生的科技创新意识。

学校的科技活动主要分为三个层面：

（1）国家级的竞赛项目。

（2）省、市、县一级的竞赛项目。

（3）学校的科技活动。

其中，学校的科技活动应该是内容最丰富、形式最多样、最具有个性化的活动。

因此学生要重视学校组织的有目的的科技活动，如"走进科技馆"、"走进企业"、"走进高新技术基地"等科技活动。

二、创新创业劳动

1. 创新的概述

（1）创新。创新是指以现有的思维模式提出有别于常规或常人思路的见解为导向，利用现有的知识和物质，在特定的环境中，本着理想化需要或为满足社会需求，而改进或创造新的事物、方法、元素、路径、环境，并能获得一定有益效果的行为。

（2）创新思维。创新思维是指以新颖独创的方法解决问题的思维过程，通过这种思维能突破常规思维的界限，以超常规甚至反常规的方法、视角去思考问题，提出与众不同的解决方案，从而产生新颖、独到、有社会意义的思维成果。

拓展知识点

创新思维的方法

1. 横向思维法

横向思维是将思维对象从横的方向，依照其各相应的部分的特点进行思考，从而找出有待进一步完善的部位，确定如何改进的思维方式。

2. 纵向思维法

将思维对象从纵的发展方向，依照其各个发展阶段进行思考，从而推断出下一步发展趋向，确定研究内容的思维方式。

3. 逆向思维法

不采用人们通常思考问题的思路，而是反过来，从对立的、完全相反的角度去思考问题的方法。实际上就是"反其道而行之"。这是一种非常奇特而又绝妙的思维方法，常常能出奇制胜。

第九章 创新性劳动实践

4. 侧向思维

将人们通常思考问题的思路稍加扭转，另辟蹊径，换个角度，采用被人忽视的方法解决问题。它与逆向思维法的区别在于，它不是从问题的反面，而是从侧面的某个角度来进行思考。

5. 分合思维法

将思考对象的有关部分，从思想上将它们分离或合并，试图找到一种新的产物的思维方法。分合思维包括分离思维和合并思维。

6. 颠倒思维法

将思考对象的整体、部分或有关性能颠倒过来，以求得新的思维产物的思维方法。

颠倒思维法包括：上下颠倒、左右颠倒、前后颠倒、大小颠倒、动静颠倒、快慢颠倒、有无颠倒、是非颠倒、正负颠倒、内外颠倒、长短颠倒、好坏颠倒、主次颠倒等。

7. 质疑思维法

不迷信书本和权威，不受传统观念束缚，也不人云亦云地跟着别人的思路转，敢于大胆质疑，并在质疑的基础上推翻旧理论，创立新学说或做出新发明的思维方式。

8. 克弱思维法

就是在创造研究过程中遇到障碍时，能够潜心寻找有关事物的弱点，并作为新研究的着眼点。攻克了弱点，就能够解决问题。克弱思维法是古今中外创造发明活动的中心，是人们打通思维障碍，进行创新发明、技术革新等行之有效的方法。

2. 创造和创新创业

（1）创造的概念。创造是指将两个或两个以上概念或事物按一定方式联系起来，主观地制造客观上能被人普遍接受的事物，以达到某种目的的行为。因此，创造的一个最大特点是有意识地对世界进行探索性劳动。

（2）创新创业的概念。创新创业是指基于技术创新、产品创新、品牌创新、服务创新、商业模式创新、管理创新、组织创新、市场创新、渠道创新等方面的某一点或几点创新而进行的创业活动。创新是特质，创业是目标。创新强调的是开拓性与原创性，而创业强调的是通过实际行动获取利益的行为。因此，在创新创业这一概念中，创新是创业的基础和前提，创业是创新的体现和延伸。

（3）常见的创业模式

①网络创业。网络创业主要有两种形式：网上开店，在网上注册成立网络商店；网上加盟，以某个电子商务网站门店的形式经营，利用母体网站的货源和销售渠道。

②加盟创业。分享品牌金矿，分享经营诀窍，分享资源支持，采取直营、委托加盟、特许加盟等形式连锁加盟，投资金额根据商品种类、店铺要求、加盟方式、技术设备的不同而不同。

③兼职创业。即在工作之余再创业，如教师、培训师可选择兼职培训顾问，业务员可兼职代理其他产品销售，设计师可自己开设工作室，编辑、撰稿人可朝媒体、创作方面发

展，等等。

④内部创业。内部创业指的是在企业的支持下，有创业想法的员工承担企业内部的部分项目或业务，并且和企业共同分享劳动成果的过程。这种创业模式的优势就是创业者无需投资就可获得很广的资源，这种树大好乘凉的优势成为很多创业者青睐的方式。

⑤团队创业。具有互补性或者有共同兴趣的成员组成团队进行创业。如今，创业已非纯粹追求个人英雄主义的行为，团队创业成功的概率要远高于个人独自创业。一个由研发、技术、市场融资等各方面组成，优势互补的创业团队，是创业成功的法宝，对高科技创业企业来说更是如此。

⑥大赛创业。即利用各种商业创业大赛，获得创业资金资助，如 Yahoo、Netscape 等企业都是从商业创业竞赛中脱颖而出的。我国连续六届的"大学生互联网+创新创业大赛"已成为项目转化落地获得投资支持的平台。

⑦概念创业。即凭借创意、点子、想法创业。当然，这些创业概念必须标新立异，至少在打算进入的行业或领域是个创举，只有这样，才能抢占市场先机，才能吸引风险投资商的眼球。同时，这些超常规的想法还必须具有可操作性，而非天方夜谭。

对在校大学生而言，无论是否创业，都应充分了解和认识创业的模式，从实际出发、从需求出发，懂得选择合适的模式进行创业。

3. 创新创业劳动的价值

（1）提升大学生综合素质，提高社会适应能力。创新创业具有一定的风险性、挑战性，因此大学生通过创新创业活动能够提高风险意识、抗压能力，锻炼独立和自立的意识，提高妥善处理危机和困难的应变能力，同时锻炼学生的组织领导、沟通协调能力，从而塑造良好的心理素质，提高学生适应社会的能力。

（2）促进大学生主动学习，完善知识结构。创新创业劳动是综合性很强的劳动，学生的创新创业思想往往源于某专业领域或者生活中的具体问题，而解决的方案往往需要多个领域的知识，需要懂得市场，了解需求，需要知晓财务、懂得运营，需要带好团队、懂得管理，等等。大学生要做好这些，就需要主动学习，主动完善自己的知识结构，这对于学生的快速成长意义重大。

（3）培养大学生创新能力，激发劳动创造力。创新精神、创业意识是当代大学生必须具备的个人素质。创新是一个民族的灵魂，是一个国家兴旺发达的不竭动力。大学生通过创新创业劳动过程，能够全面提升自己的想象能力，提出问题、解决问题能力，信息能力，整合能力，设计和实验能力等创新能力，这些能力的培养将对学生的未来发展产生深远影响，对于发掘学生潜能、激发创造力价值巨大。

 案例

大学生卖菜记

"00后"小刘的创业之路是从上大一暑假卖衣服开始的，此后近一年的时间他乐此不疲地利用周末去摆摊，在此期间他学会了基本的经营技巧。他非常爱琢磨，所以沟通能力、观察能力和分析问题解决问题能力都得到了提高。有一次，他发现自己身边卖菜的虽说生意不错，但因为零星分散，又没有品牌，质量、价格、信誉总不能让一些顾客满意。小刘就琢磨能否在这边的居民区开一家卖菜店，他的想法遭到了很多人的反对，但他用坚定的决心说服了四位同学和他一起创业。他们凑了3万多元钱作为启动资金，2018年7月，该居民区第一家蔬菜自助店开业了。在创业初期，销售状况不理想，理想与现实的落差，影响着大家的情绪。但是，真诚的倾诉和相互安慰、鼓励，让这个创业小团队的心贴得更紧了，最终他们咬着牙走过来了。在迎接挑战的过程中，他们研究制定了一系列管理模式和管理制度，包括采购制度、仓库管理制度、营销制度和招聘培训制度。这些正好是他们在学校所学的知识，这些知识也成为了这家蔬菜自助店发展的基础。2020年，因疫情，他们及时调整了策略，采取网上下单集中送货到小区门口的措施，销售额得到了大幅度提升，盈利也大大增加。小刘和他的小伙伴们计划着下半年开设他们的第二家店。

问题：成功的创业需要创业团队具备哪些能力？

创新性劳动教育培训是高等院校创新型人才培养的重要途径。高等院校充分利用学校各种教育资源，深入挖掘创新在各类劳动中的表现形式，在与专业、与生活的充分结合中，开发出适合广大青年学生年龄及兴趣的各种技术领域，进行有目的、有计划教育培训，实现创新型人才培养的目标。

三、创新性劳动教育培训

创新性劳动教育培训是将创新思维融入具体劳动技能培训的一种有效的教育方式。创新思维融于各种不同的劳动实践，参加劳动培训的过程，就是让学生在"做"中思考怎样做得更好，怎样做出新意，怎样将自己的创意、创新通过具体的劳动过程呈现出来。

（一）木工加工与创新设计

木工是一种较为基础的动手能力训练方式，精细、安全的木工设备，简单的操作方法，学生易于学习掌握。同时，随着木工工种在市面上逐步消失，作为易于承载个性化创意设计的木工设计加工将成为很多人创意设计学习的方向。

1. 项目培训的目标、意义

（1）培养学生的动手能力、坚忍性、自制力和工匠之心，了解传统木工文化，掌握现代的操作设备，养成良好的意志品质；学会设计，并亲自动手完成制作。

（2）通过设计和加工过程，让学生大脑中的所想来配合实际行动，将所想变成实际，在动手做的过程中形成传承和创新同步、理论与实践并重的行为模式，达成对学生创造性能力的培养、自学能力的培养、劳动观念的培养及审美观念的培养。

2. 常用工具、设备介绍

名称	图片	介绍
微型带锯机 MBS240/E		可用于直线、小半径切割。可切割软木（最厚达 80mm）、硬木（最厚达 50mm）、铝（最厚达 20mm）、铜（最厚达 15mm）、铁（最厚达 10mm）。 ①工作可倾斜 45°。 ②三个滚珠轴承导轮可调节高度和宽度，用于搭配不同宽度的带锯条。 ③低噪声电机，配备 Optibelt 带齿传动皮带。 ④电子速控系统用于精确理想的切割（可一次切割成型，无需重复修整）。 ⑤坚固、有棱的压铸铝制外壳。
木工厚度刨床 DH40		可高效地将软硬木表面刨平整、光滑。 能在较小的工件上实现刨平。 ①承重部件、主轴及轴承座均采用压铸铝制造，实现创新的无振动设计。 ②压铸铝平台保证了较大的承重力，手轮（调零）可在 0.1mm 内调整，刻度可复位零位。 ③自动而一致的进刀机构带防反冲防护。滚花和悬挂的进给辊也可接受不均匀的工件。 ④防护开关带有防断电后重启的保护。
台式砂光机 TG250/E		用于打磨软硬木、有色金属、钢铁、塑料、橡胶等。研磨长边、端截面、半径和斜角的完美工具。 ①无级变速功能可让机器在加工不同材料上有着完美的表现。 ②机器上带有一张简要的研磨转速表，列出加工不同材质相适应的转速。 ③机器带有品牌 Optibelt 的齿轮带（损耗率 7∶3∶1） ④研磨盘表面经过机加工由双重球轴承驱动。
中型精密铣床 FF500BL		用于精密的钻铣加工。 ①无级电子调速 200~4 000rpm。具有高精度，在不同材质有着完美的表现。 ②数字化屏幕显示即时转速。 ③由无刷电机转子直接驱动的主轴和转速传感器精密复杂控制，确保了即使采用大铣刀，在低转速时，仍能保证大扭矩的输出。 ④稳定的大立柱采用燕尾导轨结构。 ⑤带刻度盘的机头可左右旋转 90 度。 ⑥铣刀采用 ER20 型多级筒夹头。 ⑦精铣钢制稳定的大型十字工作台带有三个迷你魔标准 T 形槽。

续表

名称	图片	介绍
电动木工雕刻刀 MSG		可在所有类型的木头上雕刻的完美工具，如家具修理和加工、古董翻新、漆布切割、精密地清除油漆和加工熟石膏。 ①配有特别平稳、低噪声、长耐久度的直流电机。 ②压铸铝制机头，机身由经玻璃纤维强化的尼龙制成，铝压铸齿轮箱外壳，多个球轴承和止推轴承。
笔形砂光机 PS 13		适用于凹面，直槽和细小角落打磨，修整的理想工具。 ①直线摆动（非旋转式运动）的超精细砂光机。 ②机身采用经过玻璃纤维强化的塑料制成。
紧凑型车间用吸尘器 CW-matic		用于清理加工屑，可与PROXXON部分设备联动使用。安装有联动开关，可以配合电动工具的启动而自动工作。当电动工具停机时，会延迟5秒后自动关机，是台有智慧的吸尘器。

3. 作品制作的过程

（1）准备：准备带锯机、铅笔、直尺、木条、图纸等。

（2）调节：使用直尺调节带锯机靠尺和木条之间的距离，间距为 21mm。

（3）切割：将木条靠近靠尺，进行直线切割，将木块切成 21mm×21mm 的方条。

（4）刨平：使用平面刨将木条的四个边刨平。四个侧面保证在 20mm 的尺寸。

（5）调节：调节带锯机靠尺位置，锯条和靠尺之间间距为 61mm。

（6）开料：将处理完的木条进行开料，平均分成 6 小段。

（7）打磨：切割后对木条的切面进行平面打磨。

（8）绘画：根据图纸，对两根木块进行绘画。绘画时建议进行标记，不容易出错。

（9）铣削：使用刨床对每一根木块进行铣削，铣削时不要超过尺寸，留出余量，后续可以打磨去除。铣床无法加工的位置可以用电动刻刀进行加工去除。

（10）修整：使用笔形砂光机对加工后的木料进行打磨和尺寸的修整。

（11）拼装：最后根据图纸将 6 个小木块拼接起来，一个鲁班锁就完成了。

（二）小机械加工与创新设计

1. 项目培训的目标、意义

（1）培养学生的动手能力、坚忍性、自制力和工匠之心，了解传统金工文化，掌握现代的操作设备，养成良好的意志品质；能独立设计并进行加工。

（2）头、心、手代表思考、情感、意志。实训的主要意义在于动手和思考。让学生大脑中的所想来配合实际行动将所想变成实际，在动手做的过程中形成传承和创新同步、理论与实践并重的行为模式，达成对学生创造性能力的培养、自学能力的培养、劳动观念的培养及审美能力的培养。

2. 常用工具、设备介绍

名称	图片	介绍
精密车床 PD 400		PD 400 车床系统是一个多功能可扩展的车床核心，在同类车床中是无与伦比的，适用于纵向及横向切割、车圆锥、车内外螺纹等。适用物料为钢、有色金属、铝及铝合金材料等。在重负载下可做到微乎其微的公差。可选用多种附件来完善车床的功能。在床身侧面加工好了用来安装钻铣附件的平面和安装螺孔。 ①床体由宽支腿、棱形导轨的高质量交叉支撑铸铁制造。即使在高负载情况下，也能无振动地稳定工作。 ②主轴箱由压铸铝制成，超大的主轴具有两个可调的圆锥滚柱轴承。 ③数量众多的配件极大地增加了车床使用的功能。 ④动力强劲的电容式电动机有两挡转速并附加三级皮带轮驱动。 ⑤可加工 19 种公制螺纹，10-48TPI 的英制螺纹 ⑥车床台铣制了一个可固定 PROXXON 铣机头的固定位置。 ⑦带有顺时针旋转、停转和逆时针旋转的三挡开关。 ⑧主轴电源带有紧急停机和重启保护功能。 ⑨在夹头的情况下主轴跳动在 1/100mm 之内。

续表

名称	图片	介绍
中型精密铣床 FF500BL		用于精密的钻铣加工。 ①无级电子调速 200～4 000rpm。具有高精度，在不同材质上有着完美的表现。 ②数字化屏幕显示即时转速。 ③由无刷电机转子直接驱动的主轴和转速传感器精密复杂控制，确保了即使采用大铣刀，在低转速时，仍能保证大扭矩的输出。 ④稳定的大立柱采用燕尾导轨结构。 ⑤带刻度盘的机头可左右旋转 90 度。 ⑥铣刀采用 ER20 型多级筒夹头。 ⑦精铣钢制稳定的大型十字工作台带有三个迷你魔标准 T 形槽。
台式盘锯机 FET		用于直线、平面、立体精确的切割。可切割木材（最厚达 22mm）、塑料（最厚达 12mm）、硬木（最厚达 10mm）、亚克力板（最厚达 5mm）、有色金属（最厚达 2.5mm） ①因为承重部件和平面铣削表是压铸铝，所以放置稳固。 ②精密可调装置，精准的纵向靠板装置：先用粗螺旋进行调节，再用细螺旋进行准确调节定位。精度甚至比 1/10mm 还要小。 ③锯片可调节高低。 ④锯片可单边倾斜 45°。 ⑤采用低噪声的直流电机配合德国 Optibelt 齿形皮带，锯片轴采用滚珠轴承。 ⑥能伸缩的延展翼板，也可做延长辅助性挡板。 ⑦锯片保护罩会随加工工件的高低进行升降。
台式立钻床 TBH		适用于各种材料的钻孔，通过不同材质的钻头来实现。 ①工作台都是以压铸铝制成，做工精细，防锈涂层，结构稳定。 ②强力、经久耐用的直流电机。主轴由皮带轮驱动，在低速下工作，更具有 6 倍扭力输出。 ③手轮摇杆升降机头使得加工更加方便。

3. 作品制作的过程

（1）画线：使用尺子在铝块上画线，画出锤子的外形。

（2）切割：使用圆盘锯沿着线对铝块和铝棒进行切割。注意由于使用圆盘锯切割具有一定危险性，切割时应该在教师指导下进行，使用圆盘锯配合推棒对铝块进行切割，注意切割时工件发热温度。

（3）完成：切割完毕可以对照图纸对榔头进行切割。

（4）铣削：将切割好的铝块装夹在虎钳上（需配合平面垫片同时使用），使用铣床对铝块的每一个平面进行铣削。

（5）倒角：将铣床机头调成45°后对榔头所有的棱边进行倒角处理。

（6）钻孔：使用台钻在榔头底部钻直径10mm、深度10mm的孔。

（7）攻丝：将钻孔后的榔头装夹在虎钳上，然后使用板牙绞手手动攻出M10的螺纹。攻丝时可在孔内适当滴入机油或者润滑液。

（8）车削：将铝棒装夹到车床上车削到直径为10mm的尺寸，然后使用螺纹车刀车削一段长10mm的螺纹。

（9）完成：最后将柄和榔头拧上，一把金工小榔头就完成了。

（三）手工皮具创新设计与制作

1. 项目培训的目标、意义

（1）通过开设"手工皮具创新设计与制作"课程，培养学生可以直接对接市场的新技能，使学生在提高动手实践能力的同时，切实增强创新创业能力。

（2）手工皮具制作课程以设计构思、手工染色、手工打磨、皮料对贴、打孔、手工缝制、压制LOGO七个主要步骤为基本教学设计流程。通过课程的学习以及授课教师在作品创新方面进行的指导，学生可以掌握皮具制作的基本方法，还可在作品中增加独一无二的原创设计元素，强调学生"一技之长"的培养。

（3）本课程的教学实现市场导向、需求导向和就业导向相结合。学生设计制作的产品，可直接对接市场或文创产品展示平台，对于作品转化为产品具有一定作用。在皮料缝制过程中，要求学生认真仔细地完成教学任务，端正自己的学习作风和工作态度，将职业道德融入到学生的学习、实训中，真正培养学生的"工匠精神"。

2. 常用工具、设备介绍

（1）皮革尺

专用皮革裁剪辅助尺（钢尺），可以辅助皮料裁剪，在裁剪过程中不易滑动或移动，保证皮料切割成直线、不易被裁皮刀划破。

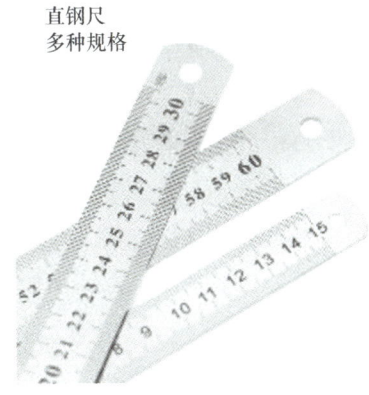

（2）裁皮刀（两种）

日制专用刻刀及裁皮刀，方便皮革下料裁制一次成形，保证皮料边缘美观。

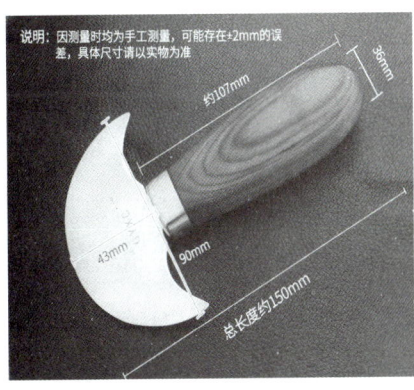 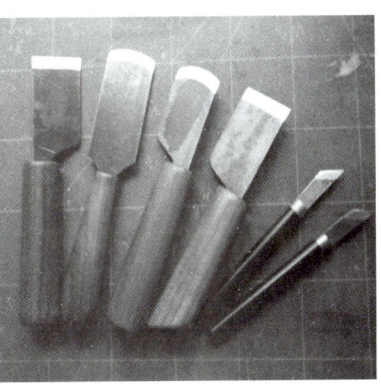

（3）垫板和手缝木夹

①切割雕刻垫板一张，割划皮革时垫在皮料下面使用，A4 或 A3 均可；

②手缝木夹用于固定皮料，缝制时使用。

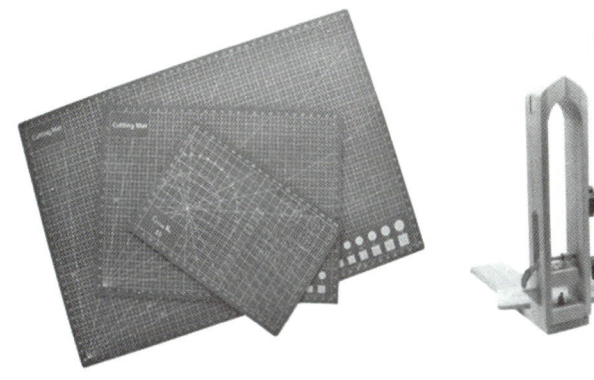

（4）皮料

皮料以原色牛皮植鞣革为主，后期颜色可让学生自行染色，增加参与感和动手能力，提升原创水平。

①钥匙链、卡包、耳机包以1.00mm厚度为主，方便多层缝制；

②钥匙包等单层作品以1.5mm厚度为主，方便效果的展示，增加实用性；

③杯垫、鼠标垫、本子等作品以2.0mm厚度为主，可延长使用寿命和延缓磨损；

④腰带、背带以2.0mm厚度以上的皮条为主，结实耐用。

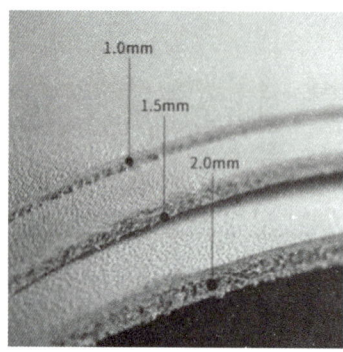

（5）酒精染料

德制皮革专用酒精染料，适用于所有原色皮的染制。

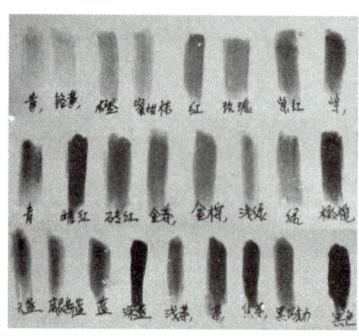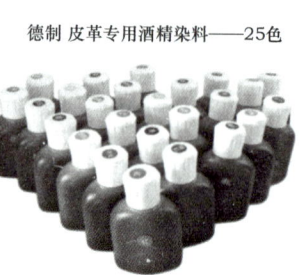

（6）斩和圆冲

各种型号的斩用于给皮料打孔，不同的缝线效果需要不同型号的斩。

圆冲用于打不同大小的圆孔，尤其适用于腰带，或用于打按扣。

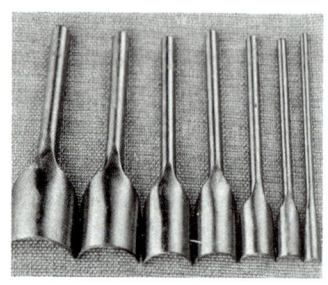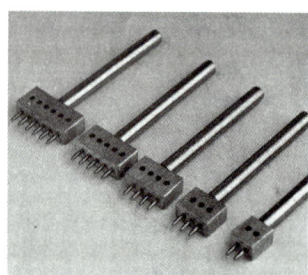

（7）皮雕锤

用于辅助打斩，增加压力，使斩可以穿透皮料。

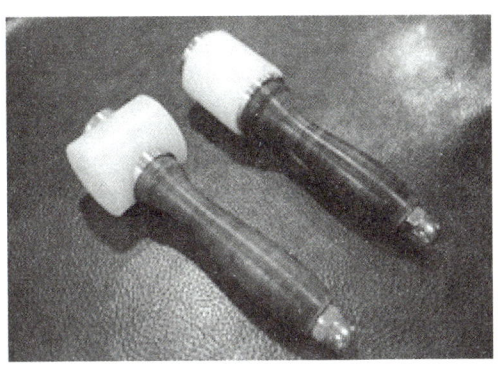

（8）皮革缝线和针

①以 0.45mm 的缝线为主，适用于任何皮具制作，缝制出来细致美观；不同颜色配合不同作品效果。

②皮具专用皮革针。

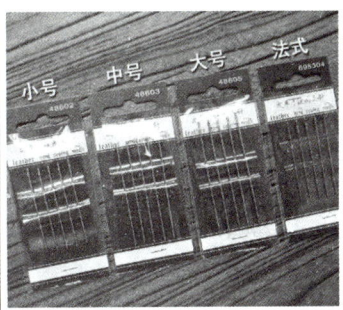

圆头皮革针

（9）床面处理剂

用于处理皮革反面的粗糙部分，同时可以使皮料边缘顺滑。

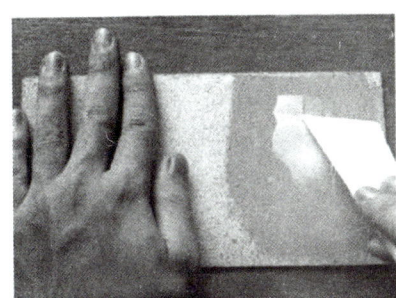

Step 1　用上胶片蘸取适量的床面处理剂，以来回刮涂的方式均匀涂抹于皮革反面。

Step 2　可用革用厚玻璃板顺着皮革纤维方向压实。

（10）高光蜡水

用于增亮皮革颜色，辅助皮料染色，让皮料焕发光泽。

（11）其他辅助材料

序号	名称	品牌	型号
1	日本菱钳	日本诚和	4mm/2 齿
2	染色手套	永明	通用 PVC/XL
3	染料	皮工坊	共 10 色
4	染色吸水棉布	皮工坊	通用型号
5	铆钉工具	皮工坊	定制型号
6	铆钉	皮工坊	6mm/8mm
7	边线器	日本诚和	定制型号
8	压槽边线器	日本诚和	3mm
9	削边器	日本诚和	定制型号
10	THK 四合扣	日本 THK	10mm（金色、银色、古铜色）
11	四合扣工具	日本诚和	定制型号
12	黑檀打磨棒	皮工坊	定制型号
13	牛角油	皮工坊	200ml
14	手缝木夹	皮工坊	45cm
15	皮边处理剂	日本诚和	定制型号
16	零件收纳抽屉柜	皮工坊	定制型号
17	日本黑菱斩	日本诚和	3.85mm/2 齿/9 齿
18	橄榄斩	日本诚和	定制型号
19	牛骨整形修边器	日本诚和	定制型号
20	国产锥子	皮工坊	定制型号
21	日本锥子	日本诚和	定制型号
22	日本画线器	日本诚和	定制型号
23	皮雕锤	皮工坊	定制型号
24	测厚表	皮工坊	定制型号

3. 项目培训的流程步骤

项目1：手工牛皮染色装饰铃铛

作品名称	牛皮染色装饰铃铛
选用工具	皮具制作专用工具
工具型号	通用型号
工具、材料	植鞣皮料/裁皮刀/垫板/酒精染料/高光蜡水/进口白胶/床面处理剂/打磨棒/手缝针/手缝蜡线/钥匙链五金件/皮绳
培训重点	掌握初级染色技巧及配件创意组合

操作方法

序号	主要操作步骤	使用工具、材料	具体操作方法及注意事项
1	根据设计需求及用途、喜好等，进行配色、染色、固色	酒精染料、高光蜡水	调制染料后，涂抹于铃铛皮料上。可做不均匀的渐变复古效果，也可以拼色染制
2	铃铛上下两部分对贴、固形	白胶	贴合过程注意均匀涂胶，以防使用过程中开裂
3	打磨边缘、封层	床面处理剂、打磨棒	打磨时注意床面处理剂的用量不宜太多，建议反复打磨，以达到最平滑效果
4	打孔、上五金（可做项链，搭配皮绳）	钳子、钥匙链五金件、牛皮挂绳	成品可以灵活组合配件，制作成钥匙扣、装饰项链等多种挂饰

项目2：手工牛皮钥匙包或缝线钥匙链

	作品名称	牛皮染色钥匙包
	选用工具	皮具制作专用工具
	工具型号	通用型号
	工具、材料	植鞣皮料/裁皮刀/垫板/菱斩/酒精染料/高光蜡水/进口白胶/床面处理剂/打磨棒/手缝针/手缝蜡线/钥匙链五金件/皮绳
	培训重点	缝线能力提升及原创造型训练（作品外观可以自行设计）

制作步骤及方法

序号	主要操作步骤	使用工具、材料	具体操作方法及注意事项
1	外观设计、制版、下料	裁皮刀、皮料、酒精染料	按照创作原型裁切皮料，注意原型的尺寸要适合钥匙的大小尺寸，避免出现钥匙外露或容量太小的情况
2	染色、固色、打磨边缘	高光蜡水、床面处理剂、打磨棒	自由发挥染色效果，卡通类形象时一般选鲜艳色彩
3	装五金件及挂绳、对贴、固形	五金件、进口白胶、去胶片	白胶变透明后再进行贴合则效果最佳
4	打斩	菱斩	注意打斩的整齐度，不宜细节太多太小，缝线后效果不佳
5	缝制	手缝针、线	可以利用线迹或贴皮制作图案效果

（四）创意编织

1. 项目培训的目标、意义

通过本门课程的教学演示，要求学生了解毛线编织的基础织法，并能完成创意作品。学生通过动手制作，可以培养动手能力、观察能力和创新思维能力，激发学习和欣赏传统艺术的兴趣，体验手工编织带来的快乐和满足感。

2. 常用工具、材料介绍

棒针2根，各色毛线若干，钩针，剪刀。

3. 项目培训流程步骤

作品名称	创意编织毛线包
选用工具、材料	棒针、钩针、剪刀、缝针、不同色彩毛线（自行搭配）
学习重点	正反针花样编织法

制作步骤及方法

序号	操作步骤	使用工具、材料	具体操作方法及注意事项
1	起针	棒针、毛线	1. 打一个活结，套在左手针上。 2. 右手针穿入左手针线套，在左针下挂线织出，织出的线套挂左手针上；右手针从左手针上两针间穿入挂线织出；线套挂在左针，重复32针。
2	编织成品	棒针	第一行织11个正针10个反针11个正针；第二行织法与第一行正反针相反并重复完成六个方块编织
3	收针	钩针、缝针、剪刀	1. 收针：右手棒针同时插入左手棒针2个线套挂线织出，将织出线套挂在左针上，重复1至最后一针。 2. 缝合：①手针缝合法：内侧缝合。②钩针缝合法：内外短针法缝合

（五）刺绣工艺

1. 项目培训的目标、意义

通过"简单刺绣"课程，让学生了解刺绣的文化历史，欣赏优秀的刺绣作品，使学生开阔眼界，了解中国传统文化；激发学生的学习兴趣，形成良好劳动习惯；锻炼学生的色彩搭配能力、构图能力、绘画能力和创造力、想象力，在提高动手能力的同时，也能增长耐性，磨炼意志。

2. 常用工具、材料介绍

（1）绣线：25号刺绣线。

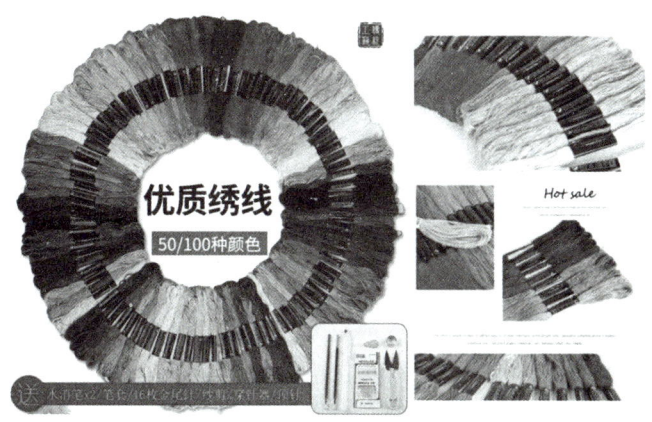

(2) 剪子：线剪；剪刀。

(3) 刺绣绷子：直径有 7cm、9cm、12cm、15cm、18cm，根据自己需要的大小选择。

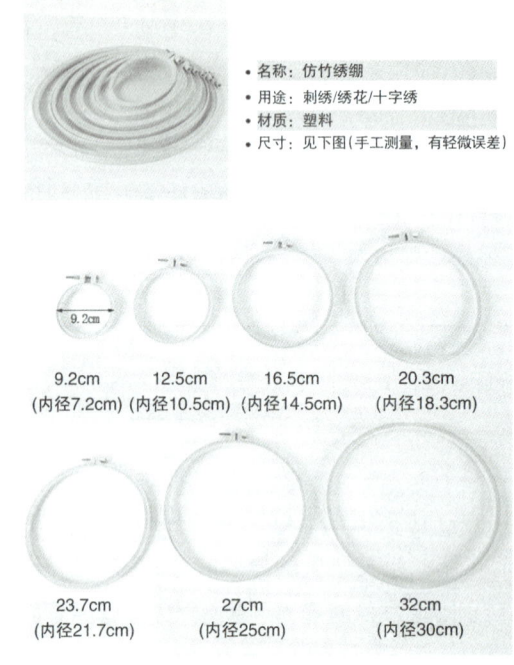

(4) 刺绣布：只要是布料都可以拿来绣，不过材质不同，做起来难易程度也不同，建议选择较细密的亚麻布。

名称：涤棉麻布　　　幅宽：最大约140mm

材质：涤棉麻　　　　图案：纯色

【用途特点】可以用于刺绣、桌布手工diy等

（5）刺绣金尾针：一般用 7 号针。

型号	针长	直径	适用范围
1号针	47.4mm	1.17mm	针眼相对大些，眼神不好的老人家、家庭必备。
2号针	46.3mm	1.09mm	
3号针	44.6mm	1.01mm	
4号针	42.7mm	0.96mm	
5号针	41.5mm	0.86mm	
6号针	39.5mm	0.76mm	
7号针	38.0mm	0.69mm	
8号针	36.0mm	0.61mm	做布艺的新手适用 适合不织布、较粗厚，不需要太细针脚的布艺手工
9号针	34.5mm	0.53mm	珠绣最常用针，若珠子偏小择选10号
10号针	32.5mm	0.46mm	做布艺的熟手适用 适合旗袍之类的精细布艺，针脚较细 接近绣花针
11号针	31.0mm	0.40mm	手缝针里的最小号 缝出来的针脚很细 大多用来绣花，适合苏绣（建议使用中搭配针插，方便与保护针尖）
12号针	29.0mm	0.35mm	

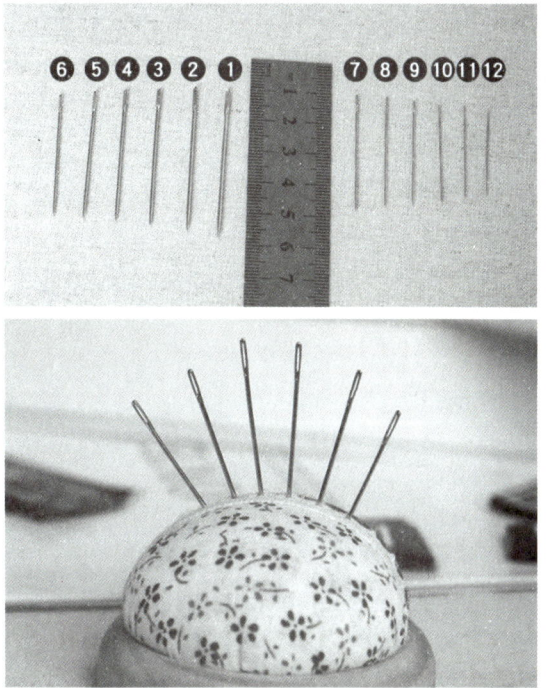

（6）填充棉：可以选择优质 PP 棉或高弹珍珠棉。

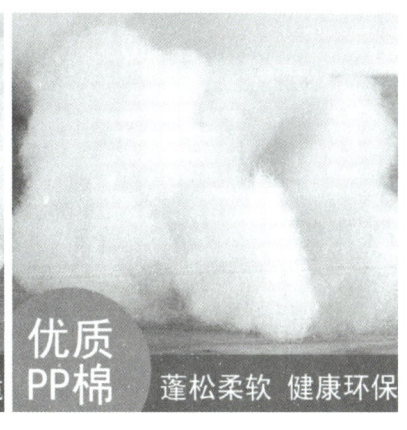

（7）水消笔：用来将图案画在布上，可以洗掉，白色可以用来画深色布。

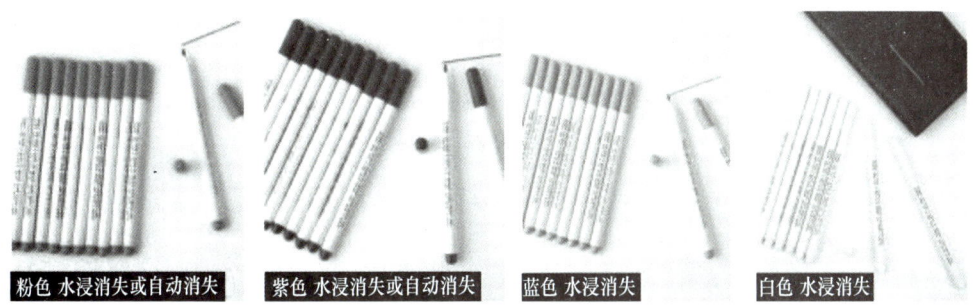

（8）尺：画纹样、画线时用。

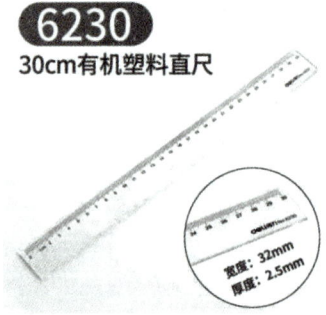

（9）穿针工具

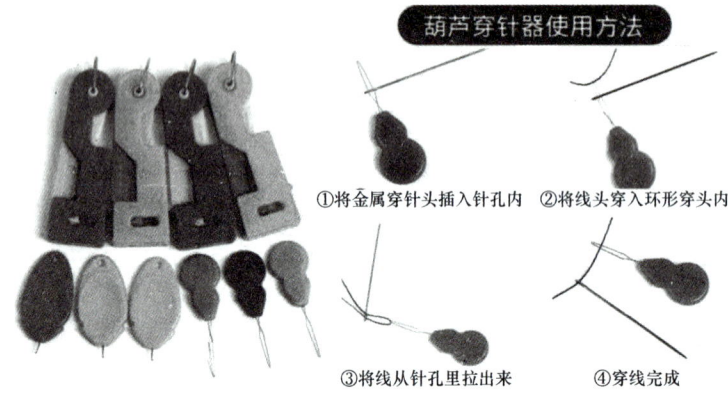

3. 项目培训的流程步骤

项目1：简单刺绣香包

	作品名称	刺绣香包
	工具、材料	布、线、针、剪刀、刺绣棚子、水消笔、填充物、香料香草
	学习重点	普通刺绣方法

制作步骤及方法

序号	主要操作步骤	使用工具、材料	具体操作方法及注意事项
1	选好刺绣主题画出刺绣样稿	纸、笔、水消笔	1. 选题要注意样式精简，不宜太过复杂 2. 水消笔画绣样须一次成形，需提前练习
2	剪裁布料	剪刀、布	剪裁布料，在预留出边缘的情况下，本着不浪费的原则裁剪
3	刺绣	刺绣棚子、针、线	刺绣时，穿针引线部分，多使用工具，穿好的针尾部打结要结实，用过的针及时插在针包上避免安全隐患
4	缝合、填入填充物、锁边	针、线、填充物、香料	填充物要适中，过多会导致变形，不宜封口

项目2：衣物装饰刺绣

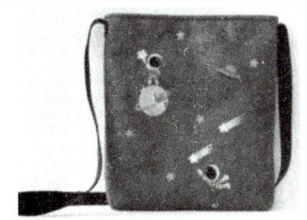

作品名称	衣物装饰刺绣
工具、材料	布、线、针、剪刀、刺绣棚子、水消笔、学生自选的衣服、鞋、包等
工具型号	通用型号
学习重点	美化衣物，提高学生的创意设计能力

制作步骤及方法

序号	主要操作步骤	使用工具、材料	具体操作方法及注意事项
1	选好刺绣主题画出刺绣样稿	纸、笔	1. 注意刺绣样式精简，不宜太过复杂 2. 在配色和样式选择上，应与装饰体和谐搭配
2	在选好的衣服、鞋、包上进行构图	水消笔	水消笔画绣样须一次成形，画错需要水洗，可提前用纸多练习。
3	刺绣	刺绣绷子、针、线	根据衣服、包、鞋等物品布料的软硬、密度选择不同刺绣方式：布料过软，应选单独绣片，再将绣片缝制在衣服上；材质较硬可以直接在上面刺绣
4	将绣片缝制在衣服上	针、线	缝制绣片时，应注意边缘平整且均衡，提高美感

（六）手机摄影

1. 手机摄影培训的目标、意义

（1）了解手机摄影的各种功能，能够熟练使用手机进行拍摄；通过对快门、焦距、光圈等摄影基础知识的学习，使学生初步掌握简单的手机摄影技巧；通过对优秀摄影作品的欣赏、理解，训练学生将创意、用光、构图等摄影要素有机结合，培养创作能力；了解数码照片后期处理的主要工具。

（2）通过学习手机摄影，培养学生在生活中主动发现美、捕捉美并记录美的能力；陶冶情操，培养学生良好的生活学习态度。由于手机技术水平的进一步发展，手机摄影设备越来越先进，摄影效果越来越好，将来人人都可以当摄影师，手机摄影也已经成为专业摄影的一个分支，其发展前景广阔；由于自媒体平台的发展，摄影也越来越重要，它是每个人都必须要掌握的基本技能。

2. 常用工具、设备介绍

手机、自拍杆、三脚架（有可变形八爪鱼三脚架、固定高度三脚架、可伸缩高度的三脚架）、稳定器。

3. 项目培训的流程步骤

培训项目	手机摄影
工具名称	手机（品牌不限）、手机用三脚架
学习重点	曝光、构图、造型与用光

拍摄步骤及方法

序号	主要内容	使用工具、材料	具体操作方法及注意事项
1	光圈、快门速度、ISO 训练	手机、三脚架	了解光圈、光圈大小、光圈调节以及光圈对曝光的影响；快门的工作原理、快门速度及调节；了解感光度、感光度的调节操作、感光度对曝光的影响、感光度对画质的影响
2	构图	手机、三脚架	用不同构图方法拍摄作品，体会差异
3	摄影造型与用光	手机、三脚架	不同角度、不同光源下拍摄作品，感受创意过程

（七）剪纸艺术

1. 项目培训的目标、意义

（1）剪纸艺术课程培训的目标

通过剪纸艺术劳动教育课，使学生体会到劳动创造美好生活，鼓励学生牢固树立劳动光荣的观念，使学生能够理解和形成马克思主义劳动观，热爱劳动，尊重普通劳动者。课程通过动手、动脑、绘画、构图、色彩搭配和想象力把传统文化与现代元素有机结合，继承和发扬优秀传统文化，激发学生的学习兴趣，形成良好劳动习惯。

（2）剪纸艺术课程培训的意义

通过劳动课树立学生正确的劳动观，了解到劳动的意义，懂得把脑力劳动与体力劳动相结合，促进全面发展；通过实践教学，使学生具备坚实的造型能力、创新能力、审美能力和动手操作能力，进一步磨炼心性，提高耐性；通过课程弘扬中华民族文化，培养民族自豪感和爱国热情，传播社会主义核心价值观。

2. 常用工具、设备介绍

（1）剪刀

剪刀一把，以剪轴松紧适度、剪刃锋利有尖的为宜。大小根据自己使用习惯选择，一般选择中号或大号，一定要有尖头的。

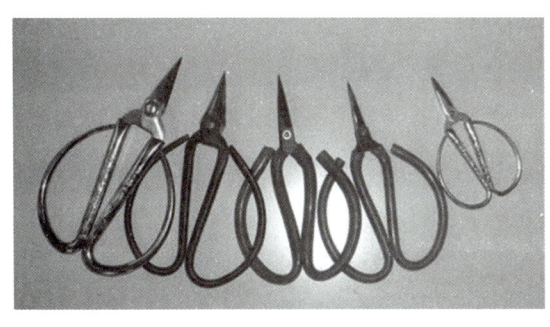
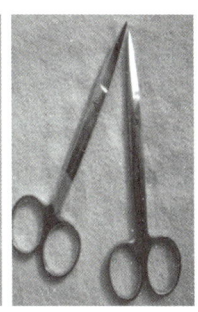

（2）刻刀

刻纸雕刻刀/手工剪纸刻刀一把，附加多枚刀片，方便更换。

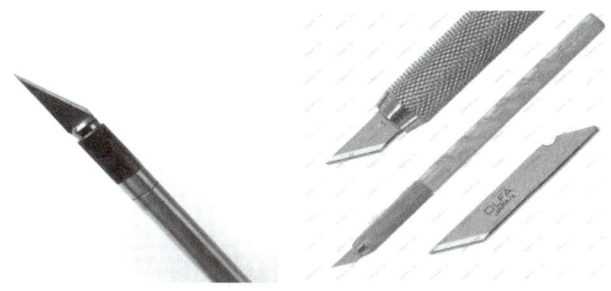

（3）垫板

垫板一张。主要在割划作品时使用，硬塑胶版、橡胶板、光面木板、胶合板均可，市场上出售的切割雕刻板（切割垫板）硬度适宜、不伤刀口、使用寿命长，是垫板中的首选。

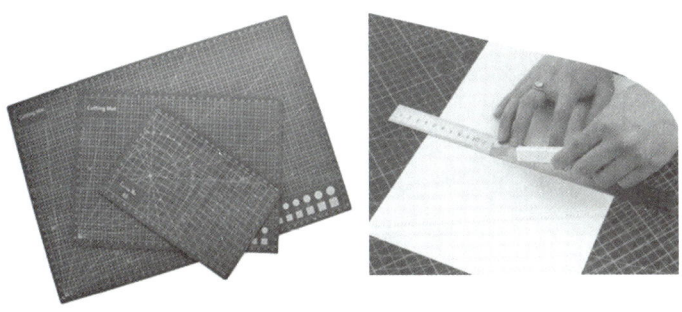

（4）纸张

纸张是剪纸的主要材料，各民族在色彩选择上各有不同，汉族喜红，满族喜黑，回族喜青，剪纸爱好者还会各有偏爱。

A4 彩纸（70~80 克），多色（可选颜色 10 或 12 种），薄厚程度参照普通 A4 复印纸，用量每色 2 张左右。

红纸：颜色大红，鲜亮挺括，可选择亮光、亚光、绒面，单张（75mm×95mm 左右），切记纸张不可太软；或是 A4 纸大小，5 张。

黑纸：A4 纸大小，5 张，薄厚程度参照普通 A4 复印纸，不要买黑卡纸，太硬不好刻纸。

普通 A4 纸：白色 10 张，作为衬底和练习用纸。

硫酸纸/拷贝纸：A4 纸大小，3 张，或是单张 1m（绘画用品店有售），强度高、透明度好、不变形，方便转印图案。

黑卡纸：A4 纸大小。

牛皮纸：直径 33cm，加厚圆形。

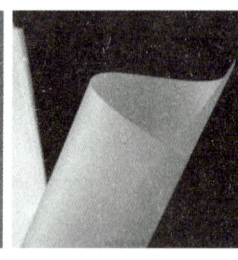

5. 辅助工具

尺、橡皮、自动铅笔、圆规、订书器、大头针、双面胶、胶水。

透台：A3 大小，可调光，方便拷贝图案和校对设计稿。

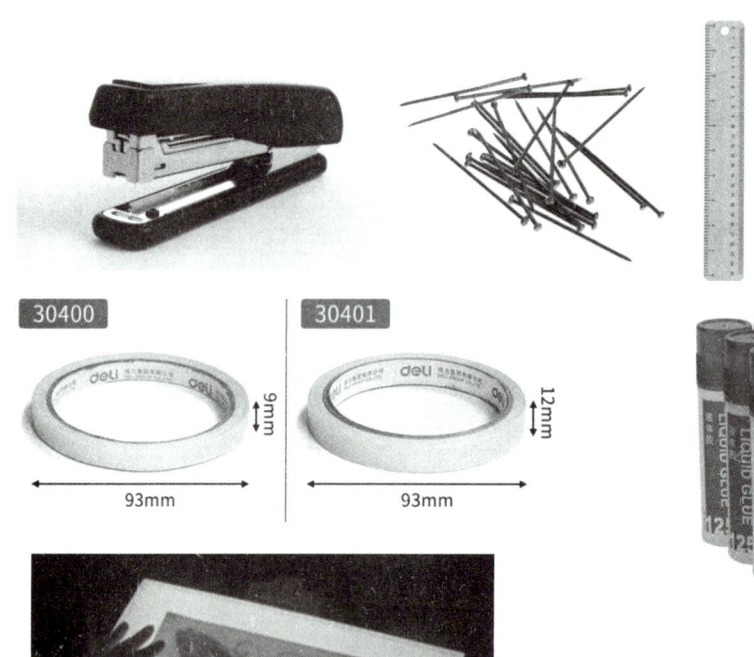

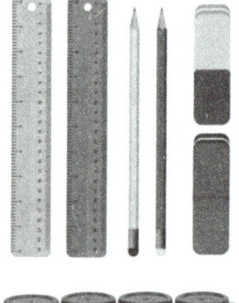

第九章 创新性劳动实践

3. 项目培训的流程步骤

项目1：团花剪纸

作品名称	团花剪纸
工具、材料	剪刀
工具型号	中号、大号
其他材料	红纸、彩纸
学习重点	纸张折叠、剪刀使用

制作步骤及方法

序号	主要操作步骤	使用工具、材料	具体操作方法及注意事项
1	将红纸进行折叠（三折六层、三折八层）	红纸	以三折六层为例 1. 红纸裁成正方形，对角线折叠得到三角形 2. 找到三角形底边中心点 3. 等分三份折叠，每份60°
2	绘制图案纹样	铅笔、橡皮	在折好的六分之一纸面，按自己的创意喜好绘制图案
3	剪制	剪刀（中、大号）	用曲别针或订书钉固定折叠纸面，开始运剪
4	展开装裱	胶水、双面胶、黑卡纸、A4白纸	展开团花纹样后，在背面涂抹胶水或粘上双面胶，居中贴在衬纸上（白纸、黑卡）

项目2：设计创意生肖剪纸

作品名称	设计生肖剪纸
工具、材料	剪刀、刻刀
工具型号	普通型号
其他材料	红纸
学习重点	剪纸纹样的灵活运用、剪刀刻刀的使用

制作步骤及方法

序号	主要操作步骤	使用工具、材料	具体操作方法及注意事项
1	自行设计生肖牛	A4白纸、铅笔、橡皮	1. 自己设计或是网上借鉴牛的外形 2. 灵活运用"剪纸纹样与符号"进行内部填充 3. 图案美观，能够表达一定内涵意义
2	在A4纸上绘制成稿	A4红纸、铅笔、橡皮	1. 进一步在红纸上规范细致设计稿 2. 确定黑白关系，即镂空的部分
3	用剪刀刻刀、制作	剪刀（中、大号）	剪刻结合的方法，遵循"从上到下、从里到外、先小后大、先左后右、先繁后简"的顺序。
4	展开装裱	胶水、双面胶、黑卡纸、牛皮纸	展开平整剪纸后，在背面涂抹胶水或粘上双面胶，居中贴在衬纸上（黑卡、牛皮纸）

项目3：单色剪纸

作品名称	单色剪纸
工具、材料	红纸、剪刀、刻刀、胶水、双面胶、黑卡纸、牛皮纸、透台、铅笔、橡皮
工具型号	中号
其他材料	红纸
学习重点	刻刀的使用

制作步骤及方法

序号	主要操作步骤	使用工具、材料	具体操作方法及注意事项
1	选择一幅样稿进行复制	透台、铅笔、橡皮	挑选样稿，利用透台拷贝到白纸上，或直接使用样稿
2	订纸	订书器、画稿（样稿）、彩纸	1. 选择彩纸（一般为红纸），将画稿订在彩纸之上 2. 订纸应订在四角、四边或中间大块要剪刻掉的空白部分，保持纸的平整
3	用剪刀、刻刀制作	红纸、剪刀、刻刀	剪刻结合的方法，遵循"从上到下、从里到外、先小后大、先左后右、先繁后简"的顺序
4	展开装裱	胶水、双面胶、黑卡纸、牛皮纸	展开平整剪纸后，在背面涂抹胶水或粘上双面胶，居中贴在衬纸上

项目4：衬色剪纸

作品名称	衬色剪纸
工具、材料	黑纸、彩纸、剪刀、刻刀、胶水、双面胶、黑卡纸、牛皮纸、铅笔、橡皮、硫酸纸
工具型号	中号
其他材料	红纸
学习重点	转印图案、剪刀和刻刀的使用

制作步骤及方法

序号	主要操作步骤	使用工具、材料	具体操作方法及注意事项
1	剪刻好黑纸主稿	黑纸、剪刀、刻刀	其步骤参照"项目3单色剪纸"前三步
2	描出镂空部位	铅笔、硫酸纸	将黑纸主稿需要套色的部位，即为镂空处用拷贝纸/硫酸纸描下来
3	剪出彩纸部件	剪刀、彩纸、硫酸纸画样	1. 根据硫酸纸画样，用彩纸剪下作部件备用 2. 应考虑色彩搭配
4	粘贴成为一体	胶水、双面胶	黑色底稿与各部分衬色彩纸粘合为一个整体
5	装裱	胶水、双面胶、黑卡纸、牛皮纸	在背面涂抹胶水或粘上双面胶，居中贴在衬纸上（黑卡、牛皮纸）

（八）鸡尾酒调制

1. 项目培训的目标、意义

根据劳动课人才培养目标，将"调酒基础技能"课程定位于培养学生酒水知识与调酒技能。通过本课程的学习，使学生了解调酒业的历史、现状与未来及调酒活动的特点，熟悉调酒师应有的素质及工作职责，鸡尾酒调制的工作程序，调酒师的调酒艺术，有关各种酒水、鸡尾酒、酒吧常用器具和设备，使学生通过学习和实践，培养学生的鸡尾酒调制的基本能力、创新能力及可持续发展能力。

调酒师是一项专业性、技术性很强的职业，通过劳动课使学生了解鸡尾酒的质量与调酒师的经验的关系，了解调酒师的服务意识和专业知识及专业技能等专业素质要求，学会在身材、容貌、服装、仪表及风度等方面进行自我修炼。

鸡尾酒调制也是一门艺术，它为人们提供造型、口感与色彩的完美享受，通过实践教学，使学生掌握基本的造型能力、创新能力和动手操作能力，进而提高审美能力和创造力。

2. 常用工具、设备介绍

（1）量杯。量杯两端分别可以盛量不同容量的液体，用于量取酒液。尤其对于初学者是必不可少的工具。常见的规格有 1/2oz-1oz、1oz-2oz 等。

（2）摇酒壶。摇酒壶几乎可以算是鸡尾酒的代表性工具，但其实并不是所有的鸡尾酒都需要摇酒壶。需要摇和的鸡尾酒通常是包括鸡蛋、奶油、利口酒、甜果汁等。通常情况下，密度较低的原料如利口酒、甜果汁等需要摇和 15 秒左右，而鸡蛋、奶油等需要摇和 25 秒左右。调酒壶分三种：

• 波士顿摇酒壶（Boston Shaker）：也称为美式摇酒壶。分为两个部分，即一个金属的壶底和一个玻璃或塑料的调和杯。调和杯可以插入壶底来摇和。波士顿摇酒壶需要一个滤网来过滤酒液，也有调酒师喜欢摇和后轻轻打开壶底和调和杯，用两者之间的缝隙过滤酒液。波士顿摇酒壶的容量要比传统的英式摇酒壶大得多，因此适合大量制作同类鸡尾酒。有些波士顿摇酒壶的调和杯上还有常见的鸡尾酒的配方刻度，以便直接将原料酒液倒入壶中以节约时间。

● 法式摇酒壶（French Shaker）：分为两个部分，即一个金属壶体和一个金属壶盖。因此法式摇酒壶也需要一个滤网来过滤酒液。

● 英式摇酒壶（Cobbler Shaker）：分为三个部分，即壶体、带滤网的壶帽和一个壶盖。有时壶盖也能用于量取烈酒等。

（3）吧勺。吧勺是调制鸡尾酒必不可少的工具。主要用于搅拌和引流。有时也可以用来叉取樱桃和橄榄。

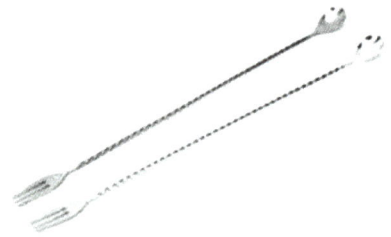

（4）酒嘴。将酒嘴插在酒瓶口，可以很好地控制酒量。

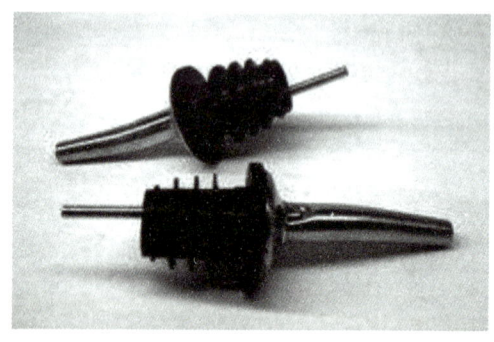

（5）过滤器。顾名思义，过滤器是用来滤出摇酒壶中的酒液。若使用法式摇酒壶和波士顿摇酒壶，一般都需要使用过滤器。过滤器分为带把的和不带把的、防滑的和不防滑的，国内多为带把的，常用于过滤摇和类鸡尾酒（配合摇酒壶使用），不锈钢制。常见规格为2头和4头，区别为2头的滤孔较大，适合调制非鲜榨果汁类饮料；4头的滤孔较小，适合调制含有新鲜果汁或果酱类的鸡尾酒。

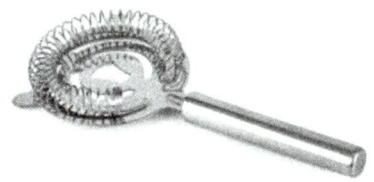

(6)冰夹。用于夹取冰块。

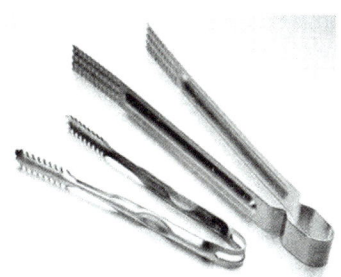

(7)榨汁器。用于将新鲜的橙、柠檬和青柠檬榨成汁。

(8)冰桶。

(9)吧刀。

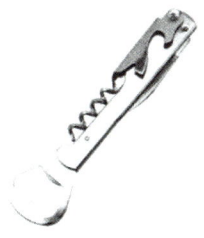

（10）开瓶器。

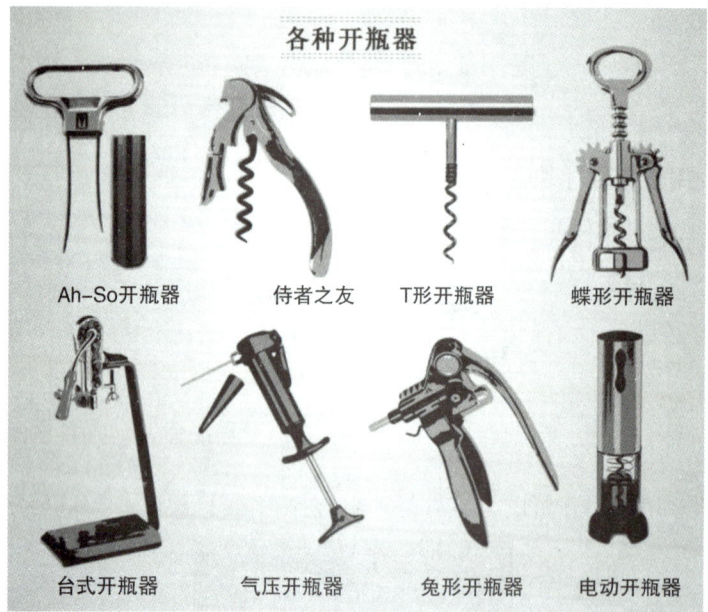

（11）制冰机。制作调酒用冰块及储存冰块

（12）冷藏（冷鲜）柜

第九章　创新性劳动实践

3. 项目培训的流程步骤

项目1：螺丝刀

劳动技能作品工序卡片	工种	鸡尾酒调制	作品名称	螺丝刀
	工具名称	工具型号	工序名称	材料
	量杯 古典杯 吧勺 吧刀	古典杯（标准） 量杯（中号）	兑和法	伏特加 橙汁 橙子

工步号	工步内容	工艺装备	技术参数说明
1	在古典杯中放入八分满的冰块	古典杯	8 分满
2	倒入伏特加	量杯、古典杯	1OZ
3	用橙汁加满	量杯、古典杯	8 分满
4	稍做搅拌	量杯、古典杯	3~4 下
5	加橙片、吸管装饰		1 片橙片、1 个吸管

项目2：干马丁尼

劳动技能作品工序卡片	工种	鸡尾酒调制	作品名称	干马丁尼
	工具名称	工具型号	工序名称	材料
	鸡尾酒杯 调酒壶 吧勺 冰桶	中号	搅和滤冰法	琴酒、干味美思酒 水橄榄 冰块 酒签

工步号	工步内容	工艺装备	技术参数说明
1	把冰块放进调酒器	冰桶、冰夹	5~6 块
2	添加琴酒（分量视口味而定）	量杯、调酒杯	1OZ
3	添加干味美思酒	量杯、调酒杯	1OZ
4	搅拌	吧勺、调酒杯	15 秒
5	将酒过滤到事先冰镇过的马丁尼酒杯	鸡尾酒杯	8 分满
6	装饰、奉客	酒签	1 个水橄榄

项目3：红粉佳人

劳动技能作品工序卡片	工种	鸡尾酒调制	作品名称	红粉佳人
	工具名称	工具型号	工序名称	材料
	鸡尾酒杯 调酒壶 吧勺 冰桶	中号	搅和滤冰法	琴酒、干味美思酒 水橄榄 冰块 酒签

工步号	工步内容	工艺装备	操作说明
1	鸡尾酒杯中加入冰块，进行冰杯	冰桶、冰夹	5~6块
2	取适量冰块（方冰6块）放入摇酒壶	冰夹、摇酒壶	5~6块
3	将公杯里的蛋白（半个鸡蛋的量）倒入摇酒壶内	公杯	半个
4	量入柠檬汁和红石榴糖浆至摇酒壶内	摇酒壶、量杯	1OZ 柠檬汁、1TEA SPOON 红石榴糖浆
5	用量酒杯量入君度酒至摇酒壶内	摇酒壶、量杯	1/2 OZ
6	盖好滤冰网兼盖子和小盖子，用单手摇或双手摇的方法摇混均匀至外部结霜即可	摇酒壶	20秒
7	鸡尾酒过滤入杯、装饰红车厘子	鸡尾酒杯	8分满

项目4：彩虹鸡尾酒

劳动技能作品工序卡片	工种	鸡尾酒调制	作品名称	彩虹鸡尾酒
	工具名称	工具型号	工序名称	材料
	吧勺 量杯 利口酒杯 火柴或打火机	小号	漂浮法	红石榴糖浆 蓝橙、绿薄荷 加里安诺、君度 樱桃利口酒 白兰地

工步号	工步内容	工艺装备	技术参数说明
1	试验各种酒水糖分及酒精度比例	量杯、利口酒杯	根据利口酒杯确定酒水分量
2	三层酒的调制	量杯、吧勺、利口酒杯	根据利口酒杯确定酒水分量
3	将红石榴糖浆先量入利口酒杯	量杯、吧勺、利口酒杯	根据利口酒杯确定酒水分量
4	按照酒水成分依次用漂浮法将其他酒水量入杯中	量杯、吧勺、利口酒杯	根据利口酒杯确定酒水分量
5	视情况点燃最上层的白兰地	火柴或打火机	

大学生可以参加的创新性劳动有很多，同学们应充分利用好学校提供的各类资源和平台，积极调动自己的积极性，多参加各类科技创新活动，多进行创新创业培训、锻炼，多参加学校提供的各类创新性劳动培训，在活动参与过程中培养自己的创新思维能力、提升自己的创新思考与实践能力，结合自己的兴趣、爱好、专业，不断磨炼和提升自己。大学生要学会利用好大学校园的创新资源优势、发挥自身的智力优势、用好国家关于建设创新型社会的政策优势，努力成为新时代具有创新能力的建设者和接班人，为中华民族的伟大复兴贡献自己的聪明才智。

一、理论知识掌握

1. 简述创新性劳动的概念。
2. 简述创新性劳动的意义。
3. 简述创新性劳动的分类。
4. 大学生可以参加的创新性劳动一般有哪些？

二、能力素质训练

1. 你参加过科技创新活动吗？了解一下你所在的学校有哪些科技创新类学生协会或社团，看看自己可以参加哪些活动来提升自己。
2. 你参加过哪些创新创业活动？把你参加的大学生创新创业训练项目或者有关创新创业竞赛项目梳理、总结，看看你在这个项目中获得了哪些成长。
3. 你有奇思妙想吗？你认为你的想法有意义有价值吗？试着将你的创意梳理出来。
4. 利用学校的各类创新教育资源，调动你的兴趣爱好和动手能力，做一次创新劳动实践，并将你的想法、设计、做法、成果、反思形成一个总结报告。

参考文献

[1] 马克思，恩格斯. 马克思恩格斯选集［M］. 北京：人民出版社，1972.

[2] 何盛明. 财经大辞典［M］. 北京：中国财政经济出版社，1990.

[3] 马克思. 资本论［M］. 南京：江苏人民出版社，2013.

[4] 谢地，宋冬林. 政治经济学（第四版）［M］. 北京：高等教育出版社，2013.

[5] 马克思. 资本论（第二卷）［M］. 北京：人民出版社，2004.

[6] 张车伟，赵文. 当前的就业形势及劳动力市场表现［J］. 中国劳动，2019（5）

[7] 宁光杰. 劳动经济学［M］. 北京：经济管理出版社，2007.

[8] 中华人民共和国劳动法［M］. 北京：中国法制出版社，2018.

[9] 中华人民共和国劳动合同法［M］. 北京：中国法制出版社，2018.

[10] 中华人民共和国就业促进法［M］. 北京：中国法制出版社，2015.

[11] 黄燕. 新时代劳动精神的生成逻辑、核心内涵与弘扬路径［J］. 思想理论教育，2019（1）.

[12] 刘向兵. 新时代高校劳动教育论纲［M］. 北京：社会科学文献出版社，2019.

[13] B. A. 苏霍姆林斯基. 苏霍姆林斯基论劳动教育［M］. 北京：教育科学出版社，2019.

[14] 何卫华，林峰. 大学生劳动教育理论与实践教程［M］. 厦门：厦门大学出版社，2019.

[15] 李珂. 嬗变与审视·劳动教育的历史逻辑与现实重构［M］. 北京：社会科学文献出版社，2019.

[16] 肖鹏燕. 中国高校人才培养与劳动力市场需求的非均衡研究［M］. 北京：首都经济贸易大学出版社，2014.

[17] 刘世峰. 中国劳教结合研究［M］. 北京：教育科学出版社，1996.

[18] 何昌东. 中华人民共和国重要教育文献（1998—2002）［M］. 海口：海南出版社，2003.

[19] 陶行知. 生活教育文选［M］. 成都：四川教育出版社，1998.

[20] 习近平. 在知识分子、劳动模范、青年代表座谈会上的讲话［N］. 人民日报，2016-04-30（2）.

[21] 习近平. 在同全国劳动模范代表座谈时的讲话［N］. 人民日报，2013-04-29（2）.

[22] 习近平. 庆祝"五一"国际劳动节暨表彰全国劳动模范和先进工作者大会隆重举行［N］. 人民日报，2015-04-29（4）.